明朝大败局

章宪法 著

图书在版编目（CIP）数据

明朝大败局 / 章宪法著. — 南京：江苏凤凰文艺出版社，2016
ISBN 978-7-5399-9161-0

Ⅰ.①明… Ⅱ.①章… Ⅲ.①中国历史－明代 Ⅳ.①K248

中国版本图书馆 CIP 数据核字(2016)第 068902 号

书　　名	明朝大败局
著　　者	章宪法
责任编辑	聂　斌　黄孝阳
出版发行	凤凰出版传媒股份有限公司
	江苏凤凰文艺出版社
出版社地址	南京市中央路 165 号，邮编：210009
出版社网址	http://www.jswenyi.com
经　　销	凤凰出版传媒股份有限公司
印　　刷	南京捷迅印务有限公司
开　　本	718×1000 毫米 1/16
印　　张	15.5
字　　数	185 千字
版　　次	2016 年 6 月第 1 版　2018 年 9 月第 3 次印刷
标准书号	ISBN 978-7-5399-9161-0
定　　价	36.00 元

（江苏凤凰文艺版图书凡印刷、装订错误可随时向承印厂调换）

目录

胡惟庸：历史的车轮与车祸

- 002 一、权力打斗
- 005 二、打开局面
- 008 三、肆意横行
- 010 四、京城车祸
- 012 五、重新改道
- 015 六、草薙禽狝

朱棣：权力的游戏与规则

- 018 一、权力之路
- 019 二、规则下的藩王
- 021 三、好人朱棣
- 023 四、朱允炆的忧虑
- 026 五、威胁来临
- 029 六、两个人的梦想
- 031 七、出手的理由
- 033 八、战争游戏
- 035 九、意外的结果
- 037 十、第十族的奥秘
- 039 十一、权力的秘技

于谦：交易中的长城

- 044 一、一骂成名
- 046 二、瓦剌的怒火
- 048 三、两袖清风
- 051 四、一意孤行

055　五、回家的路

058　六、人心长城

060　七、人质危机

062　八、棘手难题

064　九、自毁长城

严嵩： 坏人的生长与接力

070　一、寒门才俊

071　二、曲折祸福

073　三、靠山倒塌

075　四、山重水复

077　五、不是外人

078　六、生存技巧

080　七、贴身助手

082　八、一决雌雄

086　九、明枪暗箭

089　十、高手过招

091　十一、坑爹到底

093　十二、连环绝杀

张居正： 官场上的正着与歪招

098　一、幸运的神童

100　二、官场奇遇

101　三、归去来兮

102　四、一盘很大的棋

103　五、左右逢源

106　六、渔翁得利

109	七、阴风巨浪
110	八、逃离纷争
112	九、阳谋与阴谋
115	十、一招致命
117	十一、例行私事
121	十二、正事两桩
123	十三、隐性敌手
124	十四、矛与盾
128	十五、成败一妇人
131	十六、又一个轮回

魏忠贤：忠贞阉割录

136	一、捕风捉影
138	二、打工时代
140	三、沧海一粟
142	四、命运转机
145	五、第一桩缺德事
147	六、大有作为的后勤干部
149	七、皇帝的馈赠
152	八、权力的尝试
153	九、权力的角斗
156	十、谈不上成功
159	十一、生死决斗
163	十二、制胜的法宝
166	十三、镜花水月一瞬间

张献忠：轮回中的死路与活路

- 170　一、活着不容易
- 172　二、活路的寻找
- 174　三、明白人的尴尬
- 176　四、死里逃生
- 178　五、买回脑袋
- 180　六、死人活人一起死
- 182　七、老大的滋味
- 185　八、忽悠掉的大脑袋
- 190　九、一颗更大的脑袋
- 192　十、死路与活路
- 195　十一、天堂地狱之间
- 197　十二、死路究竟有几条

阮大铖：末世标本

- 200　一、初入官场
- 201　二、入党升官
- 203　三、组织意图
- 205　四、风吹草动
- 208　五、祸起笔端
- 210　六、乾坤挪移
- 211　七、转换角色
- 213　八、官场终结者
- 215　九、击鼓传花
- 216　十、得意之秋的吵闹声
- 221　十一、麻烦事
- 223　十二、官场上的石头剪刀布

226 十三、砸场子的人
228 十四、末世的爱国歪风
231 十五、改弦更张
233 十六、新朝红人
235 十七、彻底拉倒

238 参考书目

※ 胡惟庸：历史的车轮与车祸 ※

"驱除胡虏，恢复中华"——1368年，"远迈汉唐"的明王朝驶入历史轨道。十年后，明王朝首都一场车祸，胡惟庸与丞相宝座一齐消失，试车期的明王朝开始跑偏……

一、权力打斗

元朝的江山是打下来的，明朝的江山也不例外。大凡开国君臣，都具打斗的天赋。尽管同是一打，但打江山时代是明刀暗枪，坐江山时代需明拳暗脚。明太祖朱元璋从建立政权到巩固政权，君臣之间单为权力模式即打斗了十年。作为太祖手下的最后一位丞相，同时也是中国历史上的最后一位丞相，胡惟庸为太祖探索权力专制祭刀。

胡惟庸（？—1380），定远人。胡惟庸是一个"资深"造反者，龙凤元年（1355），朱元璋攻克和州，胡惟庸投其帐下。与元末无数起事的草莽英雄不同，胡惟庸有一定的文化，较强的管理能力，但这些在"打江山"时代并不重要。

因为缺少横刀跃马的硬功夫，胡惟庸一直都是默默无闻的地方小官。朱元璋的事业实现了"打江山"到"坐江山"的转变，人才需求从此转型，胡惟庸政治前途出现转机。更为幸运的是，明朝的"第一文臣"是李善长，胡惟庸与这位算是"老乡"。在李善长的推荐下，开国前夕胡惟庸从地方调到中央，担任了太常寺卿。

太常寺主要是负责朝廷的礼仪活动，文臣、武将的实权它都没有。但是，胡太常赶上了好时候——王朝刚刚建立，从开国大典到封赏、纪念，各种礼仪活动都是高峰期，这一来二去，胡惟庸与"一把手"朱元璋混得很熟，与顶头上司李善长的关系则非比寻常。

胡惟庸的名字似乎有点寒碜，其实他既不平"庸"，也不中"庸"。是不是"胡"作非为，一时还轮不上他。至于他迅速上位，全靠同仁们争斗的德性，这时他不过是离螳螂很远的一只小鸟。

参与改朝换代的，一般都不是凡人，并且一般都不太守本分。朱元璋开国后，较之于姜子牙的"封神"又少了些公平，不守本分的人自然更不安分了。洪武初年的政坛上，有两大政治势力：一是淮西集团，一是浙东集团。淮西集团的首领李善长，封的是韩国公，担任的是左丞相，年薪四千石；浙东集团的首领是刘基，封的是诚意伯，担任的是御史中丞，年薪只有二百四十石。这差别，一发工资，全都是恨啊！

朱元璋为什么会做出这样的安排？照顾"老乡"，可能更接近事实真相。说太祖如何谋略高超，可能有点人为拔高。毕竟，太祖原本布衣出身。政治文明，不存在无师自通。

不过，朱元璋的谋略是绝对不可低估的，否则他也不可能在群雄中笑到最后。朱元璋的权力设计中，让不属于淮西集团的刘基担任御史中丞，为的就是对淮西集团与李善长的相权形成有效牵制。两大权力集团之间的矛盾与冲突，也因此不可避免。

洪武元年（1368），明军攻打开封，朱元璋决定亲自前往开封督战。这是一场没有悬念的战争，朱元璋可以进一步彰显自己的英明伟大，同时实地考察一下建都开封的可能。临行前，朱元璋命李善长、刘基辅助太子留守南京。正是在这期间，刘基与李善长间的矛盾开始爆发。

刘基饱学而智慧，认为宋、元以宽政失天下，应吸取教训严肃纪纲。朱元璋离朝后，刘基令御史加大监察力度，然后禀报太子处理。"纠劾无所避，人惮其严"，刘基的人气大为上升。更让刘基高兴的是，他逮到了一个出气的机会，当然是针对李丞相的。

中书省都事李彬是李善长的亲信，奉李善长之意干了许多见不得人的事情，自己也贪赃枉法，这次被刘基逮个正着。李彬依律当斩，李善长坐不住了。李善长平时瞧刘基用不着正眼，这回有事要求人，不得不弯腰，装出欢乐状。李善长亲自找刘基说情，刘基心里很明白，嘴里则不断地打哈哈。刘基一面将李彬逮捕下狱，一面急报给在开封的朱元璋。案子事实清楚，证据确凿，朱元璋立马批示：杀！

皇上的指示，程序上必须经过丞相这里。李善长拿着李彬案的批复，又气又急。皇上的批复就是圣旨，只有遵照执行一条路，自己实在没什么好主意。解铃还须系铃人，刘基是个办案高手，绝对也是个抹案高手，李善长只好硬着头皮再求刘基一次。

李善长这次是有备而来，直奔主题，就小儿科了。见面之后，只与刘基聊天气。上识天文，下识地理，刘基应该对自己的专业感兴趣。

李善长说：京城很久没下雨，这个时候杀人不好吧？

按照当时的科学原理，人命关天，随便杀人，老天会有报应。怎么报应呢？归结到气象领域，逻辑上有两个：下雨，或不下雨。当然，不杀人的结果，也会是这两个。

这个时候的刘基，应该将自己的专业知识温习一遍，算算最近天气的变化。毕竟全世界的科学都不发达，人命与气象的必然联系，所有人都信的。

但是，刘基摆出了气象泰斗的架子。刘基答：杀李彬，天必雨！

李彬死了，雨就是没有。传说中的气象权威，刘基面子全无。

未做风险评估，刘基很麻烦，朱元璋也很麻烦。古代的天灾被看作是上天的警示，君王应该反省自己。刘基偏偏职业病又犯了，他给朱元璋提了三点建议：解散安置阵亡士卒妻的寡妇营，任其改嫁或还乡；官府安葬死亡工匠；原张士诚手下将吏免于充军。

朱元璋一一照办了，但雨还是没下。李善长趁机找茬，朱元璋迁怒于刘基，但只处理了他手下的一些御史，以示惩戒。刘基日子不好过，决定辞职回家。临行前，朱元璋为刘基点了个赞：你是个厚道人，满朝文武都拉帮结派，只有你不，我一定不会让厚道人吃亏的。点完赞，朱元璋还送刘基一首诗：

妙策良才建朕都，亡吴兴汉显英谟。不居凤阁调金鼎，却入云山炼金炉。事业堪同商四老，功劳卑贱管夷吾。先生此去归何处？朝入青山暮入湖。

尽管写诗不是朱元璋的强项，但御诗的内容很重要：对刘基的全面肯定，遣词比悼词都大方啊！

刘基就这么体面地退休了。其实，说刘基是精明人，肯定没错；说他是厚道人，那就不全面了。刘基要是真厚道，又有文化，当年大约会找个财主，教书育人混口饭吃，怎么会出来造反呢？刘基精明透顶，又有文人的懦弱，当有风险无收益时，他才选择退出。并且，退出前他给了朱元璋极不厚道的一招：推荐杨宪接替自己，做了御史中丞。

杨宪，刘基的同党。杨宪长期担任检校，俗称就是"特务"。这种人通常智商很高，手段诡异，朱元璋自己都把他们比作"恶狗"，不过很喜欢。杨宪与刘基相同又不同，共同点是老谋深算，不同点是敢打敢拼。刘基看中的，主要是后一点。

上台后的杨宪，果不负刘基的期望，迅速打开格斗局面。最大的亮点有两处：一是朱元璋再也不相信老乡李善长了，一是朱元璋又请回刘基了。

这回，轮到李善长难过了。李善长的能力水平不同凡响，但这个刘基也有。李善长混得比刘基好，主要是朱元璋对他更信任。现在领导不想让他干了，厚着脸皮求，没效果，没意思。

刘基会的，李善长当然也会：自己退休前，必须安排好接班人，这个人自然是自己同党，能耐上必须有干啥都眨眼睛的真功夫。

李善长推荐的接班人，便是胡惟庸。

二、打开局面

失去对李善长的信任，朱元璋开始筹划丞相的人选。论资排辈，等着上位的有那么一排，胡惟庸怎么就顺利接班了呢？与刘基的精明有很大关系。

朱元璋曾找刘基征求意见。关于刘基的智商，朱元璋是绝对相信的。但刘基太过自信，弄巧成拙，让对手梦想成真。

朱元璋问：李善长该退休了，谁做丞相合适呢？

这道题，貌似平白直露，其实很深奥：简单的一句话，既要问出那个"他"，还要问出这个"你",让你们一齐裸身出镜,思想深处见灵魂。所以,武侠小说中笛子吹死人的事,一定要相信是真的。

刘基不上当,回答得很得体:这么大的事,当然陛下说了算。

回答得好,关键不是答案,而是回避了皇上的大忌,还趁机给对方挠了把痒痒。朱元璋对权力最敏感,刘基的回答让他很满足。他接着问:杨宪怎么样?

刘基脸上很镇定,心脏明显"咚咚"加速了。这不甚合我意吗?但问题来了:杨宪是自己的人,朱元璋不可能糊涂吧?说杨宪行,犯忌;说杨宪不行,自己人打自己人的事也不适合干啊!于是,刘基给了个没有答案的答案:杨宪有丞相的才能,没有丞相的器量。

朱元璋肯定明白对方,又换了一题:汪广洋行吗?

这一题,仍然没有超出刘基的认知范围。汪广洋不属于浙东集团,也不属于淮西集团,但与浙东集团关系比较近。朱元璋的题目看似改了,考的还是同一个问题啊!

汪广洋毕竟不是自己人,刘基直接给出了否定的答案:汪广洋浅薄,胜任不了!

这回朱元璋真换题目了:胡惟庸如何?

刘基不可能说行,说不行又太直白,于是打了个比喻:"区区小犊,一经重用,偾辕破犁,祸且不浅!"——一头小牛犊,眼下当然耕不了地。问题更在于,就算它长大了,还是不能耕地,并且还将专门破坏劳动工具!这个否定,也太彻底了。

朱元璋根本就不是凡人,也不是你讲个故事就能将他打发掉。他抽出更狠的一道题:这丞相之位,看来非你莫属了?

刘基说,我知道自己可以当丞相。但是,他又说了一个"但是":但是我这个人疾恶如仇,陛下您别急,有的是时间,您慢慢挑吧!

刘基自认为很得体,其实是说了一辈子最昏庸的一句话。疾恶如仇,对坏人当然要这样,这正是可以胜任的理由,怎么反成了相反的理由呢?恶,莫非另有所指?朱元璋堵得慌,对刘基从此反感起来。

朱元璋对丞相的安排,不可能慢慢挑。洪武元年(1368),他提拔杨宪担任中书参知政事,就是丞相助理。朱元璋这么做,并不是顺着刘基的路子走,而是让杨宪在中书省作为制约李善长的一颗棋子。为了加大杨宪的权重,朱元璋第二年又将他提了一级，担任中书省右丞。进展太顺，杨宪既忘乎所以，又误解了朱元璋的意思，矛头直指李善长。杨宪多次向朱元璋进言：李善长无大才，不堪为相。

其实，在朱元璋的心目中，十个杨宪也抵不上一个李善长。朱元璋的本意，杨宪的作用是制约李善长，而不是取而代之。

李善长对朱元璋的意图则很清楚，如果对杨宪直接下手，同样是犯忌。敲山震虎，李善长把杨宪的兄弟杨希圣给罢黜了。不出手有副作用，出手也有副作用，杨宪与李善长的仇恨进一步加深了。

杨宪制约李善长的性质发生了变化，朱元璋便将陕西参政汪广洋调入中书省，担任中书左丞，位列右丞杨宪之前。这形势一变，杨宪功力欠佳，他的矛头又指向了汪广洋。

汪广洋擅长治理，人品不错，但性情柔弱，朱元璋称其"廉明持重"。这时的李善长又生病在家，杨宪开始恶整汪广洋。汪广洋官品不错，"特务"出身的杨宪居然找不到把柄。但杨宪搜集情报的本领依旧过硬，他发现汪广洋对住在老家的母亲不孝顺，于是唆使御史弹劾汪广洋"奉母无状"。大明"以孝治天下"，朱元璋将汪广洋骂了一通，让他回家好好孝顺老娘。

汪广洋走了，李善长因病不能上班，中书省的力量需要充实。朱元璋将胡惟庸调入中书省担任参政，杨宪如愿成了中书左丞，成为中书省的实际负责人。仕途局面，杨宪算是"打"开了。

对胡惟庸的到来，杨宪丝毫不介意，也不把他放在眼里。事实上，胡惟庸从清水衙门太常寺来到权力中心中书省，关系比谁都硬：后台老板是李善长，与朱元璋的关系也不在杨宪之下。

极度膨胀的杨宪，瞄的是李善长这个位子，咬的便是李善长这个人。杨宪在中书省的这一切，胡惟庸看得一清二楚，他悄悄来到李善长家，告诉李善长：杨宪若作相，我们两淮人就做不得大官了。

论官场打斗，李善长才是老手。他亲自出马，弹劾杨宪"排陷大臣，放肆为奸"。排陷大臣，主要是设计排挤汪广洋；放肆为奸，可以指杨宪的工作作风。反正，刚上任一个月的杨宪人头落地了。

杨宪具体的犯罪事实与罪名，史书上含糊其辞，只有"犯事被诛"，很可能与他的"特务"出身有关，知道得太多，又无法解密。后世的文人笔记称杨宪外甥科场作弊，被抓了现行，朱元璋不知内情让杨宪审理，杨宪趁机徇私舞弊被人告发……这就扯了，明朝的科举洪武四年才有首场，杨宪外甥若在乡试中犯事，层次太低，根本轮不到中书省审理！

杨宪蹊跷地从政治舞台消失，最大的赢家只有胡惟庸。杨宪死后，汪广洋官复原职，不久获封忠勤伯，在文臣中地位高于刘基，仅次于李善长。洪武四年初，两大权力集团的大佬李善长、刘基，一个月内相继退出政治舞台，汪广洋升任右丞相，因无左丞相，汪广洋也是中书省的最高长官。胡惟庸接替汪广洋为左丞，成为中书省的"二把手"。

重回权力中枢，汪广洋知道是李善长、胡惟庸帮了大忙，对胡惟庸怎么干一点也不计较。汪广洋原本就为人较忠厚，吃了杨宪的亏后，现在更忠厚了，没事就吟吟诗，写写字，喝喝酒，中书省的事任凭胡惟庸处理。

胡惟庸也不谦让，凡事大胆做主，"二把手"净干"一把手"的活。汪广洋虽然"行政不作为"，中书省的工作却一点不乱，胡惟庸"亦自励"，会揽事，也是会干事的，朱元璋大为赏识。洪武十年，胡惟庸升为左丞相，汪广洋反过来做了他的"副手"右丞相。

三、肆意横行

位极人臣的胡惟庸，如果要开展破坏活动，应该抓紧开始，否则也太对不起刘基的预言了。

但是，胡惟庸的表现，令浙东集团有点失望：他工作兢兢业业，处事谨慎细微。加之思想素质好，工作能力强，各项工作都干得有声有色。朱元璋很满意，对其"宠遇日盛"。

制度之外的德才，毕竟是靠不住的——像后世的腐败分子一样，身居高位的胡惟庸，慢慢滋生了官僚主义、享乐主义。他选人用人中的不正之风，更是十分突出。一人之下的胡惟庸，想提拔谁就提拔谁，想处罚谁就处罚谁。胡惟庸的双管齐下立竿见影，想升官的，不想升官只想保"帽子"的，全都一个劲地给他送钱、送物。几年下来，金帛、名马、玩好，不计其数。

贪点钱，在朱元璋看来也不是什么大事。但面对胡惟庸的忘乎所以，朱元璋就来气了。一人之下、万人之上的胡惟庸，对各部和地方上报送的文件、材料，必先取阅，如果对自己有利，赶紧让皇帝知道；对自己不利，到此为止，隐匿起来，"生杀黜陟，或不奏径行"。杀人的事，胡惟庸也自己做主了。

肆意横行，朱元璋得给胡惟庸先亮个"黄灯"。洪武十年七月，朱元璋决定设置通政司。以往所有的奏章都先送中书省，小事丞相直接批示办理，大事上呈皇帝裁决。胡惟庸当了丞相，什么事都办，皇帝被晾在了一边，外面的信息被胡惟庸给截断了，官员什么事也直接找丞相去了。这样下去不行，朱元璋改由通政司收发各公文，畅通皇帝的信息渠道，中书省的权力则削去一块。

第二年，朱元璋又下诏诸司奏事不必同时抄报中书省，直接奏报皇帝即可。知情权没了，前面什么情况都不清楚，这也等于给喜欢独裁的胡惟庸亮"红灯"了。

闯"红灯"的人一直与财大气粗有关，朱家天下胡家党，一手遮天的胡惟庸对此已浑不自知。这时除了受贿、享乐，一般的具体事情，也不需要再亲自动手了。因为他的朋党，已够多。朝野上下，文臣武将，几乎全投到了他的门下。不需要看胡惟庸脸色的，估计只有李善长这样的少数元老了。但胡惟庸心思缜密，不留空白。办法就是将哥哥的女儿，嫁给李善长的侄子李佑为妻。这门亲戚，胡惟庸把老领导拉得牢牢的。

不过，有一件事还得胡惟庸亲自操办，就是对付刘基。刘基一生处事谨慎，出于安全的考虑，不招惹皇上怀疑，他要求从乡下住到了京城。皇上的顾虑是没了，但在胡惟庸的眼里很不舒服。这回刘基又生病，朱元璋派胡惟庸带御医去探视。丞相，御医，是领导对老同志的关心，也是面子呀！

胡惟庸让御医给刘基开了一服方子，刘府连忙派人出去抓药。刘基吃下药，病情加重，三四个月后，与世长辞。

刘基一死，胡惟庸就无所顾忌了。顾忌是没了，但祸事差点上了头。刘基死得蹊跷，学士吴伯宗逻辑一分析，果断举报了胡惟庸。但胡惟庸有惊无险，皇上没怎么追究，事情也就过去了。所以，后人怀疑朱元璋借刀杀人，不是没有道理的。

朱元璋天生就是当皇上的料，对胡惟庸绝对信任，那是不可能的。胡惟庸也不是一个温顺的鹰犬，而是一个好大喜功且勇于搏击之人，不干出格的事，他也做不到。几年下来，朱元璋感到自己被晾在一边了，但还是忍着。接着一件，他就不能忍了——

洪武十二年九月，占城国来贡。外交无小事，但胡惟庸不这么想。自己国内早出尽风头，得在国际新闻中露露脸。所以，什么亲切会见、国宴招待，全包了。可事情就这么不凑巧，都被内宫的宦官撞见了。这位老同志赶紧回去报告皇上。朱元璋勃然大怒：这是怎么回事啊？！

胡惟庸一惊吓，脑子又转错了，三下五去二，责任全推到礼部。礼部知道轻重，挨顿批评的事倒好说，可杀头的事，为领导背黑锅不是犯傻吗？于是，赶紧给皇上回话：这事按规定早给丞相报告过的。

丞相说礼部，礼部说丞相，这不是大家一齐指兔子让皇上撵吗？到处撵兔子，还是皇帝水平？朱元璋快刀斩乱麻：统统拿下，统统问罪！

四、京城车祸

单纯的外交事件，无非是工作失误，检讨、求情，不一定就非死不可。但一场车祸，让胡惟庸进入了万劫不复之渊。

胡惟庸有个儿子，至于他这个儿子是个什么样的人，历史上并无记载，但大体可以推测：有钱，任性！

那时，不仅没有机动车，自行车也还没有问世。胡公子虽说没有宝马，但有真马。京城的主干道，胡公子有事没事，都要去策马飞驰，赚得回头率，这天一不小心就从马上掉了下来。马速太快，摔伤、摔残，有重力加速度科学理论的支撑，绝对没有什么问题，但摔得太离奇：正好摔到一辆马车的轮子下，当场死亡。

这场车祸，有没有"阴谋论"？有的，说不准有人悄悄而及时地在马屁股上扎了一针，真马猛提速，胡公子来不及打方向盘（缰绳）。如果真有阴谋，会是谁？

嫌疑一：徐达亲信。徐达是与李善长同样的元老辈，他能服谁呀？但胡惟庸没有将侄女嫁给他的侄子，没有搞定他。所以徐达曾几次向朱元璋，还有朱元璋的接班人——太子朱标，举报过胡丞相的胡作非为。出手杀人，也是徐达的专业。

嫌疑二：朱元璋亲信。有可能，但胡惟庸自己也不敢这么说，不敢这么想。

嫌疑三：刘基后人或利益相关人，或无利益关联的粉丝。因为刘基的各种神通，他属于大众偶像派。况且，刘基吃了胡惟庸开的药，三四个月后就死了。什么药有这种功效呢？砒霜、鹤顶红之类见血封喉，不合理。但有一种苗疆的蛊毒，据说能让人服下后，几个月时间或者更长的时间都没事，而在未来某一天暴毙。有蛊毒，就有可能发生在胡惟庸与刘基之间。并且，适当的时候，刘家后人会及时将这种传闻放出去。

"阴谋论"是真是假？只是一个历史之谜，因为这桩交通肇事案的调查在当时无从下手：马车驾驶员作为唯一活着的当事人，被悲伤加愤怒的胡惟庸，一刀给解决了。

丞相亲自杀人，按理也可找个顶包的。但是不行，早有密探报告了朱元璋。朱元璋发话了：杀人偿命！

有史料记载，胡惟庸就此被杀了。其实不是，事情还在交涉。胡惟庸想拿钱了事，只是朱元璋没有批准。这个时候的朱元璋，直接把胡惟庸给灭了，不合算。为什么？因为朱元璋发现了比灭掉胡惟庸更重要的东西。

把人推到死亡的边缘，又不手起刀落，存心让人煎熬、挣扎。《明史》载："惟庸惧，乃与御史大夫陈宁、中丞涂节等谋起事，阴告四方及武臣从己者。"从写文章的角度看，顺理成章，逻辑严密。事实上，胡惟庸的恶行，包括乱中出错，那是需要不断"培养"的。

但胡惟庸的心理素质出奇的好，非常镇定：儿子死了，就像什么都没发生。自己涉嫌死罪，也全不当回事。公务活动照常进行，公众场合谈笑风生。大过年的，居然想到请朱元璋吃顿饭。

洪武十三年（1380）正月，胡惟庸报告朱元璋，自家的水井里突然涌出醴泉，祥瑞景象啊，您一定要来欣赏欣赏！朱元璋居然也不想许多，欣然前往。走到西华门时，太监云奇猛地拉住缰绳，那个急，话都说不出来了，只拼命指向胡家的方向。

皇帝出行中的意外突发事件，护卫们措手不及，第一反应是上前就打。还好，打人的工具是棍子，不是刀，否则云奇早没命了。但无论怎么打，云奇就是不肯松手，另一只手还始终坚持指着胡惟庸家的方向。还是朱元璋反应敏捷，感到事情不妙，知道事态严重，大喊了一声：倒车！

大小车辆，一齐原路返回。朱元璋登上宫城，看明白了：胡惟庸家上空，尘土飞扬，墙道里面藏有伏兵——这哪是请我吃饭，分明是要搬掉我吃饭的家伙啊！

事件真与假，姑且不说。这种现场报道，写得有些蹩脚：胡惟庸要谋反，家里埋伏刀兵，城墙上都能看见，跟月球上看到长城有得一拼。写对还是写错，反正朱元璋的眼力好，只是专业出身的护卫们视力不行，还失职、渎职。

"云奇告变"，那位身为内使的云奇，平时居西华门，离胡宅非常近，闻知胡惟庸谋逆，可能性是有的。他为何不先期告发，一定要事情迫在眉睫时，才拦驾告发？朱元璋也有点鲁莽，谋反这么大的案件，应该查个水落石出，免留后患。但是，胡惟庸当天下狱，当天就处死。

有一个情节，则是真的：《明太祖实录》记载，四天之前，中丞涂节已经密告了胡惟庸谋反之事。明知山有虎，偏向虎山行，为瞧个热闹，冒险去胡家，朱元璋要显示什么英雄气概？

——谋害皇上，密谋造反，真是过分。"枉法诬贤"、"蠹害政治"，胡惟庸即被处死，诛九族。

五、重新改道

明代史籍中胡惟庸案的记载多有矛盾，对其是否确实谋反，明代史学家郑晓、王世贞等皆持否定态度。但胡惟庸及胡惟庸案中这批人，毕竟都是"人人皆欲更试"的元末乱世过来者，造反的胆子确是挺肥的。

无论真假，反正胡惟庸都是死了。胡惟庸的具体死法，也很难弄清，除了枪决和注射，什么都有流传。有史料记载，胡惟庸被凌迟处死，共割二千刀；也有说胡惟庸是被痒死的，就是将其绑在野外，让一堆蚊子过来咬，直到咬死……两种死刑执行方法，前者符合法律规定——罪大恶极，适用酷刑；后者有利于解恨，让精神与内分泌全部调节到正常状态。

朱元璋为什么如此痛恨胡惟庸？因为他不仅痛恨这个人，还痛恨他的位子——丞相！爱屋及乌，恨乌及屋。丞相不是皇帝的助手吗？是的。"丞"，甲骨文字形，上面像两只手，下面像人掉在陷阱里，合起来表示救人于陷阱之中，引申为帮助。帮忙，还招惹人恨，这种董事长与总经理的关系，历来缺少和谐。朱元璋要解决的，正是这个问题。去"丞相制"有如大厨操玩锅碗瓢盆，哪样不好使，换上操作起来顺手的。类如胡惟庸，"丞相"对皇权不仅碍手脚，而且非常危险。

朱元璋废除丞相制，并不单纯是减少一个官位。唐代，实行中书、门下和尚书三省分职制，负责政事决策、审议和执行，政务的划分与相互间的制约，已经趋于完善与合理。这三个部门的长官，就叫宰相（丞相）。宋代门下省退处无权，宰相只剩下个中书省的长官——这种状况，延续到元代。现在，朱元璋将中书省废去，只剩尚书省。但尚书省又不设尚书令（正长官）及左右仆射（副长官），没有长官，六部就分头负责。唐宋时六部中的第一个司称本司，如吏部的吏部司，户部的户部司，现在一改革，等于升本司为部长，成了各不相属的多头衙门。

多头的衙门变成无头，办事又需要"头"来拍板，皇帝自然就成了这个"头"。所以，朱元璋的政治改革，主题很明确——除了皇上，没有人总成政事，也没有人能总揽官员。他这一刀，让皇帝重新回到独裁者的宝座！

万事独裁，是要消耗精力的。明朝的皇帝一天有三次公务活动，即早朝、午朝和晚朝。上完朝，不等于是下班，还有更多的事在那里堆着。据统计，洪武十七年九月十四日至二十一日，八天中内外诸司送到皇宫的奏章便有一千一百六十件，汇报的事情是三千二百九十一件。平均一天看一百五十道奏章，也就算了，但一天要处理四百多件事情，并且还都是大事，皇帝受得了吗？

这样的独裁者，朱元璋能干，因为人家不仅脑子聪明，身体更棒——别人还在上学，他就混出几年工龄了，并且练的还是体力活。当年随便喝口白菜汤，照样拎刀上马向前进。他儿子也还凑合，毕竟跟老子一道创业，座位也是亲手打来的。再下去，"太子党"中自然找不到合格太子。明朝后来的皇帝多被称作"昏君"，其实人家智商平常，根子在于缺少"贤相"。但事实上，朱元璋、朱棣之后的明朝维持了二百多年，就是因为朱家后人并不都是傻蛋，太祖不准设丞相，没有规定不准配秘书、设立秘书处。皇帝的秘书处即内阁，秘书即内阁大学士。他们都在内廷办公，像中极、建极、文华、武英四殿，文渊阁、东阁两阁，所以被称内阁学士或内阁大学士，官阶只五品，而六部尚书则是二品。

有丞相时，奏章批答是丞相的事。现在改革了，当然要归皇上批答。太多了，皇上批不了，便口授大学士。对皇上而言，这是智力劳动；对大学士而言，这是体力劳动。千万不要以为内阁里的人都成了丞相，政治大权绝对在皇帝那里。所以，明朝的"内阁"是与"内宫"差不多的东西，旨在提高皇帝的幸福指数。看看圣旨是怎么出炉的就知道了：内外章奏，大学士一一过目，然后每道上面贴张签条，签条上写出处理意见，再送给皇帝——这叫"票拟"，又叫"条旨"。后来很多干部喜欢写"条子"走后门，估计就是受这个"条旨"的启示。

票拟之后，皇帝一看，没有什么新的意见，就把小条子撕了。但条子上的字，得亲自用红笔批下——这就叫"批红"，也叫"朱批"。正式的谕旨，就算文件生成了。这样看起来皇帝是轻松了，但也轻松不到哪儿去，因为国家太大，哪天的事情都会有一堆。所以，后来的皇帝要保证幸福指数的稳定增长，就只能再革新公务处理方式：皇帝有事交与太监，太监再交内阁；内阁有事送太监，再由太监呈皇上。皇帝若还嫌麻烦，就干脆直接吩咐太监批，效力是同等的。宦官乱政在明朝经常出现，这是朱元璋政治改革时没有想到的。但他想到了一点——纵观明朝，直到它断气的那一天，都没有出现皇权以外的哪一方，能够在体制内真正做大做强，天下也没有形成汉末、唐末的割据势力。有的就是乱，以乱为代价的是，王朝得以苟延残喘……

明朝经历一场"车祸"，朱元璋就此改道，皇权与相权合一逆转，大明朝真正驶入了专制之路。

六、草薙禽狝

胡惟庸案，朱元璋其实早已深思熟虑。胡惟庸是一个枭滑阴险专权树党之人，明太祖是一个十足的自私惨刻怪杰，君相的冲突在情理之中。朱元璋手下的丞相，只有徐达、李善长、汪广洋、胡惟庸四个，后三个被杀，前一个也未能善终。洪武十八年，徐达患上极为凶险的背疽，中医的说法忌吃蒸鹅，朱元璋及时送去一只。当着使者的面，徐达和泪而食。不毒死，也吓死，或气死……一想到"丞相"二字，从头到脚都是一身冷汗，朱元璋要的就是这效果。

——所以，胡惟庸身死，不是落幕，只能是大戏的正式开场。

刘基的事，首先抖出来——是胡惟庸毒杀了刘基。这事现在放出来的好处是，刘基已经死了，树个死人作正面典型，不用担心什么，也不用付出什么。同时，激励全社会对胡惟庸之流的痛恨之情，同时感受出皇上的正义，以后需要主持公道的，唯一的希望在皇上。与胡惟庸同为丞相的汪广洋，不同意是胡惟庸毒杀了刘基，赐死。不同的声音，灭掉。

舆论的主动权掌握了，剩下来的就是真刀真枪。

陆仲亨，征战中功勋卓著，封吉安侯，现在居功自傲，危险！有一阵子公车私用、公款吃喝，受到处分后老是找胡惟庸倾诉衷肠。这些事，被陆仲亨的家奴封贴木给举报了。这就对了——胡惟庸要谋反，到外面收集兵马，必定有人，并一准是他。怎么办？杀！不过，陆仲亨虽说冤死，死后还不错。洪武二十八年（1395），朱元璋自己把这个案子给纠正了。

因胡惟庸案被诛杀的，有三万多人，只有拣个大的说：淮西集团势力太大，自太祖登基，李善长就是左相，徐达还是右相（吴王时左相），到胡惟庸为相势力简直是无处不在。怎么一揽子解决？世上无难事，只怕有心人。恰在此时，李善长在家建房，想省几个人工费，便向信国公汤和借三百个士卒，充当临时工。汤和胆小怕事，惹不起李善长，更惹不起朱元璋，便答应了李善长，又密报了朱元璋。

朱元璋正要找李善长，李善长自己送来了：李善长家有个下人叫丁斌，获罪徙边，李善长想找朱元璋说个情，将他免了。本来，李善长自己不说，这等小事朱元璋根本不知。李善长犯糊涂，正在这里，他等于给朱元璋指了一条路：丁斌被单独提了出来，不过不是回家，而是挨打。丁斌这小子既经不起打，又不厚道，于是想到立功赎罪，"供说"出不少李、胡两家的往来之事。实际上，你只是一个下人，哪知道许多啊！没关系，李善长的弟弟李存义落网就行了。

洪武十八年（1385），朱元璋为表示皇恩浩荡，免了李存义父子死罪，将其贬到崇明岛闲住。李善长很不服，谢恩的话都没一句。这就叫不见棺材不落泪啊！

既然如此，那就继续研究，天下哪有烧不热的锅？洪武十九年（1386），明州卫指挥林贤通倭事发，审讯得知，原来胡惟庸早就派其出海招引倭寇，连具体的接头时间都有。洪武二十三年（1390），又捉拿到封绩。封绩，元朝的旧臣，后归降于明。他经常往来于蒙、汉之间，是友好使者还是双重间谍，不清楚。审案的时候，发现他曾为胡惟庸给元嗣君送过信，胡惟庸在信中称臣，并请元嗣君出兵为外应。并且，早在洪武二十一年（1388），大将军蓝玉出塞时，捕获过封绩，是由于李善长的干预，封绩被放。

——多好的案子啊！绑定了胡惟庸，又绑定了李善长。里通外国，与境外敌对势力相勾结，骇人听闻！除此之外，李善长还参与了什么？李善长的家奴卢仲谦说，胡惟庸策反过李善长，李善长不答应，胡惟庸一而再，再而三，李老丞相最后一声叹息：我老了，我死后，你们想干什么就干什么吧⋯⋯

表态？算数！朱元璋办案不计较这些。现在，李善长想谢恩，也没机会了。"元勋国戚，知逆谋不举，狐疑观望怀两端，大逆不道。"七十七岁的李善长被赐死，其妻、女、弟、侄等一门七十余人被杀，只有长子李祺及两个儿子，因为临安公主的缘故，免死流徙江浦。

胡惟庸案，历时十三年，株连一公二十一侯，被诛杀者计三万余人，直到洪武二十五年（1392）方告结束。朱元璋以《昭示奸党录》布告天下，丞相之制彻底终结，皇帝至此拥有至高无上的权力。在朱元璋的意识里，搬掉"丞相"这块石头，他的辇毂便从此驶入平安辇道⋯⋯

朱棣：权力的游戏与规则

民间传说，陈友谅刚过了把"皇帝瘾"，便在鄱阳湖被朱元璋打败。死不瞑目的陈友谅，死后的第一件事就是找阎王"走后门"，要求投胎做朱元璋的儿子，报一箭之仇并重登权力的巅峰。据说投胎转世的陈友谅，即是朱棣。

一、权力之路

朱棣（1360—1424），明朝第三位皇帝，年号永乐。

传说中的朱棣前世今生，其娱乐性的难度系数其实极高：陈友谅中箭身亡时，朱棣已经八岁，并不符合传说中的投胎转世规则。陈友谅若有这种重回权力巅峰的临终欲望，只能归于心有不甘而无可奈何。现实面前，倘若朱棣果有这种共同的梦想，几率也同样近乎为零——他只是明太祖朱元璋的第四子，帝位继承的规则也将其排斥得很远。但不可能最终又成为事实，历史又是怎样地充满玄机？

最初，朱棣带给朱元璋的印象并不太好。朱棣出生时，朱元璋收到的不是喜报，而是陈友谅进攻太平的前线告急文书。一旦陈友谅攻陷太平，应天（南京）就将陷入危险的境地。心烦气躁，朱元璋看都没看这个儿子一眼，便赶赴前线。七年之后，才给这个儿子取了个名字。

朱棣还是个有着先天不足的孩子：他的左脚内倾，走起路来步子一大一小，比较接近唐老鸭的艺术风格。朱棣如果生在农家，将来干农活都有些问题，就算生在帝王之家，也不算天生龙种，有失领袖风范。

但是，衣服都是别人的好，儿子都是自己的好。朱元璋对哪个儿子钟爱是一回事，对自己的儿子一个不亏待又是另一回事。洪武三年（1370），十岁朱棣受封燕王——如此尊荣,并无特别,因为这对帝王之子来说,既是个政治、经济待遇,分点权力给他们也是必需的。而早在洪武元年正月,朱元璋长子朱标即被立为太子,也就是未来的皇帝,朱棣的领导。

洪武九年(1376),按照父皇朱元璋的安排,朱棣来到老家凤阳"插队落户",接受"贫下中农"再教育。朱棣算是一个争气的小青年,在凤阳住了三年多,"民间细事,无不究知",不仅在乡亲之间赢得了口碑,也使自己得到了磨砺。

朱棣走路虽有些缺陷,但丝毫不影响他成为出色的军人,因为他无须去当一个普通士兵,纵步走或齐步走。直接当将军、元帅,提刀上马或研究作战地图,腿脚不便也没人知道。朱棣的老丈人又是徐达,这种亲密的师生关系,教学中的一对一,资源利用虽不太集约,学到真正军事领导才能倒是挺效能的。

洪武十三年(1380),二十岁的朱棣就藩燕京,权力之路迈开了实质性的一步。独当一面的朱棣,虽说年轻,却政绩频出:他多次受命参与了北方军事活动,两次率师北征,招降蒙古乃儿不花,生擒北元大将索林帖木儿。

出色的功绩,开始改变朱元璋的印象,朱棣的权力之路露出新的光亮。

二、规则下的藩王

朱元璋对长子朱标也不是太满意,问题同样出在朱标的脚上。

朱标的脚比朱棣更糟——完全就是一个瘸子。幸亏那时没有新闻联播,否则这样的领袖出镜,全国人民都会心灵受伤。

但是,朱标是皇长子,帝王继位的规则,朱元璋的接班人只能是他,兄弟们的遗憾再多也是枉然。

作为朱元璋的接班人,朱标单纯身体残疾也便罢了,更要命的是朱标的性格太懦弱。怎样才能当一个称职的皇帝,朱元璋太内行——铁石心肠,霹雳手段。而这两点,朱标全都先天不足。规则又不能改变,朱元璋只能费尽苦心。先是传帮带,洪武十年后，朱元璋便让朱标协助自己处理朝政。但当了二十五年的学徒工，朱标都达不到转正的标准。

这也就是亲儿子啊，否则朱元璋早就叫他走人了！教都教不会，朱元璋只好帮他修理未来。为了将独家的权力进行到底，朱元璋必须将明天的事情今天做完。洪武十三年以后，朱元璋屡兴大狱，特别是胡惟庸和蓝玉两案，株连残杀更分别多达三万和一万五千余人，诛杀之惨烈，为历史之最。大开杀戒，有开国元勋们胆大妄为的一面，朱元璋考虑最多的则是扫除一切障碍，把一个四平八稳的江山，交给朱标。

朱元璋的杀戮，后人多不理解，或视为变态。其实，何止是后人，即便是他的亲儿子——太子朱标，也同样这么认为！

好心当成驴肝肺，朱元璋生气了。他将一根棘条扔在地上，让朱标去捡。朱标很为难，朱元璋说：这就对了！有刺你不敢拿，我帮你削的就是刺！杀掉那帮人，就是为了你顺利当家！

话都说到这分上，朱标应该明白过来。但是，他竟回嘴父亲："上有尧舜之君，下有尧舜之民。"

书上骗人的话居然当真，朱元璋怒不可遏，抡起椅子就朝朱标砸去。朱标赶紧跑，朱元璋拼命追。逃命同样是残疾人的弱项，好在朱标还算聪明，他知道能影响父亲的，只有马皇后。马皇后死了，朱标将她绘作图像，时刻藏在怀里，以防不测。朱元璋这回也是气急了，拼命追打，朱标便计上心来，有意把图掉在地上。朱元璋一看，马皇后！感念旧情，气也消了。但是，父子间的嫌隙多少有了。

朱元璋喜欢哪个儿子呢？二儿子朱樉。朱樉身强体壮，敢作敢为，又英勇善战，权力欲望极强，与戎马打天下的朱元璋如出一辙，朱元璋打心眼里喜欢。洪武十一年（1378），秦王朱樉就藩西安，熟悉工作兼积累资本。洪武二十二年（1389），朱元璋将大宗正院改为宗人府，有意让朱樉兼任宗人令。朱元璋一度想立朱樉为太子，但权力的交替必须讲规则，打破了这个规则，就失去了秩序。推而及之，谁能力强就谁当皇帝，朱家的天下隐患可能就来了。

三儿子朱棡，也很不错。朱棡一表人才，文才也不错，比识字无多的父亲强得太多，但就是脾气不好。洪武十一年，朱元璋让晋王朱棡就藩太原。拿老百姓练练手，锻炼锻炼，朱㭎或许能成就一番大事。

一人之下、万人之上的储君，历来都是权力斗争的焦点。朱标的太子地位，外部威胁朱元璋给整没了，但朱标弟弟众多，强手如林。怎么办？用对付胡惟庸、蓝玉们的办法，那是不可能的。朱元璋的办法还是有的，这就有了洪武二十四年（1391）朱标的奉命出巡。

朱标巡视的地点，恰是秦、晋二王的藩地。朱标回来后，朱元璋便把朱棣、朱㭎叫到了京城。朱㭎居然表现不错，也很谦虚，对太子与百官都讲究礼节。朱元璋放心了，装作什么事都没有的样子对朱㭎说：边防甚为重要，你回去吧，好好工作，更要一如既往地支持你大哥的工作。

朱棣则遇上麻烦了。朱元璋说：你表现不好，要将你撤职！

真撤呀？是等着朱标出来做好人，让朱棣知道大哥是他的恩人啊！

朱棣被留在京城受教育一年，朱标果然为他讲了几次好话。第二年（1392），朱棣被教育得差不多了，该卖的人情也卖了，朱元璋命他返回藩地。从此，朱棣确实大有长进。洪武二十八年（1395），朱棣率军前往洮州征伐叛藩，大获全胜。朱元璋十分高兴，给了他很多奖品。

朱元璋不放心并刻意要重点教育的儿子中，没有朱棣。

三、好人朱棣

朱元璋为什么没有将朱棣列入不放心人群呢？因为朱棣的表现太出色了！

朱棣将藩地管理得井井有条，对各级干部也要求严格，干部群众一致拥护。燕王治下风清气正，唯有一个衙役思想品德不好，经常上菜市场买羊肉，不仅不给钱，对商贩连客气话都没一句。朱棣知道后，决定亲自处理。他悄悄跟着衙役来到菜市场，衙役的臭德性又犯了。朱棣上前就是一剑，将衙役的脑袋一劈为二，并告诉广大围观群众：这就是不为民服务、吃拿卡要的后果！

对老百姓，朱棣确实做到了爱民如子。有对山东逃难的父女，身无分文，病倒在路旁。朱棣下基层检查工作时发现了，将这对父女接进王府，给吃给喝，还安排医生给他们治病，并且住院费、医疗费全免。最后，朱棣问他们是愿意留下来工作，还是准备回家？父女俩再也不好意思麻烦王爷了，表示还是回去吧！路费、生活费，朱棣又给他们付足了。这对父女感动落泪，将朱棣菩萨般的先进事迹，一路声情并茂地从河北宣传到山东。

还有一次，朱棣见到一个士兵病了，走不动路，坐在路边呻吟。朱棣跳下马来，让病卒骑上自己的马。随从们说，殿下是万金之躯，怎么可以让一个小兵随便骑自己的马呢？燕王动情地说道："人命与马孰轻重？人病不能行，不载之，是弃之矣。吾岂贵马而贱人哉！且彼从吾，尽力而病，吾乃不恤之，岂为人父母之道？"将自己的马让士兵骑，曹操当年也没有做到。这样的领导，真是比父母都亲！

关心下级，朱棣似乎还是一以贯之。后来朱棣起兵攻打朱允炆，燕军在野外露营，严寒让人无法入睡，随从们好不容易找来几个废弃的马鞍，升起一堆火，让朱棣取暖。远处的士兵看到火光，纷纷跑过来准备取暖，走近一看，发现是燕王，不好意思地停下了脚步。朱棣的卫士发现了这些士兵，上前厉声呵斥要将他们赶走。朱棣制止了卫士，大声训道：这些都是壮士，勿止之！我身穿两件皮衣还冷呢，何况他们！我恨不能让所有的士兵，都来我身边取暖啊！

热血士兵，一齐流下了激动的泪水。

"燕王在国，抚众安静不扰，得军民心。众咸谓其有君人之度。"在朱棣的藩地，没有人不知道这位义气王爷。提起燕王，无人不情不自禁地竖起拇指。

小事无可挑剔，大事也不含糊。洪武二十三年（1390），朱元璋命朱棣与晋王朱㭎联手征讨蒙古丞相咬住和平章乃儿不花。朱㭎比较斯文，领着士兵到处找人。朱棣已经凯旋，并且兵不血刃，俘获了乃儿不花，缴获"羊马无算"。

朱棣还是一个讲政治、讲原则的藩王。洪武二十年（1387），蓝玉出征蒙古归来，特意将缴获的名马进献给朱棣。朱棣认为这样的战利品应该献给朝廷，而不是个人。他拒绝了蓝玉的礼品，并严肃批评这种公私不分。

对父皇朱元璋，朱棣更是时刻不忘。远在藩地，朱棣时常派人书信请安。朱元璋六十八岁生日，众皇子费尽心思，搜罗奇珍异宝，备上一份厚礼。朱元璋无所心动，反而怀疑这些皇子苛刻待民，搜刮民间。朱棣呢？他送的是一束嘉禾。望着沉甸甸的谷穗，朱元璋心里乐开了花。棣儿的治下，一定是五谷丰登，一派国泰民安的太平景象！

对朱棣，朱元璋开始喜欢，也开始欣赏。儿子们一个个成才，这是父亲最大的愿望。但是，晚年的朱元璋失望接踵而来……

四、朱允炆的忧虑

洪武二十五年（1393），太子朱标病故。白发人送黑发人，朱元璋怎不悲痛欲绝？更让朱元璋痛心的是，太子亡故，自己二十多年的心血付之东流。朱家的江山要千秋万代，皇帝之位应该传给何人？

一生不守规矩的朱元璋，这件事他必须遵守规矩。嫡长子制的大位传承规则固定了千年，皇族与社会一并纳于秩序之下，最终为的就是帝王世代相传，而不为他人觊觎。但是，朱标去世，其长子早已夭折，次子朱允炆不过年方十五，弱小的肩膀能否扛得起天下的重任？朱元璋犹豫了，觉得有必要作一次冒险，动动规则，将帝位传给儿子。但传给哪个儿子呢？按理应该是次子朱樉，但他的品性有些问题，朱元璋已有所觉察。三子朱㭎，又显得斯文，刚性不足。四子朱棣，成熟了，也德才兼备，且具威望！

朱元璋将这个想法数次暗示群臣，希望从他们口中主动说出，但谁都不愿开口。朱元璋忍不住了，明确提出让朱棣接班，还是没有人明确表态。圣意不能违，违心的话也不便说，局势不明，又有违礼制，加之太祖反复无常，倘若匆忙表态，那是绝对有风险的。

最后，朱元璋信任的老臣刘三吾出来说话，他提醒朱元璋：立了燕王，置秦、晋二王于何地？

王朝的利益是第一位的，朱棣之前，还有朱樉、朱棡，完全打破规则，皇位继承的纷争，现在没有，将来完全可能有。总不能为此杀掉两个亲儿子吧？左右为难，难以如愿，朱元璋失声痛哭，接受了刘三吾的意见。洪武二十五年（1392），立朱标之子朱允炆为皇太孙。

对皇孙朱允炆，朱元璋倒也喜欢，虽然这孩子长得不好看，脑袋有点扁，但十分孝顺，也非常聪明。朱元璋自我安慰：如果自己健康长寿，这孩子还是有培养前途的。

朱允炆虽小，却相当早熟，对很多事情有着与年龄不相称的超前考虑，尤其是"叔叔问题"。由于叔叔太多，朱允炆谈不上印象全面，但对四叔朱棣却印象深刻。有那么两件事，甚至在他幼小的心灵，留下了恐怖的阴影。

一次，朱允炆放学回家，朱棣冷不丁一巴掌拍在后背：小子——没想到你还有今天啊！

朱允炆吓了一跳，以为大混混堵校门口，专找小孩敲诈勒索呢。

还好，朱元璋路过，将朱棣臭骂了一顿。但朱允炆心里总是挥之不去，一放学就想到朱棣，生怕他又从哪角落溜出来，一巴掌打掉自己的魂。

另一件，是有次朱元璋召开家庭联欢会。朱元璋虽然字认得不多，但业余时间经常写诗，因为这玩意消耗不了多少汉字，凑合起来难度较低。联欢会上，朱元璋诗兴大发，出了道上联："风吹马尾千条线。"朱允炆对："雨打羊毛一片毡。"

朱元璋觉得应试教育把学生害惨了，扼杀了学生们的创造性思维。羊对马，说是说得过去，但这两个牲畜，一个比一个寒碜，所以相当不欣赏。

朱棣接上了："日照龙鳞万点金！"

龙都出来了，朱元璋很高兴，对朱棣严重表扬。

朱棣狠狠地看了朱允炆一眼，朱允炆感到有一股蓝光，毛骨悚然，芒刺在背。但恨的不是爷爷，而是逗能的叔叔。

朱允炆对朱棣印象不好，朱元璋对朱允炆印象也时好时坏。心情不好时，朱元璋看着朱允炆的脑袋挺别扭。朱允炆的脑袋不好看，但脑袋瓜子却很好使，这又让朱元璋欣慰起来。

朱允炆确实很聪明。当初，爷爷出题考自己父亲。现在，朱允炆想为老爸挽回影响。这个问题十分尖刻，他思考了很久，没有答案，现在要拿出来考考朱元璋。他想知道，爷爷比孙子究竟高明多少。

朱允炆问：叔叔们都被爷爷封了王，个个手下都有重兵，说是为了对付敌人。如果他们有了异心，用来针对我，那该怎么办呢？

孙子真是聪明啊！这道题爷爷或许想过，但确实没有答案。不过，爷爷终究是爷爷，爷爷不会将没把握的答案轻易拿出来，让孙子见笑。爷爷什么样的难题没见过，所以只反问了三个字：你说呢？

孙子暗暗叫苦，自己出的题目竟然要自己做。爷爷问了，那就讲吧，毕竟这些年读了不少书，文章也写过无数，权当现场作文吧！朱允炆回答朱元璋：如果叔叔们真有了异心，我认为可以一步步来——首先我自己做出榜样，然后要他们都来效仿。还不行就将他们换地方，加强管理。再不行，就没收他们的封地。这些都不行，那只能拔刀相向了！

拔刀？朱元璋心中一顿。但不拔刀又能怎样，总不能谁想当皇帝谁就当吧？朱元璋有点难。没有更好，就是最好！朱元璋艰难地给出了评语：那只好这样了！

但是，爷孙俩显然忽略了一点：方法步骤这么有条不紊，那得对方配合啊！

洪武三十一年（1398）闰五月初十，朱元璋病逝。闰五月十六，朱元璋下葬，朱允炆即皇帝位。朱元璋，堂堂一位开国之君啊！死后才几天就下葬了，发广告让全国人民举行悼念活动，都来不及。况且，他老人家那么多儿子，分封在外地，回来参加一下遗体告别也不过分。问题是，买不到飞机票，其他交通工具明显速度不行！

朱允炆为什么敢冒天下之大不韪，速葬朱元璋？有史书上称，这是朱元璋自己定的：“故即位而葬，同日并举，皆高皇遗命，正以速葬消诸。”如果是朱元璋自己要速办丧事，别人应该没必要说三道四。但这话是朱元璋生前说的，还是死后说的，并没有人知道。

秘史则称，朱允炆实际上在即位的前一天，即闰五月十五就把朱元璋给下葬了。朱允炆为什么要这样做？《皇明大政记》称：“并初虞致祭，不啻数坛，尚称皇太孙。宁有大葬无嗣皇帝主祭之理？”

这些说法，各有道理。朱元璋太伟大，主持追悼会的，应该是国家领导人！朱允炆先继位,仪式规格提上来,属于工作需要。

其实,更合理的应该讲科学:南京素有"火炉"之称,闰五月已是夏天了,很热。不早早埋了,尸体不雅观。可惜,没见到朱允炆的这种科学解释。而实际上,朱允炆是有更隐秘的一件事等着要办……

五、威胁来临

隐秘的答案,在朱允炆正式上班的第一个月工作日志里。

第一个月,朱允炆做了三件大事:办了爷爷的丧事,办了自己的喜事,办了叔叔的倒霉事——叔叔周王朱橚,从国家高级干部变身著名的医药专家!

周王朱橚,太祖第五子。朱橚比较有意思,朱元璋在位时曾被处理过一次,朱允炆上台后,他又被自己的儿子朱有爋举报。既然有实名举报,朱允炆就直接将他逮捕了。

朱橚,没听说朱允炆对他有什么不好的印象啊!只知道朱允炆对朱棣印象差。但是,朱橚是朱棣的同母弟弟。打架亲兄弟,上阵父子兵。朱棣要是干什么事,第一帮忙的恐怕就是他。朱橚有了问题,必须从重从快,让其享受优先查处的待遇。

朱橚是藩王,所以处理朱橚不叫处理,有个很典雅的专有名词:削藩。

削藩,历朝历代都是大事。朱允炆上班才几天,就挑这等大的干,太草率了吧?一点都不,早有智囊谋划好了,无非时间有点不够用。领导大了,钱够花,通常时间不够花。

朱允炆的首席智囊,方孝孺。方孝孺作为朱允炆的首席智囊,是朱元璋亲自定的。冲着朱元璋的品牌价值,这个人选应该值得信赖。朱元璋曾对朱允炆说,方老先生知识、能力、水平尤其是素质,绝对过关。只是有点傲气,我帮你打压打压他,到时候你用就方便了。什么对你忠诚,治理国家,实现和谐,绝对没有问题的!

爷爷之老到,孙子从来都不用怀疑。方孝孺真是不简单,莫名其妙地被打压了十五年，并且明显的事实就是：自己的父亲方克勤，还因工作原因被朱元璋亲自判处死刑。但他从来不往坏处想，怀疑领导对自己有成见。对老皇帝、新皇帝，他都只有两个字：忠诚。朱元璋眼睛毒啊！

这十五年，方孝孺突飞猛进的还体现在学问上：什么圣贤话，他都背熟了，且运用自如。朱允炆就是说声"开饭了——"，方孝孺都能找到一句名人名言，恰如其分地表达出来。谁要是不相信，以为老方瞎编，他也能分分钟找出原著，准确地翻到那一页。

朱允炆智囊团中的第二个人物，齐泰。

齐泰也是朱元璋亲自选定的，同样有特长。有一年，朱元璋正在办公桌上批阅文件，突然一道闪电从空而降。朱元璋身手敏捷，及时躲过。但闪电跟着朱元璋后面追，朱元璋绕着办公桌跑，几圈下来，一身冷汗。还好，最终化险为夷。

这等怪事，后来科学家给出科学结论：那叫球形闪电！但朱元璋没看到这个科研成果，所以心理特别害怕，以为是上天要惩罚自己。为此，他决定隆重地搞一次专项祭祀。由于这次祭祀意义特别，陪同人员的要求特别严格：至少有九年没有不良记录！

当九年高官，不干一点坏事，太难！但这么高的选拔标准，齐泰却顺利入选。

朱允炆智囊团中的第三个人物，黄子澄。这个人，是朱允炆自己加进去的。黄子澄，书读得特别好，洪武十八年（1385）会试第一，殿试第三。这位探花郎，从此伴读东宫，并与朱允炆成了铁哥们。

黄子澄很早就与皇太孙朱允炆讨论过削藩问题。朱允炆问：诸叔藩王皆拥重兵，如有变端，怎么办？

黄子澄答：诸王仅有护兵，只能自守，倘若有变，可以以六师监之，谁能抵挡？汉朝七国不可谓不强，最后还是灭亡了。大小强弱之势不同，而顺逆之理更相异啊！

书读得确实多，还知道汉朝七国之事。可惜，黄探花只知道枪杆子，忘记了"推恩令"。

皇太孙变成建文帝，黄子澄与齐泰等认为是实现抱负的时候了，立即鼓动建文帝削藩。怎么个削法？意见不一。户部侍郎卓敬等大臣，主张采用汉代"推恩"的办法：把藩王的权力，分封给藩王的所有子孙，而不是嫡长子一人。而且，还要异地分封。

再大的权力，几次一分，也就没有分量了。想与朝廷叫板，只能是力不称心。

曲线削藩，建文帝认为这个主意妙，但又没有去做。以齐泰、黄子澄为首的大臣，则主张动粗。但动粗的顺序，又意见不同。黄子澄认为燕王实力强大，应该先削弱小的周、齐、代诸王，去燕王的羽翼，待时机成熟再削燕王。齐泰则主张擒贼先擒王，拿下燕王，其他诸王自然会鸟兽散。

黄子澄与建文帝关系最铁，黄子澄的提议有效。

接下来，就是迅雷不及掩耳。

湘王朱柏，朱元璋第十二子。朱柏爱好广泛：爱读书，爱练武，爱旅游，还爱钻研高科技，准备在道术上有所建树。爱好太多，影响专业水准，朱允炆发现了他有一样爱好，水平太臭：朱柏私印的钞票，不用验钞机，肉眼就看不过去。

朱允炆通知朱柏到自己的办公室，跟组织交代清楚印假钞票的事情。但朱允炆不知道朱柏还有一个爱好：气节！

朱柏说，我不是一般人，自己受辱太对不起老爸！说完，关起大门，把老婆、孩子召集到一块，自焚而死。

代王朱桂，明太祖第十三子。朱桂，脾气极差，什么人都打，就是不敢打老婆。不知道朱允炆是认为叔叔的作风太丢人，还是对婶婶的素质有意见，反正是将他们全家废为庶人。

齐王朱榑，明太祖第七子。朱榑洪武年间曾参与北征，因此比较骄傲。朱允炆认为他有犯罪行为，具体的犯罪事实则一直处于保密状态。最后，全国人民只知道判决结果：废为庶人。

岷王朱楩，朱元璋十八子。朱楩在家庭教育方面比朱榑成功，大小的不法勾当做了不少，但没有一个儿子出来举报。西平侯沐晟有个大胆的逻辑推理：家庭教育做得太好的家庭，做坏事外人肯定不知道！所以，沐晟举报这个家庭存在问题，岷王果然被废为庶人。

朱允炆一气解决了五个"犯罪集团"，狠狠地伸张了正气。但有一个问题，朱允炆忽略了：负面影响太大！素质比老百姓都差，坏事做全，恶事做到顶，居然都是皇亲国戚！难道这高层，只有朱允炆一个是好人？

但是，有两个人显然不是这么想——这就是姚广孝，朱棣。

六、两个人的梦想

姚广孝（1335—1418），字斯道，法名道衍，长洲人。

姚广孝熟读佛、道、儒、兵诸家之书，将严重冲突的理论熔为一炉，一看就是比苏秦更狠的角色。但所有的人都错了，姚广孝根本不像苏秦那样四处就聘，谋份挣钱的差事，而是出家为僧。明太祖为藩王统一配备僧人，姚广孝才随侍燕王朱棣。周王朱橚、湘王朱柏、代王朱桂、齐王朱榑、岷王朱楩相继获罪，朱棣无法镇定。姚广孝却开心起来，认为这是天赐良机，对朱棣说：梦想还是要有的，万一实现了呢？

——这句流行语，最初就是姚广孝对朱棣的谏言。

朱棣心底没谱：百姓都支持朝廷，怎么办？

姚广孝答：臣只知道天道，不管民心！

于是，姚广孝又向朱棣推荐了相士袁珙等，使朱棣逐渐下定决心。姚广孝不仅动口，而且动手，他帮朱棣暗中拉拢军官，勾结军队，招募勇士，还在燕王府后苑训练兵马，打造军器，甚至连用来掩盖打造兵器声音的鹅鸭，都帮助朱棣买好——如此卖力，姚广孝又想得到什么？

什么都不要。朱棣登上皇帝的宝座后，命姚广孝蓄发还俗，他拒绝了；赐他美女，他退还；赠他府邸，他只住在寺庙；赏他黄金，他全部分给家乡族人……

异志，就是异于常人的非凡梦想。姚广孝的一生，就是活在自己的梦想里。一旦实现，别无所求！

梦想，也就是这么可怕！朱棣也是一个有梦想的人。他的梦想史，也不比姚广孝短多少。大哥病逝时，他的梦想差一点成真。二哥、三哥相继去世，一次又一次激起他的梦想。可惜有个朱允炆，截断了他的梦想。大难临头之际，姚广孝再次激活他的梦想。为什么坐以待毙，不让梦想成为理想？但是，实现梦想的路，显然漫长而艰难。

并且，不能失手，丢掉最后一次机会。

一切悄悄地进行，不能让朝廷知道。但有一件事，必须让朝廷知道——朱棣病了，病得不轻，哪都去不了，包括京城。

朱棣的"病"，是疯病，脑子全坏了。但他还不能只在家里发病，这样影响广告效果——朱棣跑到闹市大喊大叫，看见人吃饭就上去抢。然后，露宿街头，一睡一整天——广告时间长，观众自然多。朱棣需要的，就是让更多的人都看到，尤其是暗中窥视他的人！

果然，朱棣等到了要等的人。盛夏六月，张昺和谢贵来到了燕王府。

张昺，新任北京市长（北平布政使）。谢贵，新任北京军区司令员（北平都指挥使）。他们都是建文帝的心腹，来北平的目的无非是两个：监视朱棣，为动手解决朱棣做准备。建文帝的准备比较全面，新任北平都指挥使的还有张信，镇守开平、山海关的野战部队也换了，政治可靠的宋忠在此率兵三万。

深入燕王府，眼前的情景让张昺和谢贵目瞪口呆：朱棣正身披大棉袄，蹲在火炉前烤火，嘴里嘟嘟个不停，也不知说些什么。仔细听了半天，明白了，原来是说"冷"。为了梦想，朱棣也是蛮拼的！

张昺和谢贵相信了朱棣的"病情"，打算回去密报建文帝。如能获得宝贵的准备时间，朱棣离自己的梦想起来越近了。

但是，葛诚几乎让朱棣的梦想化为泡沫。葛诚，燕王府长史，本是朱棣的心腹。朱棣曾安排葛诚到朝廷汇报工作，结果被成功策反。关键时刻，葛诚电文式地对张昺、谢贵说了七个字："王实无病，将为变。"

一个"实"字，一个"将"字，信息量太大。获悉情况，一向犹豫的兵部尚书齐泰果断决定：立刻命令使臣前往北平；授意张昺和谢贵加强对燕王及其亲属的监视，必要时直接采取行动；命令张信立刻逮捕朱棣！

葛诚坏了朱棣的事，这一回张信则坏了朱允炆的事。张信本是朱棣的旧部，并且关系不错。张信接到命令，纠结了。"中央"的指示要执行，"老领导"的感情也要顾，两个都必须有，两个偏偏只能选一个。想来想去，想到了喝酒。喝完酒，便拼命地磨刀。

磨刀声引起了母亲的注意，老人家一问，儿子原来是要杀燕王。生姜还是老的辣，老太婆帮张信一锤定音：千万不可以这样做！燕王将来必定会取得天下，他这样的人不会死，你也根本抓不住！

核心机密，老太太怎么都知道？听算命先生说的。年轻人有梦想，老太太有信仰。

根据老母亲的指示精神，张信化装后混入燕王府，见到了燕王。呵呵——朝廷来人了，朱棣继续躺在床上，仍旧发精神病。

正常人跟精神病人是无法交流的，张信等了很久，正事也没说上一句。

张信急了，啪的一声亮出敕令：别装了，这是您的逮捕证！

一针见效，朱棣神奇地康复了。

七、出手的理由

别无选择，朱棣一刻也不能闲了。

朝廷，同样也没有闲着。张信那边没有了下文，张昺和谢贵已接到了逮捕燕王官属的诏书。

注意！不是逮捕燕王，是逮捕燕王官属。对张信是否叛变，朝廷尚不清楚，但需要万无一失。朱允炆的谋士，谋略还是有的。

张昺与谢贵重兵包围了燕王府。朱棣也不含糊，召集了王府卫队。可朝外一看，朱棣傻眼了：黑压压一片，根本看不到边，自己的卫队完全不是对手。可自己的大军又来不及集结，远水解不了近渴啊！

这个时候，兵书起作用了。三十六计，先试一计：擒贼擒王。

朱棣毕竟是王爷，他大胆下令张昺和谢贵进王府。张昺和谢贵也不傻，就是不进去。朱棣说，你们执行朝廷的命令，我也要执行朝廷的命令。要抓的人，已按名单抓齐了。验明犯人正身，是你们俩的事。办完交接手续，咱们都完差吧！

张昺和谢贵不能不进去了。进去，也就不可能再出来了。

张昺和谢贵没了，黑压压的士兵也没了——几乎都是自己走的。下级服从上级，他们的顶头上司，应该没王爷官大吧？

事已至此，没有退路，也不必再装。朱棣起兵了，简短的仪式都谈不上，只有一段简短的动员讲话：我根本就没有病，是奸臣陷害我，我不得不这样做啊！

朱棣的讲话，简练，深刻——这不是吹捧他，而是事实。朱棣选择的打击对象，只是"奸臣"，不是建文帝。皇帝灭藩王，是小菜一碟；藩王灭奸臣，也不是多大的事。

建文元年（1399）七月，朱棣计杀张昺、谢贵，命燕府护卫指挥张玉、朱能率兵夜夺北平九门，占据北平，以遵祖训，诛"奸臣"齐泰、黄子澄为国"靖难"之名，誓师出征。

出征仪式，却一点都不吉利。朱棣准备喊"出发——"，结果"哗啦"一声，暴风雨突起，王府的檐瓦吹落一地，摔得粉碎。凶兆啊！士兵们毛孔都竖了起来，朱棣的脸色也变了。

姚广孝又笑了：这是吉兆！自古飞龙在天，必有风雨相从。王府的青瓦堕地，预示殿下要用上皇帝的黄瓦了！

要么大家都不习惯听真话呢，因为假话听了谁都来精神！

八月和十二月，朱棣给朝廷发去两封公函，也给全体官民发出文告。主要精神，是指责皇帝受齐泰、黄子澄等宵小之臣的诱惑，迫害诸皇子，祸害国家。理论依据，是朱元璋的《祖训录》。而根据《祖训录》，自己有责任、有义务作出担当，惩戒"奸臣"，不仅仅是自卫。

《祖训录》，确实是这么写的。衡之以儒家的孝道，朱棣还真应该这么做。

朱棣还要强调一个意味深长的谎言。起兵宣言中，朱棣"黑体字"的自称是：太祖高皇帝、孝慈高皇后嫡子，国家至亲……

太深沉了。高皇后名下的嫡子，一共有四个，已经死了三个。剩下还有几个？不用上学都知道，只有唯一的朱棣。

国家至亲，哪一个更亲？相对于高皇帝与高皇后，朱棣是儿子，朱允炆是孙子。一个直接，一个间接。

不过，称作高皇后的嫡子，朱棣就有点蒙人了。高皇后其实终身不育，名下的子女都是根据某种需要加上去的。朱棣的生母，是朱元璋的碽妃。正妻生的儿子叫嫡子，非正妻生的儿子叫庶子。对老百姓来说，嫡出与庶出无非名义上的区别。对帝王家来说，嫡子与庶子差别就大了。宗法制度，皇帝死了皇位由嫡长子继承。嫡长子死得早，嫡长子的嫡长子来继承。庶子，边都沾不上。朱棣坚称是马皇后嫡子，已经在下一盘很大的棋。

朱允炆，必须尽快出招。

八、战争游戏

朱允炆的招数，就是开打。

这一打，就是四年。时间太长，事情太多，谁也没工夫花四年时间来听打打杀杀的事。其实，只要花几分钟时间，看完三人，就是知道这场战争的奥妙，比玩游戏都精彩。

建文元年（1399）七月，建文帝派出的首位领军大将军，是长兴侯耿炳文。这一年，耿老将军已经六十五岁。

耿老将军年龄明显偏大，根据洪武年间的朝廷规定，武官五十岁就该退休。如今超龄服役，实在是无将可用。洪武一朝，"元功宿将，相继尽矣"，耿老将军能在洪武朝留下一命，靠的也就是能力有限，谈不上对君权构成威胁。庄子关于无用之树的感悟，最终应验在耿老将军的身上。

耿炳文的大军号称三十万，实际只有十三万人。人数的水分倒不是大事，而是很快出现了两件大事：八月初，部队到达真定，在滹沱河的南北两岸分营扎寨，先锋部队九千人驻扎雄县。时值中秋，部队没有多少防备，遭到朱棣军的突袭，先锋九千人全部被杀。接着，耿炳文的部将张保投降朱棣。张保不仅向朱棣报告了军情，还以脱险之名回到了南军，并说服耿炳文转移部队，固守真定城。

——南军实战能力的低下，官员的倒戈或骑墙，战争的一开始就为朝廷所料不及。

可怜的耿老将军，本来是带兵出来抓人，现在竟要躲在城里提防被人抓！

但身经百战的耿大将军，绝非只会龟息大法。防守，一直是他的驰名商标。当年，耿炳文像钉子一样打入张士诚的地盘，张士诚怎么拔也拔不掉。现在，又死死钉在朱棣的眼皮底下，令其不敢轻举妄动。朱棣也像张士诚一样，头痛而又无可奈何。

朱棣对耿炳文是非常了解的，他不可能以己之短攻彼之长。在城外围了三天，然后主动撤兵。

回避问题本不是个办法，但建文帝帮助朱棣解决了问题。根据太常卿黄子澄的建议，建文帝派来李景隆取代耿炳文。

耿炳文回到了南京，后来臣服了朱棣。永乐元年（1403），耿炳文因服装和家庭生活用品上有龙凤图饰，被人举报"大逆不道"，恐惧而绝望的耿老将军选择自杀。

李景隆（1369—1429），朱元璋外甥李文忠之子，袭父爵封曹国公。李景隆被后人讥讽为最愚蠢的将军，其实他是个熟读兵书的人。耿炳文兵败后，李景隆领兵五十万进剿朱棣。对李景隆的到来，朱棣居然持欢迎态度。朱棣高兴的原因，是因为兵法有五败：政令不修，上下离心；气候不适，粮草不足……

一方面熟读兵书，一方面又将兵家忌讳犯全，李景隆究竟是个什么样的人？

李景隆是个很有争议的人，一时难以说清。真正的高手，还数朱棣与姚广孝，他们完全不相信旁人的胡扯，而是对李景隆慎之又慎。姚广孝协助世子朱高炽留守北平，告诫朱高炽必须坚守，不能出战。朱棣则亲赴大宁，计赚宁王朱权的朵颜诸卫的骁勇善战的骑兵。然后内外夹攻，败南军于城下。

李景隆肯定不是凡人。他的奇迹，是他一方面大败，一方面顺利地跑回了南京，居然还没有被问责。更奇的是，建文四年（1402）六月，朱棣兵临南京城下，又是李景隆打开城门，而后又加官晋爵。更奇的是，朱棣即位后，朝廷大事，还安排他为首主议，成为谋臣。

连续大败南军，朱棣感到离权力的宝座起来越近。但是，他遇到无名小辈，还差一点兵败身亡。

这个人便是盛庸。

盛庸是谁？历史学家也没有完全搞清楚。《明史》的介绍是："盛庸，不知何许人。"专家不清楚，朱棣肯定也不太清楚，所以朱棣有点麻烦。

建文二年（1400）冬，盛庸接替了逃跑的李景隆，与燕军对决东昌。朱棣所率的燕军，陷入盛庸的重围，精锐几乎丧失殆尽。最后，只有朱棣率少数残兵，突出了重围。

其实，朱棣的突围都属于侥幸，盛庸完全可以使用火器，让朱棣在地球上消失。但是，盛庸没有这么做，因为必须遵守这场战争的游戏规则——朱允炆害怕杀害叔叔的骂名，他的指令是：燕王只能擒获，不能伤害。

不善良，不老到，朱允炆制订的规则，让战争着上了游戏的色彩。正是这条规则，朱棣获得了"护身符"，免遭"斩首行动"。甚至在两军对垒之前，朱棣还深入到南军的眼皮底下，侦察军情。弓箭与火器都不能对朱棣使用，南军总是眼睁睁看着朱棣独往独行。

朱棣攻入京师后，盛庸最终也率部投降。永乐元年（1403），盛庸被都御使陈瑛弹劾"图谋不轨"，自杀身亡。

打仗还要按游戏规则出牌，谁都玩不起。大军刀枪相见，敌友又明暗不清，胜败谁也无法预料。对朱允炆来说，实力自不在话下，但难题无疑更多——既要防人蠢，更要防人精明。

耿炳文，李景隆，盛庸，没有一个是凡人，但最终都是殊途同归。

九、意外的结果

僵持不下的战局，最终因姚广孝而改变。

朱棣最初的战略思想，除了解决直接的军事威胁，便是拿下北平周边地区，然后逐步扩大根据地，获取足够综合资源，壮大自身实力，与朝廷抗衡。但是，在山东朱棣遭遇了盛庸与铁铉的顽强抵抗。建文二年，朱棣攻打济南，三个月下来，毫无结果，姚广孝让朱棣退回北平。再遭东昌之败，朱棣又再次退军。

这几仗，本都没有捞回来，何谈赢利积累资本。姚广孝建议朱棣：如此攻城略地，不如直取京师！

是啊，拼消耗，垮掉的不是自己还能有谁？山东固然重要，如果拿下京师，登上朱允炆的宝座，山东不就自动过户到自己的名下了吗？

建文四年（1402）元月，朱棣挥师出发。盛庸、铁铉严阵以待，但等了好久，也没有朱棣的影子。一打听，朱棣已连克东阿、东平、单县，兵指徐州。盛庸和铁铉明白了，朱棣是要直奔朱允炆的老巢啊！来不及多想，提马便追。

徐州城防坚固，守军只要抵挡一阵，盛庸和铁铉就能赶到，内外夹击解决燕军。但是，朱棣又绕开了徐州，转宿州，进灵璧。灵璧之战，朱棣击溃南军，再进扬州。看来，一场大战不可避免。但朱棣不能不拼，因为扬州的对面就是南京。朱棣苦思拿下扬州的谋略，脑袋想痛了，还没想出来。其实，朱棣的脑力劳动完全是浪费，扬州守军不战而降。

统治集团顶层的内斗，利益相关的人太少，只会有更多的旁观。意外的结果，应该在意料之中。

形势急转直下，朱棣乐了，朱允炆慌了。他派人去找齐泰、黄子澄，居然一个没找着。还好，方孝孺来了。朱允炆赶紧讨要计策，方孝孺胸有成竹，早有锦囊妙计：募兵勤王，派人谈判。

募兵的事方孝孺安排大臣们去办，谈判的事朱允炆托付给了庆成郡主。

庆成郡主是朱元璋的侄女，朱允炆的堂姑，朱棣的堂姐。见到朱棣，这位中年妇女家长里短说了一大堆。朱棣说：我这次起兵，只是仿效当年的周公辅成王，请皇上按我的要求办。

如果不办呢？朱棣的回答是：如果不答应，请诸位兄弟姐妹及早搬家，免得到时受到惊吓！

回绝了朱允炆的求和，朱棣攻到了南京城下。京城城墙坚固，城内有十余万大军。朱棣知道会有奇迹出现：镇守京城金川门的，是谷王朱橞和李景隆。朱橞，朱棣的亲兄弟；李景隆，朱棣的儿时伙伴，虽然李景隆根据朱允炆的指示打过朱棣，但打出了风格，更打出了感情。

朱橞和李景隆果然打开了金川门。燕王大军蜂拥入城，满朝文武纷纷投降。大势已去，朱允炆下令焚宫。面对冲天的大火光，燕军慌了手脚：他们本是野战部队，不是消防官兵，如何救火，业务水平实在不敢恭维。

朱棣亲自出马，忙了三天，火是灭掉了，但没找到朱允炆。

朱棣让人挖地三尺，火堆里扒出一具烧焦的尸体。尸体根本分不清男女，朱棣说：这就是皇上！

活皇上都没几个人认识，何况是烧焦的皇上。但总不能说：大家都回去好好锻炼身体，再活五百年等待 DNA 鉴定结果！

为了增加结论的权威性，朱棣几乎哭了。他心情无比沉痛，接连长叹：小子，你真是糊涂啊！我是来辅佐你向善的，你怎么愚蠢成这个样子啊？

朱棣的话简直妙不可言！真若如此，朱允炆就是个糊涂蛋，朱棣带的就是正义之师。现在又干出更糊涂的事，自己不干皇帝，那也没有第二个选择了！

洪武三十五年（建文四年，公元 1402 年）六月十七，朱棣正式称帝，成功登上了权力的巅峰。

十、第十族的奥秘

宝座上的朱棣，不必再给贫病交加的父女免费看病，也不必给路边的病卒试坐御辇。他有了一门新绝活：杀人！

黄子澄，凌迟，灭三族；

齐泰，凌迟，灭三族；

练子宁，凌迟，灭族，弃市者一百五十一人，九族之亲被抄没戍远方者又数百人；

史景清，夷九族，尽掘其先人冢墓，又籍其乡，转相攀染，致使村里为墟；

于建文，剥皮，下油锅……

史书的记载全部录完，那又是一本书。杀人成狂，仅为复仇？看完方孝孺就明白了。

方孝孺名满天下，在他攻打京城之前，姚广孝就请求他：殿下攻下京城，方孝孺一定不降，你一定不要杀他！杀了他，天下的读书种子就绝了！

方孝孺的意义，军师说了，朱棣明白。方孝孺更重要的意义，军师没说，朱棣更明白——穿衣找领，方孝孺便是领袖。朱棣特意在大殿召见了方孝孺，交给他一项神圣的任务：起草诏书，安抚天下。

其实，不要稿酬，抢着干这活的人已经排队等候，他们也不一定写得比方孝孺差。比方说鼎鼎大名的才子解缙，为了赶在朱棣进城前叩头称臣，就曾跑得两腿抽筋。但是，朱棣要的是广告效果，什么对巩固权力有利，哪怕多付点出场费，成本可以忽略不计。

但方孝孺拒绝了。方孝孺与姚广孝，本是同类，抱定理想，不可动摇。只是他们坚守的东西，理解的人不多。

一个不写，一个硬逼。不写，再逼……扯来扯去，方孝孺终于写下四个字：燕贼篡位！

朱棣彻底失去理智：你不怕我灭你九族吗？！

方孝孺更硬：诛我十族又如何！

大殿之上，双方对骂，朱棣占不到上风，露出狰狞的面目，将方孝孺嘴割开。没有效果，再割至两耳。没有征服的迹象，朱棣下令将方孝孺凌迟，灭十族，谪戍者八百七十三人，外亲坐死者复千余人。

中国的恐怖史上，杀人从来只有九族。朱棣发明的"第十族"是什么？朋友与学生（门生）。

为什么要灭"十族"？九族算是惩罚，第十族则是削除对权力的威胁！朱允炆死没死朱棣清楚，谁在为朱允炆募兵朱棣也清楚，这都是朱棣宝座的直接威胁。除此之外，对权力巅峰上的朱棣来说，同样也是不能容忍——

桐城人方法，只是受过方孝孺的提携，后来中了个举人，担任四川都指挥司断事。朱棣称帝后，也没有将他作为方孝孺的第十族杀头。这时的四川官员，纷纷上表进贺，同僚争着签名，方法坚决不签。不表态，不合作，也是罪不容恕。方法被解南京，船至家乡江面，方法作了一首绝命诗："休嗟臣被捕，是报主恩时。不草归降表，聊吟绝命词。生当殉国难，死岂论官卑。千载波涛里，无惭正学师。"尔后，投水而死。

——诛十族，不完全是情急之下的泄愤，而是朱棣的歪打正着。只要能提高权力的安全系数，朱棣无所不用其极。帝王蓄意制造残杀与滥杀，直接目的往往就是为了营造恐怖，并非仅仅归于其个人性格的残忍。对权力而言，恐怖始终是最好的保障！

十一、权力的秘技

诛灭建文诸臣，对朱棣而言并不意味着权力威胁的彻底解除。对王权的致命威胁，朱棣与朱允炆的认识，恰恰高度一致——藩王。朱棣因反对"削藩"而问鼎权力，又以实施"削藩"而将权力进行到底。

"靖难之役"中，帮助朱棣捅了朱允炆致命一刀的谷王朱橞，不可能摆脱"削藩"命运。

谷王朱橞，明太祖朱元璋第十九子，统领上谷郡地和长城九镇之一宣府镇。燕军南下，朱橞奉建文帝诏赴京师护卫金川门。当朱棣带领燕兵伐至金川门外，朱橞权衡利弊，迎王纳降。但立下献城之功的朱橞，再也没有回到宣府。次年二月，朱棣将其改封长沙，最终又被朱棣废为庶人，狱中去世。

戏法人人都会，各有巧妙不同。谷王朱橞是被朱允炆请到南京的，宁王朱权则是被朱棣骗到南京的——在宁王的藩地，朱棣骗走了他的军队；"靖难"途中，朱棣又一路骗他为自己卖命，画的一张饼，就是事成之后给他大大的好处："中分天下"。

"中分天下"，暴利！但朱权一直没等到"分红"。宁王朱权算个明白人，分不到权，就多分点钱吧！北方是个贫困地区，朱权要求改封到南方经济发达地区。打拼这些年，总该给些好处吧？朱权对朱棣说：我体质起来越差了，带兵不合适。现在，兵权我不要，照顾一下，让我到苏州过几天舒服日子。

苏州？帝国的权力机器，就靠这地方支持运转呢！朱棣当然是摇头。

朱权接着说：二线城市钱塘，总行了吧？

朱棣说：你再想想。除了这两个地方，全国任你挑！

朱权一脸苦笑：也不挑了，四哥给哪算哪。朱权就这样被封到了南昌，权与钱，什么都没捞到。

其他诸王，恨完朱允炆，接着恨朱棣了：

永乐四年（1406），削去齐王爵位和官属，八月，废为庶人；

永乐六年（1408），削去岷王官属及护卫；

永乐十年（1412），削去辽王官属及护卫……

藩王威胁烟消云散。

但是，权力的魅力是永恒的，权力的威胁也是永恒的——当年，朱元璋冒险封藩，让边地诸王重兵在手，其实也是一柄双刃剑。这把剑既可护卫国家，也可以直插国家心脏。剑没有了，当然就什么功效都没有了。

北方，始终是明王朝政权的最大威胁。朱棣削藩，造成北方防御力量直接削弱，同时造成防线割裂。与此同时，蒙古贵族残余势力趁机犯边，朱棣警觉了：坐在南京，权力的宝座是不保险的！怎么办？迁都。

——问题就这么简单，办法也这么简单。但回过头来看，反而不简单。

迁都原因，有人认为是朱棣在北方生活得太久，在南方生活反而不习惯。这个就免了——朱棣从小就生活在南方。若再说远点，忽必烈从草原来到北京，对他来说北京同样是"南方"。

朱棣背负篡弑恶名登位，南京的"群众基础"不好？权力的利剑，足以削平这个问题。

迁都的唯一解释，只有皇权的千秋大业。也只有这一点，投入与产出才能成比例，成本与利润才大体相符。因为，迁都说起来容易，做起来太难。

永乐元年（1403），朱棣改北平为北京。四年（1406），促迁都，以北京为"行在"。

行在，就是天子"行銮驻跸的所在"，并非名义上的首都，相当于最高领导人的现场办公场所。朱棣将北平升为北京，便在北京设立六部，称"行在六部"，南京则改为留都。留都南京，除了没有皇帝之外，其他组织机构，各有一套，只是留都南京的六部等实权很小，主要的任务是给北方输送钱、物，维护南方的社会治安。

迁都的筹备工作，用了整整十八年，因为要做的事情实在太多：兴修宫殿，移民屯垦，疏浚运河……通过运河北上，一年的粮食即达四百万石，而保证这条经济命脉的军队亦达十余万人，成本实在难以用金钱计算。也因为经济成本过巨，朱棣死后，明仁宗朱高炽又将北京改为行在，准备还都南京。直到明英宗正统六年，北京才正式确立为首都，不再称为"行在"。

朱棣迁都旨在维护皇权的稳固，对多民族国家的统一，南北经济的发展，都有积极的意义。

永乐十九年（1421）正月，朱棣于北京御奉天殿接受朝贺，时人称颂："并建两京，用南京之财富，会西北之戎马，无敌于天下！"

是是非非，朱棣毕竟将权力进行到底——驾驭规则又逾越规则，权力游戏的大玩家朱棣完胜！

※ 于谦：交易中的长城 ※

长城是农耕与游牧区的分界线,也是大明朝国土的北部边界。长城内的汉地十三省,乃明帝国的根本,"兴兵轻伐,我亦不祥",明太祖不主张轻易对外用兵,但"有为患于中国者,不可不讨",一旦外敌越过长城,踏入汉地十三省,那就必须直接开战。洪武三十一年(1398),明帝国告别了它的缔造者朱元璋,迎来了它的捍卫者于谦。

一、一骂成名

于谦(1398—1457),字廷益,号节庵,浙江钱塘人,永乐十九年(1421)进士。

于谦是个很奇特的人,七岁时即有僧人预言,于谦必是日后的"救时宰相"。僧人的论据是什么,没有记载。《于谦年谱》中有则趣事:于谦十九岁那年,有个姑娘家里闹鬼,于谦亲自去了一趟,吓得"众鬼悉遁"。于谦又书一纸"于谦在此",姑娘的病立马痊愈。

于谦是否真的传奇,姑且不论。但他绝对是个有才华的人,十二岁的于谦写过一首《石灰吟》:"千锤万凿出深山,烈火焚烧若等闲。粉身碎骨浑不怕,要留清白在人间。"

石灰,显然与于谦的品格有关。于谦自幼就显出品格与志向的与众不同,他的书斋里很早就挂着一张"大头照",不是美女,而是个老头。教书先生一看,这人是文天祥。小朋友于谦很严肃,生怕老师不懂,郑重解释说:我要做他这样的人!

于谦,更是一个极具能力与魄力的人。宣德元年(1426),汉王朱高煦谋反,于谦跟随明宣宗亲征。朱高煦投降后,于谦奉命痛斥其罪状——这是一次很重要的即兴讲话,于谦音质磁性十足,音量又大,措辞正气严切,声音威严激烈,骂得朱高煦瘫倒在地,除了汗就剩下发抖。

于谦这场孔明骂王朗式的精彩表现，令明宣宗对其刮目相看，他曾亲自给吏部写"条子"，以近乎"走后门"的方式，将于谦越级升迁为兵部右侍郎。

兵部，关乎朝廷的政治安危。战争与长城，则又是明朝的高频词。明朝开国以来，边界几乎连年开打，山海关到大同一线尤甚，集中于大同、宣府、蓟州，全部位于外长城之内。万里长城，不过几米的宽度，蒙元军事势力攻破长城，又可谓是轻而易举。明朝国防建设的重中之重，是在这一带修建内、外双重长城，以护卫京师，这显然又不是万全之策。所以，明太祖与明成祖时代，持续对蒙元残余势力实施重拳打击。强大的军事打击，终令蒙元残余势力不敢越长城一步，甚至长城外的五十里非军事区，也很少出现敌人的影子。

于谦的异乎寻常，便在于他的居安思危。于谦是一个作风扎实的官员，在兵部右侍郎这个位子上，他数度巡视山西等边关地区，并轻骑简从，遍访边民。于谦敏锐地发现，貌似铜墙铁壁的长城，其实已危机四伏。蒙元势力并没有在长城外日薄西山，在经过内部的争斗后，已有新的势力开始崛起。其中的瓦剌部，甚至屡次越过长城，袭扰大明边关地区。

相对于蒙元残余势力的崛起，长城沿线的边防却出现了严重的废弛。在明朝边防重镇大同，于谦发现了更为严重的问题：由于大同孤悬塞外，交通条件又差，晴天一身灰，雨天一身泥，掉进雪坑也许还没人知道，所以按抚山西的官员几乎不"下乡"，边备究竟如何，只看看报告、听听汇报。

长城脚下，国防意识很淡，商业气氛倒很浓。缺少有效监督的镇边将领，应付掉上级的偶尔检查，剩下的就是一门心思开荒种地。这也是一桩不赖的生意活，劳动力是士兵，收入归军官自己。天天领兵操练，没有经济效益啊！

长城显然不能这么烂下去。于谦双管齐下，疏请设立了大同巡抚，加强了边关的监管，并提出了修理城池、整顿军务、充实边关等一系列主张。更狠的一招是切断利益链，将私垦的田地全部收为官家屯田，收入用于资助边防开支，跟镇边将领不发生利益上的关联。

于谦的招数应该是管用的，大同的防务确实为此一度得以强化，蒙元残余势力也很少肆无忌惮地再越过长城。于谦早年对明王朝的国防建设能有所作为，其作风的踏实与观察的敏锐，只是其中之一，更重要的是来自权力顶层的信任与支持。明宣宗时如此，明英宗时也是如此。

明英宗继位时，政权在阁，朝政为内阁辅臣"三杨"（杨士奇、杨荣、杨溥）主持。英宗与"三杨"对于谦都很器重，于谦所上的奏疏，一般上午呈报上去，下午就获得批复许可。杨士奇甚至大胆预言：于谦乃难遇之奇才，将来必成栋梁！

皇帝与内阁对于谦信任有加，正统十三年（1448），于谦升迁为兵部左侍郎，成为兵部的"二把手"。

正是在这个关键位子上，历史赋予了于谦神圣的使命。

二、瓦剌的怒火

于谦的历史使命，来得必然，又有些偶然。其使命的源头，又正与长城有关。

明长城之外，便是蒙古各部，瓦剌乃是其中的一支。元朝灭亡以后，一部分蒙古族退回蒙古草原和东北等地。朱元璋及其后诸朝，持续对蒙元实施了数十年的打击，其内部又遭分裂，处于衰败，又重新整合。明初期的蒙元分成西部瓦剌、中部鞑靼和东部兀良哈三部。至明英宗时，只剩下瓦剌、鞑靼二部，并臣属明朝。瓦剌部脱脱不花为汗，也先为太师，阿剌为知院。瓦剌在蒙元残部角斗中既胜出，又很难继续成大气候，原因就是内部也乱——瓦剌实际权力的操控者，既不是"一把手"脱脱不花汗，也不是"三把手"阿剌知院，而是"二把手"也先太师。也先，兵强马壮，人手众多，大权在握。

瓦剌虽已臣属明朝，但与明朝的冲突在所难免——长城阻断了传统的农、牧两区，但农业经济区需要畜牧业区提供畜力与物力，也需要向其出卖农副业及手工业产品等；而畜牧业经济不仅需要农业经济地区提供粮食、布匹等各种手工业品，自己的产品同样需要对方的市场。长城南北存在着刚性需求，市场不能人为割断，长城两边的贸易交换，势必会沿长城以不同的方式展开，长城需要用来做买卖。

正常情况下，长城边出现的是公平交易；不正常情况下，出来的便是拔刀抢掠。这种交易，存在一定的国家安全问题，明初采取严密的防范。洪武四年，准许在沿边几个地点实行"茶马交易"，并非所有的长城关口都可以打开做买卖。而最危险的是，明英宗时期太监王振把持朝政，接受瓦剌贿赂，与瓦剌贵族进行走私交易。王振还让他的死党、镇守大同的宦官郭敬，每年甚至私造大量箭支卖给瓦剌。军火都卖上了，长城脚下的冲突那是迟早的事。

瓦剌一直与明朝开展贸易。贸易的形式，除了长城脚下的自由市场，以及腐败支撑下的"走私"，更有官方的定期"朝贡"。朝贡，就是到明朝来贡献方物。通俗地讲，就是来做官方买卖。而这种买卖，比民间的小生意利润更大。因为"朝贡"的前提，是对方必须有政治上的"臣属"。政治占了人家的便宜，经济上需要给对方一些好处。对方带来一块钱的贡品，可能赏赐给对方两块钱的钱物，至少不会让对方赔本。明初规定，瓦剌每年到明朝的贡使不得超过五十人，后来发展到几百人。到正统初年，瓦剌贡使增加到二千余人，并一年数贡。来得这么勤快，人还这么多，因为大家都有纪念品（回赐），纪念品也是钱啊！

但是，没有出乱子。原因很简单，瓦剌人会行贿，王振得了好处，便对他们的贡使加礼款待，回赐增厚。大家都得好处，这种生意当然能往下做。国家虽然吃点亏，但国家的肩膀还厚实，能够撑得住。

正统十一年（1446）冬，瓦剌部落受灾，粮食奇缺。论实力，瓦剌还不是明朝的对手，瓦剌只好派使臣来大同，找守备太监郭敬要求借粮。这一年，明英宗朱祁镇二十岁了，多少有些自己的主张。获悉此事后，命令郭敬不要见瓦剌使臣，也不准借粮。

白借不成，瓦剌便打算花点本钱，在"朝贡"上做文章。正统十四年（1449），瓦剌派来了浩浩荡荡的朝贡队伍。人多点倒没什么，关键是瓦剌太师也先相当不厚道：在家架空主子，出国连明朝的皇帝也敢糊弄——来了两千多人，他虚报成三千人；明明是劣等马，却要按上等马价结算。朝贡的路上，一点都不顾及国际形象，搅扰沿途居民，手脚相当不干净，老百姓以为来了"洋土匪"。

更奇怪的是，王振的态度这回一百八十度大转弯：先是下令礼部不给贡使饭吃，后来又狠狠杀价——贡品一律打折，按百分之二十给回赐。明显欺侮人，也先愤怒至极。本想来赚钱,结果本都没捞回,也先不能不生气。

更可气的是,事先讲好的明廷跟瓦剌和亲,这回一询问,礼部答复:那是不可能的。原来,确有明朝的使臣曾经答应过也先,但只是顺口说说,逗也先玩,目的是让他多给点好处。王振知道这个事,但觉得毫无必要主动跟皇上汇报。

也先本来就不是什么善茬,现在终于找到茬子了,他立即发兵越过长城,攻打大同。长城之南,硝烟顿起。

三、两袖清风

自作主张惹出滔天大祸,王振究竟是个什么人物?这个人本来很平常,就连他多大年纪、哪年生的都没人知道,但最终成为明朝第一个专权的宦官。

作为宦官,王振也有特殊之处。宦官通常都没有文化,做起坏事就存在先天不足,所以净干些鸡毛蒜皮的勾当。而王振曾是个教书先生,明成祖为了提高宫女素质,帮助她们学文化,动员儒生自宫进宫,尽管这事与儒家观念有冲突,王振还是积极响应领导的号召,进宫做了宦官。明宣宗时,王振又进入内书堂进修。论知识素养与业务水平,宦官队伍中王振绝对是鹤立鸡群。

进入皇宫的王振,表现一直不错。这时的明朝只有过六位皇帝,王振即侍奉过成祖、仁宗、宣宗、英宗四位,并且这四位对他印象都不错。这四位,成祖是个政治智慧突出的狠角色,仁宗、宣宗当属明君,一同创下了明朝盛世"仁宣之治"。宣宗对王振很是信任,英宗朱祁镇被立为太子时,王振即以东宫局郎之职侍奉左右,并与英宗建立起很深的感情。

让一个皇帝说好容易,让四个皇帝说好肯定不容易。王振在朱祁镇即皇帝位后,工作也表现得非常尽职。一次英宗朱祁镇与小宦官在宫廷内击球玩耍,被王振看见。第二天,王振当着"三杨"的面,跪在地上,边哭边恳请皇帝把精力放到国家大事上。忠心伴热泪,连"三杨"都感动了,一起慨叹:宦官当中,也有这样的人啊!

皇帝喜欢，辅臣夸赞，王振升任司礼太监，提督东厂。登上宦官队伍的顶峰，王振开始为所欲为。不过，没弄出太大的动静，因为刚即位的英宗有张太后垂拱而治，"三杨"忠心秉政。"三杨"是前朝元老，威望太高，王振难与之匹敌。王振对张太后和"三杨"百般殷勤，毕恭毕敬。王振每次到内阁去传达皇帝旨意，是站在门外不入阁内，十分恭敬，一副下人的样子。"三杨"觉得过意不去，常劝王振进屋坐坐，喝杯热茶。

太皇太后张氏，确实贤明有德。她对大权在握的王振，一直两眼紧盯，稍有异常，就来敲打。张太后的方法很特别，三天两头找去王振，然后劈头盖脸一顿臭骂。骂人本是女人的强项，张太后骂得又稳、准、狠。有次逮着王振的一个错，说他违反大明法律想要干预朝政，必须杀头。后来英宗和英国公张辅、"三杨"等五大臣一起求情，才留了王振一命。从此，王振的尾巴，一直夹得紧紧的。

正统七年，太皇太后张氏病逝，对王振最有控制力的人没了。"三杨"中的杨荣，已在正统五年病逝。杨士奇因为儿子杀人，引咎辞职。杨溥也老了，入内阁的大学士马愉、曹鼐资历太浅，威望不够。王振，解放了。

王振也绝对不是一只好鸟，尤其是没有笼子关着他。即使在太后与"三杨"的泰山重压之下，私下就广交朋友，培植私党，纳赃受贿，无非是以地下活动为主。"解放"后，王振想起了先师赵高指鹿为马的政治试验。不过，他也没敢把一头鹿公开牵到皇帝的办公室，而是悄悄盗去内宫的一块铁牌。明太祖为了防止宦官干政，在宫内竖了个三尺高的警示牌，上铸八个大字："内臣不得干预政事"。王振连"周公辅成王"的理想都有，如果政事都不能问，那还怎么干大事？从小事做起，王振便把这块牌子藏起来了。

结果，没人报案，甚至什么反应也没有。这下，王振就心里有数了，从此招权纳贿几乎公开，百官大臣争相献金求媚。进见王振者，一般献纳白银百两。王振讲究"公平"，送钱少的留下钱走人，达到千两的留下吃饭，酒你爱喝多少喝多少，王振埋单。

一边受贿，一边摆平，所以王振没出事。不过，王振的这一手用到于谦头上时，双方就起冲突了。

于谦进京奏事，从来都不带见面礼之类。于谦对官场风气的熟视无睹，朋友觉得这样于工作不利，劝导他说：你不肯送银子，土特产总该带点吧？于谦甩甩袖子：在这——两袖清风！

于谦还特意写了首《入京》诗："绢帕蘑菇及线香，本资民用反为殃。清风两袖朝天去，免得闾阎话短长。"——这就是成语"两袖清风"的出处。

正统十一年（1446），于谦入朝，主要任务是推荐两个地方官。用人这种事，本来就不太容易说清楚。于谦是出于公心，出于工作需要，王振则认为这是以权谋私，替别人跑官要官。既然有这种可能，又不给自己好处，还危及潜规则，损害自己的长远利益，王振便指使人弹劾于谦，将其下狱，准备判处死刑。于谦知名度很高，消息一传出，一时群情激愤，百姓联名上书，正直官员也强烈指责。

王振一见条件不成熟，聪明劲很快上来了。他说，这是个误会，确实有个该杀的"于谦"，不过不是这个于谦。有错必纠，这个于谦马上放掉。但这个于谦工作上也有问题，应该降职。

王振自己想给自己搭了个台阶下来，将于谦降为大理寺少卿。但于谦名声实在太大，即便这样还是受到官民的反对，山西、河南两省官民进京伏阙请愿，最后连周王、晋王等藩王都出面干涉。对立面太大，王振便不再坚持自己的意见，让于谦官复原职。

但王振这不是妥协，而是精明。他意识到自己不能一言九鼎，根子在自己。他觉得自己还需要做两件事：进一步树立权威，更加紧紧地拉住皇上——皇上，是真正的"老大"，只有"老大"，才能一锤定音。树权威，就找几个替死鬼吧！御史李铎碰到王振，很平常地打了个招呼。王振想，一个普通干部，跪拜都没有，可见我在你心中是什么分量！那好吧，树个榜样——李铎流放到辽东。

大理寺少卿薛瑄，是王振的老乡。这位很有点直脾气，按理有王振这样权贵在朝，怎么地也要主动上门套近乎，可他偏偏不来往。有一次王振出席内阁会议，众公卿一齐俯首揖拜。这位薛少卿，若无其事地站在那，王振很是恼火。更可气的是，北京有个指挥病死，王振的侄子王山想将其妾岳氏据为己有，这个指挥的正妻不同意。王山让岳氏诬告正妻毒死丈夫，来个人财两得。审理这个案子的，恰是薛瑄。薛瑄一审理，判决岳氏诬告。

这回王振不出手不行了，官员如果都这样不给面子，又不听吩咐，那还有什么权威？王振指使党羽控告薛瑄受贿，将其罢官回家。

王振能够长时间得心应手，主要还是他聪明，知道因人而异。他知道用来对付官员的招数用来对付皇上，尽使狠招，肯定不行。对付皇上，得为他量身定做些软招。软招，营造自己的软实力。所以，一有机会王振就劝英宗用重典制御臣下，要英宗发展军事，建立武功，说是英明的君主都是这样，否则也就太平凡了。英宗年轻气盛，很受鼓舞。为此，英宗还让王振带领文武大臣到朝阳门外阅兵，王振的威信很快就上来了。

当瓦剌越过长城，劫掠大同的紧急军情传到北京，王振首先想到要把这事搞大。

也先入关，只不过是一种报复性的掠夺行为，并无大的政治企图。明廷长城一线，边防有城镇塞堡，京师有数十万机动部队，实力强于瓦剌数倍。明军只要严守边关，坚壁清野，主力伺机而动，完全可以打败瓦剌的进攻。

当然，不重视也是不行的。解决当前军事冲突，成为朝廷的头等大事。于谦与兵部的意见，是派驸马都尉井源率兵四万去增援大同。长城边关本有大军，兵力受损的也只是大同，再派去援军，又有备而去，搞定瓦剌应该没有问题。况且，瓦剌的本意是报复和抢掠，没有与明朝争夺天下的意思，它也根本没有这个实力。

王振则竭力主张英宗御驾亲征。长城那边的事，王振并非不明白。如果他认为对手太强，去了等于送死，他不会鼓动皇帝去，至少不会自己跟着去。手到擒来，一抹搞定，是王振的设想。王振，是个有梦想的人。

御驾亲征，这就不是小事。皇帝就是出去玩，都要闹得下面天翻地覆，鸡犬不宁，何况是去打仗。而英宗，居然爽快地同意了。

这么重大的决策最终付诸行动，单凭王振的那个梦想，那也是根本办不到的……

四、一意孤行

对于谦的军事素养，明英宗并不怀疑。明英宗最终否决于谦的军事主张，而采用王振提出的御驾亲征,恰是他对于谦的认同——瓦剌确实不是大明的对手。舍于谦而就王振,那是王振洞悉了他的内心。

明英宗朱祁镇(1427—1464),明宣宗朱瞻基长子,明代宗朱祁钰异母兄,明朝第六位皇帝,年号正统。朱祁镇继位时年仅九岁,国事由太皇太后张氏把持,贤臣"三杨"主政。在他名下的这十几年,国家打理得还着实不赖,发展经济,社会安宁,边防安定,国力鼎盛,一派欣欣向荣之态。更重要的是,他前面的两任皇帝,创下了"仁宣之治",天下知晓。这么好的基础,应该接下来干点大事。否则,怎么对得起祖宗,对得起后人,名垂千古?

历史上,与明英宗几近相似的,就有一个汉武帝。汉武帝接手的,便是前两朝的"文景之治"。仰仗前朝的雄厚基础,汉武帝创下了不世之功:开疆拓土,剿灭凶奴,饱受万世称颂。如今,历史如此的相似。能为大明创立万世之功的,应该就等着朱祁镇了!

而在英宗眼里,瓦剌不仅是个臣属的小国,并且还是小国的一部分。几十年前,他们的祖宗就已败在了自己的祖宗手上。明成祖多次率军越过长城,哪一次不是胜利回师?王振也早就跟他讲过,瓦剌人是不堪一击的。祖宗能做到的,自己也能做到,何况这次是长城内征虏。人生如白驹过隙,机遇则稍纵即逝。天赐良机,丰功伟绩不拿白不拿。

从少年天子长成热血皇帝,朱祁镇有的是定国安邦的壮志雄心。听到王振的建议,朱祁镇立即决定御驾亲征。并且,三天后出征!

三天,不会是开玩笑吧?接到圣旨,朝中大臣吓傻了,然后在午门外跪成一片,都说御驾亲征可不是儿戏。就算真要御驾亲征,时间也仓促,三个月能不能准备好,还不敢保证。最后,大家的要求都是一条:请英宗收回成命。

三个月,也太长了。总不能对瓦剌人说,现在没有时间,先等三个月,然后陪你玩。但三天,肯定是不行的。非得三天,肯定有风险。这个风险,更不能留给皇上。

明朝的兵制非常特殊,实行的分权管理,相互制衡:将领归都督府管,士兵归兵部管,军械归工部管,军费归户部管。除了站岗放哨的,平时将领手上没有兵,士兵手上没有武器,士兵养在卫所上操、干农活,将军手下没有一个真正的兵!这样的军队能打仗？没关系，部队想造反也很难！

真要打仗，皇帝决定了，几个部门必须坐在一起，然后研究方案，选定将领，分派士兵，分发武器，划拨粮饷，突击操练。三天，除了加班，只有凑合。

英宗的决定，最为难的还是兵部啊！国家安全，皇帝安危，哪一桩都是天大的事。尤其是这种打法，政治上有风险，经济上也不合算。兵部尚书邝埜与于谦，都极力劝阻英宗，但英宗根本不听。

劝阻英宗的并不仅是邝埜、于谦几个人，最后朝中有专业技术的权威们站出来，用上了恐怖手段：说前一阵子，哪个地方起火了，哪个地方地震了，天上的星星位置也不对……上天有警告，决定不符合科学原理，应该顺应上天，讲究科学。

大臣们还知道，英宗的这个决定源头最初在王振。有人也跑去吓唬王振，说你家最近新建一处大宅，刚建成不到两个小时，一把火烧了个精光。你要是不顺应天意，一定是大祸临头！

但是，吓唬老百姓的东西，用来对付皇帝与王振，半点不管用。他们都有雄心壮志，都要抓住机遇，创出政绩。政绩，有时真是个害死人的东西！

既然英宗与王振一意孤行，剩下的唯一选择，那就是按御驾亲征的方案办：兵部尚书邝埜随英宗亲征处理军务，于谦留下负责兵部事务；英宗弟弟朱祁钰留守北京，处理朝廷日常事务。这些安排，还算靠谱。

七月十六日，明英宗和王振带着五十万大军，自京师出发开往大同。由于抱有一厢情愿的"吓退瓦剌"的初衷，仓促调来的五十万大军几乎没有后勤准备。出发前两天，才给每个官兵发放了一两白银及衣物、炒麦等物资。军队长期屯田，兵器残破，临时从武库中拿出八十万件兵器分发下去。先进火器，平时存于库房中舍不得给部队用，也匆忙拿出来配给部队，会不会用那是另外一回事了。为了携运物资，又临时给每三个人配备了一头毛驴，队伍中人驴掺杂，混乱不堪。

增派五十万大军去打瓦剌，正常情况下应该不会有意外。但是，存在不正常。这个"五十万"，就很有问题，最早的记载见于刘定之《否泰录》，而他的来源竟是"目击耳闻"，真正亲历者并没有直接记述，《英宗实录》绝口不提出征人数，仅说"官军人等死伤者数十万"，估计属于军事机密。有学者分析，英宗所带的军队，只有二十七八万，能直接投入战斗的则在十七八万。

即使是十七八万，对付瓦剌也不成问题。从史料判断，瓦剌人口也只在四万余户，总人口也不会超过明军的兵力。但打仗又不是投票选举拼人数，明军最大的问题还有兵不识将，将不识兵，缺少训练。最致命的是，实际指挥权还不在将领手上。皇帝御驾亲征，直接指挥权在皇帝与王振手上。这二位，很聪明，但太不专业，"目不辨旌旗，耳不谙鼙角"，基本的军事指挥常识都没学会呀！

在兵将不相习，士兵不能熟练使用新配发兵器，没有随行后勤保障措施的情况下，几十万明军被一个固执的皇帝和一个一无所长的宦官指挥着，一路行阵如蚁，首尾难顾，如同儿戏。

行军第十天，问题就来了：大军断粮了！当然，毕竟在国内，不是太难解决。坏的是老天确实不帮忙，风雨交加，部队的死伤，全是累的。京城附近的兵，好多年没打仗了，平时管的也不过是治安，现在出来累个半死，上上下下全是怨气。这通折腾，将士与官员打死王振的心思都有了。内阁大学士曹鼐与部分大臣密谋，准备实施斩首行动，将王振给灭了，再劝阻英宗。可惜，都有这个心，全没这个胆。否则，王振被打死了，英宗也许就半道返回了。

随行群臣中，英国公张辅是德高望重的名将，兵部尚书邝埜也是专业出身，但英宗不许他们参与军政，一切听由王振指挥。

八月一日，经风沐雨、饥饿疲惫的明军到了大同。身处前线，大家的心情反而好起来——瓦剌人的影子居然都没了，想打，找不着陪练的。

不战而屈人之兵，吓跑敌人也是胜利。大家趁机一起建议，光荣凯旋吧！

这回，英宗倒是痛快地答应了。原来，英宗并不昏庸，他向边关将领一打听，瓦剌军并不像王振说的那样窝囊，更不是那么好对付——就在英宗带领的大军到来之前，也先刚发兵分四路越过长城，自领三五万人直取大同。大同守军，一直在搞大生产，严重影响作战能力。长期务农的大同守军接连失利，七月十一日右参将吴浩兵败被杀，七月十五日总督宋瑛等四万余人几乎覆没。

瓦剌，兵马强悍，机动性太强，真打起来，明军最后能赢是必然，但打的过程中谁死确实说不准啊！

王振的脑子也退烧了。因为大同城外"僵尸满野"的现场，他也见识了，更重要的是镇守大同中官郭敬，将战场的惨烈也给他形容得差不多了。

既然如此，目的也算达到了。见好就收，回去怎么宣传，再琢磨吧！

英宗决定，班师回朝。

五、回家的路

回家的路，还真不好走。班师之日，大风骤起，到晚上又雷电交加，大雨倾盆。部队中的战马还有些见识，可驴就不行了，它哪见过这阵势啊！交叉感染，满营人畜都不安宁。

从大同回北京，有两条路选择：北线经宣府、土木堡到达内长城居庸关进京城，这是明军进军时的路线，基本上等于原路返回；南线，经甕城驿、蔚州驿到达内长城紫荆关进京城，全长六百里，这是明代官方驿站的路线。南线比北线稍远，但道路应该好走，因为有官道，又远离外长城，自然也安全。进军时走北线，靠近外长城边关，有军事打击的考虑，那自然是对的。

既然是回家，英宗决定走南线。据说，王振也主张走南线，因为蔚州正是他的老家，如今有皇上陪着，衣锦还乡，好威风啊！

但走了四十里，王振决定折回北线。决策这么不严肃，是王振想起了一个重要的问题——几十万人马途径蔚州老家，请皇帝吃顿饭是小事，辎重压的，人马踩的，可全是自家的庄稼。对官军，王振就太清楚了：从来就不讲"三大纪律八项注意"，不打人骂人就不错了，损坏东西要赔，没影的事儿。

南行再拐个弯，明军的侧背正好暴露在瓦剌军的攻击之下。北线道路崎岖，随行的辎重车无法跟上队伍，众大臣纷纷劝阻，但王振没有理会别人的习惯。更坏的是，他也没有主动侦察敌情的习惯。

——瓦剌军进攻大同后主动北撤，明军认为其主力是在大同以北，只要向东，就离其越远。实际上，瓦剌军主力已经东移，早就位于宣府以北：也先居西，阿剌居中，脱脱不花居东，瓦剌大军正在伺机倾巢出动。

明军进入瓦剌军的包围圈，不是他们的神机妙算，而是多年练就的抢劫经验。因为老在一个地方抢，没有什么利润。

坏消息很快接踵而至。明军刚过宣府，也先军就从后面咬上了。如果明军走的是南线，离整个瓦剌军主力就越来越远。如今走的是北线，等于送到眼皮底下。

也先侦知明军状况，决定趁机干票大的。于是立即率军突入，跟踪追击。八月十三日，也先袭击明军后卫吴克忠部，吴部匆忙交战，全军覆没。英宗急派成国公朱勇等率兵四万迎敌，行至鹞儿岭，遭其伏击，又是全军覆没。

明军阵容壮大，也先军机动性强，像是羊群遇上狼了。想展开决战，也先又不肯往石头上撞。这一路之上，明军无法掌握主动，始终被也先追着跑。稍不留神，就要被也先军狠咬一口。抢劫与打仗，也先都相当专业。

八月十四日，惊恐万状、又饥又渴的明军，退至怀来县土木堡。王振传令，就地驻扎，等候后面的辎重车辆。

土木堡是当时宣府通向居庸关的重要驿站，也就是官方的招待所。皇上在这里住一晚上，问题不大，但在这里安营扎寨，显为兵家大忌：土木堡地势较高，能供大军饮水的一条河，还在堡南十五里。这么个地形，比马谡当年选的地点还差，因为土木堡周围，百里群峰耸立，无论是瓦剌军围困与攻击，明军都处于不利的地势。

邝埜作为兵部尚书，绝不允许犯这样的低级错误。他与王振争辩，遭到王振的斥责。情急之下，邝埜便硬闯，要进去见英宗。但可以指挥千军万马的人，却叫不动这里的一个卫士。王振一发话，邝埜便被几个人拖了出去。

王振为什么要坚持驻扎土木堡？主要原因是等候辎重车。这对以抢劫为首要目标的也先来说，明军辎重的诱惑同样很大。土木堡距怀来县城只有二十里，进入县城同时等辎重，应该也是不错的选择。但据有关史料分析，这时的怀来县城，很可能已被瓦剌军占领，其部已深入明军南侧。即便怀来城没有被占领，普通县城的城防也很有限，但至少比土木堡安全得多。进不进怀来城没关系，但至少要找一个有水源保障的地方，不能单纯找个高地——王振，不是完全不知兵，而是略知皮毛，知道占领高地，自以为是，以权威自居。能坏大事的，往往不是饭桶，而是"半桶水"。

最终，明军几十万人在土木堡就地露营，面临马谡在街亭的命运。

当夜，瓦剌军数路包抄而来，将土木堡团团围住。明军总数虽数倍于对方，但瓦剌军兵强马壮，机动灵活，你摆好阵式，他不过来；一旦拔营，他立马开打。明军打不赢，也甩不脱，困在了土木堡这块高地上。

瓦剌军不断四面奔袭，明军都是被动应战，将士由此疲劳不堪。比疲劳更难过的，还是饥渴。堡南的水源已被阿剌军控制，明军掘地两丈，也挖不出水。数十万明军断水，军心大乱。

这正是也先需要的效果。与王振的那点军事常识相比，也先算得上是个军事天才。明军开始躁动，仍不是也先等待的最佳效果。

八月十五日，也先主动后撤军队，并遣使前往明营讲和。要知道，胜利者是从来不求和的！瓦剌军的这一点诡计，王振居然没有识破。也难怪啊，大军已断水两天，兵马饥渴难熬，几乎难以为继。对也先的雪中送炭，英宗马上同意，派人与使者前往瓦剌军营议和。

王振，再次发挥他的军事才能：兵贵神速，抓住机会，立即拔营，前往堡南取水！

没水喝，谁都受不了。明军争先恐后，阵势大乱。向南蜂拥不到三四里，瓦剌骑兵就从四面围攻而来，明军惊恐。混乱之中，明军人人争相逃命，大军完全失去控制。

瓦剌铁骑左冲右突，大肆砍杀，明军死伤无数。瓦剌军对明军大呼：缴枪不杀（解甲投刀者不杀）！尽管瓦剌人普通话不标准，但明军几乎都听明白了。士兵们丢掉刀枪，脱掉盔甲，态度好得索性连上衣都脱干净，露出光膀，表明投降完全是真的！

这一战，明军彻底失败。但几十万明军，多是受伤、投降，并非全部被杀。作为亲历事件的文臣李贤在《天顺日录》中分析说："幸而胡人贪得利，不专于杀，二十余万人中伤居半，死者三之一，骡马亦二十余万，衣甲兵器尽为胡人所得，满载而还。"

也先的直接目的，本来就是抢劫。但这一次，他喜出望外，不仅抢到无数财物，还抢到了一件连他自己想都不敢想的无价之宝——大明皇帝！

朱祁镇，被俘了，也成名了——他被俘在内、外长城之间大明王土，他关于汉武帝的梦想，被历史上写成"土木堡之变"……

六、人心长城

土木堡之变,英宗被俘,百官身亡,明军机动主力尽丧,明朝的天塌了!

更令人震惊的是,塌天之祸发生在土木堡,发生在大明朝苦心构筑的内、外长城之间。惊世之变,于谦走上了历史的前台。而他首先要做的,就是要为大明王朝构筑一座人心的长城!

闯下塌天大祸的王振,混乱之中被护卫将军樊忠击杀。樊忠击杀王振,为的是一解心头之气。而需要这类解气的,实在太多。王振不是一个普通的太监,党羽无处不在。身前他惹下大祸,死后也可能留下祸根。大敌当前,如果处理不当,大明朝可能陷于内乱,自毁长城,半壁江山不保。

这一刻,说来还真的就来了。王振长期大权独揽,文官敢怒不敢言。如今王振犯下滔天大罪,又身死乱军,该是他们扬眉吐气的时候了。

八月二十三日,也就是于谦接替邝埜担任兵部尚书的第三天,一场明朝历史上最严重的乱局,呈现到了于谦面前。

这天,郕王朱祁钰主持正常的朝会,右都御史陈镒突然提出,要诛杀王振全族!

陈镒是个正直的官员,处理王振也是他的职责所在。提议一出,百官纷纷响应,陈镒当是愤怒至极,边说边骂,情绪一激动,竟然哭了起来。

大男人们最受不了的刺激,莫过于哭声。陈镒一哭,跟着痛哭的、呼口号的,全都出来了。朝堂之下,一片混乱。

作为大会的主持人,朱祁钰还处于实习阶段。这种现场办公,从来还没遇上过。一时没了主意,朱祁钰想到暂时回避。于是他告诉群臣,干部处理的问题下次具体研究,今天要先研究紧急的,解救国家最高领导人,打退敌人的猖狂进攻。

但廷臣的火气已经被点燃,想熄灭已非易事。朱祁钰迟疑不决间,偏偏出来个火上浇油的——马顺。锦衣卫都指挥使马顺,本是王振党羽,一看主子死了,不仅没有被定为"因公牺牲",还要被灭族。这形势,自己下一步还能有好果子吃?趁着朱祁钰迟疑发愣,马顺立即跳出来,厉声叱斥百官。

主子都死有余辜,小爪牙还大耍威风,文官们再也不能忍气吞声了!户科给事中王竑,拿起随身的办公用品(朝笏),就朝马顺砸去。众臣见状,一拥而上。可怜的马顺,也算是个有武艺的人,就这么一人难敌四手,当即死于非命。文臣们斯文,也够狠的,连马顺脸上的肉都咬掉了!

朱祁钰看呆了。更呆的还在后头,大臣们纷纷指责朱祁钰,要他交出王振的同党。

当干部的,没有几个不是明白人。高级干部糊涂,基本上全是装的。平时忍着不说,特殊环境下谁都不想掩饰。王振为非作歹,背后的靠山当然是皇上。但那皇上是朱祁镇,不是这个朱祁钰,大臣们该是一时气晕了。这时的朱祁钰,已经急得一句话都说不出来了。

朱祁钰身边的侍候太监金英,倒很沉着。他立即溜出去,真的找来了王振的两个同党:毛贵、王长随。

不过,金英可不是帮助朱祁钰完成任务,交出王振同党,而是让毛贵、王长随过来,收拾这帮大臣。没有文化的人,本能反应通常比别人强。

毛贵和王长随还没弄明白怎么回事,拳头、办公用品全飞过来了。来不及还手,命也都没了。朝堂比刑场都恐怖,朱祁钰顾不了许多,三十六计最后一计,转身开溜。

于谦站出来了,他上前一把拉住了朱祁钰。

不会看看热闹,会看看门道。于谦拉住朱祁钰,并不是附和群臣为难他,而是看出乱局中的玄机与危险——不是王振同党的武功不及文臣,而是有主持人朱祁钰在场,镇住了场面。加之王振惹祸太大,自己人理亏,谁也不敢轻易还手,胡作非为。但是,倘若朱祁钰不在场,大臣们又穷寇死追,真把他们逼急了,包括朝堂上的锦衣卫,情急出手,后果不堪设想啊!

于谦衣服都挤破了,赶到郕王身前,扶着郕王的手臂劝道:"马顺等人罪该诛死,请不要追罪于各位大臣。"

惊慌失措的朱祁钰明白过来了,他迅速将于谦的意思重复了一遍。这是最高声音,危机化解了。

吏部尚书王直同样是个明白人，只是他没有于谦反应敏捷，事后他握着于谦的手叹道：今天这样的情况，即使是一百个王直也处理不了啊！

于谦，已经是捍卫社稷安危的长城了。

万里长城，事实上阻挡不了瓦剌的进军。也先大兵势不可当，很快又到达内长城，逼近京城，朝廷上下惶惶不安，郕王朱祁钰召集群臣商议攻防之策。翰林院侍讲徐珵，是个研究天体的科学家，他给大家科普：现在星象有变，应当向南迁都避敌。

于谦再一次站出来，高声厉喝道：主张南迁的人，应该斩首！京师是天下的根本，一旦迁移大势将去。难道没看见宋朝南迁的历史么?！

当年，于谦骂得王爷朱高煦地上发抖。现在骂在科学家头上，更是立竿见影。于谦这一声厉喝，更是迅速扭转了现场气氛。

郕王支持于谦，留守策略就此敲定。

说起来倒容易，但真的守卫京城，又谈何容易。明军的机动主力，已在土木堡丧失殆尽。京师周围的军营，只剩下老弱残兵，且数量有限。于谦迅速调集河南、山东等地援兵入京，京城附近做杂役的士兵安排百姓替上，以最快的速度充实兵力。于谦又选拔得力将领，镇守京师外围内长城的各关隘。练兵、后勤等，同时跟上。京城的军心、人心，开始安定下来。

与也先死磕，别无选择！但这仗究竟怎么打？大将石亨建议收兵固守城墙，使敌兵劳累衰竭。于谦说：为什么向敌示弱，让敌人轻视于我？

必须城下一战，鼓士气，壮军威，捍京城！

七、人质危机

土木堡之败，最大的失败并不只是军事，而是丢失了皇上。皇帝被俘，动摇的是国本。如果明英宗在特殊环境下做出一个软蛋的决策，要牺牲国家换取性命，于谦的所有努力，很可能付诸东流，化为泡影。

事实上，也先正是拿着英宗这个人质，作为制胜的法宝。有这个人质，瓦剌大军才可以在大明的土地上肆意横行。

人质，掐住了明朝的咽喉！

楚汉相争，项羽与刘邦对峙了两个月，有着智力短板的项羽，智慧的结晶即是"绑票"。他抓了刘邦的父亲做人质，然后通知刘邦：不投降，就将你爹做成肉汤。

按照项羽的脾气，这种残忍的吃法是完全能够做出来的。但刘邦却笑了，说咱俩是兄弟，这"父亲"属共同财产，你真要处理，得给我一碗汤！

这桩著名的"绑架案"，项羽很失败。项羽只有强项血拼，一生只有大好形势，最终没有大好河山。刘邦是个政治家，强项是斗智，道义这一刀，他轻易地转手捅向了项羽。化解了这一刀，对刘邦来说威胁就不成立，真是项羽发疯让他少了个父亲，还没有让他少一个士卒那么严重。

但现在的人质，是皇上。把皇帝做成肉汤，这话能说吗？谁说谁死。

办法终归会有。当年如果刘邦与项羽没有结拜兄弟，"我父"与"汝父"的等式不成立，刘邦绝对要耍赖，将父亲说成是看门的老头，让项羽以失职的名义把抓捕人员揍个半死。启示就在这里。如今，面对瓦剌大军前所未有的威胁，于谦等大臣纷纷请皇太后立郕王朱祁钰为国君。呵呵，你捉的皇帝倒是真的，不过皇帝也是有"有效期"的！也先要是听到这个消息，知道值大钱的明英宗贬值成朱祁镇先生，肯定要当场哭晕过去。

但郕王朱祁钰，却再三推辞，不肯就位。当皇帝，朱祁钰没有这个思想准备，又是非常时期，也一时割不下兄弟之情。

于谦说话了：臣等诚忧国家，非为私计！

国难当头，决策的含金量太大，郕王朱祁钰同意了。

正统十四年（1449）九月六日，朱祁钰正式即大明皇帝位，年号景泰，第二年为景泰元年，尊英宗为太上皇。这一重大决策，不仅要迅速在全国广而告之，尤其是要让也先和明英宗知道。

一个月以后，也先果然挟持英宗来到了北京。本打算有英宗奇货可居，向明朝狠狠敲上一笔。现在，京城里坐着的是景泰皇帝，"国际市场"的价格震荡让也先傻了。

更可恼的是，城外等待他的是于谦率领的二十二万大军。

既然远道而来，还是先展开人质谈判吧！也先要求明朝派大使，迎接人质朱祁镇，索要金帛无数，并要于谦等入营谈判。景帝拒绝了，他告诉也先，如果送回太上皇，可以象征性地给点赏赐。

这价还的，还不够几万大军的人工成本。也先很失望，但也不能白跑一趟。干脆，开打！

十月十一日，两军城外开战。于谦指挥下的明军，与瓦剌军拼命了。血拼五日，也先闻听各地勤王部队陆续赶来，害怕退路被明军切断。要不到钱，要命更重要。于是，也先拥着英宗朱祁镇撤出关外——朱祁镇，这个宝不能丢。贬值的宝贝，毕竟还是宝啊！

八、棘手难题

绑架案要结案，至少要有两种结果：一种是付了赎金或没付赎金，救回人质；一种是付了赎金或没付赎金，绑匪撕票。

于谦取得了京师保卫战的胜利，但最终既没有付赎金，也没有救回人质，第一种结果没有出现。

第二种结果，差一点出现。也先退出内长城的第七天晚上，营地遭到了明军"核武器"（火器）的袭击。几十门大炮一齐开火，瓦剌军营一片火海，"死者万人"。运气倘若不好，理论上朱祁镇可以死上一万次。

明明知道朱祁镇在也先兵营，又选择晚上，还动用"核武器"，明军不会连基本的兵棋推演都不做吧？

这只是一种分析。这样处理，也不符合于谦的性格，但符合于谦的强军思路。这个思路是个一揽子工程，包括火器的使用——英宗御驾亲征时，明军同样配备了火器，只是时间太仓促，武器说明书都没来得及阅读，最终核武器变成了瞎武器。

遭受核打击，也先失望而忧伤地回到了长城之北。但问题是朱祁镇确实没死，这个绑架案仍未了结。

于谦继续他的强军思路：整顿军务，充实边防，强化战守。还有一个损招：利用也先与"一把手"脱脱不花汗、"三把手"阿剌知院三人之间的矛盾，离间瓦剌高层，让他们无法对大明合伙威胁，联手敲诈。

于谦显然又成功了。看到脱脱不花与明廷的生意日见红火，自己只有投入没有收益，也先决定不再做赔本的生意。

冲突因经济而起，必须以经济结束，也先主动与明朝议和，要将形同废物的英宗送回，恢复双方的正常贸易。

到了八月，朱祁镇做人质将满一年，也先频繁派遣使者，请求明朝迎接太上皇。在这之前，已有多位大臣向朱祁钰建议，迎回太上皇，朱祁钰都不予理会。吏部尚书王直，性子也直，老是揪着这件事不放。发现没有效果，老先生琢磨了半天，明白过来了——皇上是怕太上皇回来抢自己的宝座啊！

大彻大悟的王直，迅速给皇上写了封书面报告，文中特意挑明：您的核心地位已经确定，太上皇回来，不再管天下大事，您给他礼遇，实在是历史上罕有的一大盛事啊！

朱祁钰的心事被王直捅破，气得暴跳如雷。但是，他选择了最文明的方式回应了王直——亲自给王直写了一篇专题文章，指出王直不明白也先的狡猾，不清楚敌人的阴谋诡计。

其实，也先是个业务素质很单一的少数民族干部，打仗处处是诡计，谈判一点都不狡猾。心里想着要送还朱祁镇，没有回音他就一个劲地催，催得朱祁钰没办法，只好开会研究研究。

一研究，又乱了。不仅吏部尚书王直，就连礼部尚书胡濙也参与进来。朱祁钰忍无可忍，指着王直质问："屡以为言，意欲何为？"意思是说，你们三番五次地提这档子事，究竟想搞什么鬼名堂？王直也不含糊，直接顶上去：你早就应该这么做了！

这一顶撞，让朱祁钰一股脑发泄了：我本来就不稀罕这个位子，当初逼我做皇帝的是你们这些人，现在说出这些话的怎么还是你们这些人？

皇上的愤怒，让在场的人面面相觑。

于谦走了出来,只说了八个字:"天位有定,无复有他!"

真正有见地的,还是于谦。他虽只说了两句话,但肯定了朱祁钰的核心地位是不可动摇的,并且大家永远都要坚定不移地团结在他的周围!

朱祁钰要的就是这个答案,心中的石头落地了,朱祁钰心情顿时舒畅了,"从汝"二字,连说了两遍。

"从汝",并不仅仅是"依你"的意思,着重点是在把太上皇接回来,要确保你说的这种局面不能有丝毫的走样。

景泰元年(1450)八月,太上皇朱祁镇从蒙古王廷还朝,进住南宫。这一刻,朱祁镇应该后悔回国了。所谓的南宫,实际上就是看守所,外有重兵把守,朱祁镇不能出南宫一步。北国王廷,至少还可以看看草原风光啊!

景泰三年(1452)五月,朱祁镇陷入绝望:皇太子朱见深被废——朱祁镇寄托在下一代身上的希望,彻底没有了。

九、自毁长城

废掉朱祁镇之子朱见深,朱祁钰的心思就再明白不过了。要立自己的儿子朱见济为太子,这话总得内阁先提出来呀!

怎么让大臣们先开口呢?朱祁钰想到了一个办法:行贿!

领导给下级行贿,这等交易比较罕见。朱祁钰给内阁大学士,每人发黄金五十两、白银一百两。奖金,福利,加班费?反正你们知道什么意思就行。

视利益驱动为最深层次动因,朱祁钰的认识是非常到位的。他到太学等部门视察工作,也曾在地上撒些钱让教官们去抢,比之空洞的领导讲话,作风很有扎实的色彩。

朱祁钰的经济学理论是对的,但实际效果不是很好,只有三两个人明确表态,赞成更换皇太子。

拿了钱的人积极性不高,没拿钱的人却积极性高涨。浔州守备都指挥黄玹,想谋取黄珂的知府位子，尽管是兄弟，黄玹还是对黄珂下了毒手，悄悄将这父子全杀了。事情被人告发，黄玹害怕了，性命比金子更重要，他给朱祁钰上了道奏疏，请求更换太子。朱祁钰感动了：万里之外，竟然还有这样的忠臣！

朱祁钰将黄玹提拔为都督，让内阁立即研究黄玹的报告。于谦显得很惊讶，王直则看着皇帝的赏银，又拍桌子又跺脚：羞死我也！

已经闹到这份上，大臣们再不同意，也没有退路了。五月初二，朱见济取代朱见深，成为太子。朱祁钰、朱祁镇兄弟之间，恩断义绝了。

可惜，朱祁钰苦心谋划的交易，效益只有一年多。景泰四年十一月，皇太子朱见济夭折，朱祁钰又没有第二个儿子，议立太子从此成为大臣们关注的焦点。至于选谁，意见不统一，有的主张恢复朱见深，有人主张另起炉灶，背后的含义也很深，只有关注的目光是统一的。

怎么这么多忠臣，如此热心大明江山的千秋万代？因为拥立皇太子，实在是桩极有价值的期货投资。其中的不确定性，便是商机。押准了，日后自是一本万利，收益可观！

于谦在这件事也花费了很多心事，因为朱祁钰对他非常倚重，他在群臣中的威信也是很高。于谦生病，朱祁钰甚至亲自给他找偏方，亲自给他上山采药。无论是当初太子的更换，还是现在的太子难产，朝野都想到与于谦有关。进士杨集，还认为于谦不作为，写信将于谦大骂了一顿。

在议立太子之事上，于谦其实跑偏了：他觉得朱祁钰无子，复立朱见深就是常理。而复立朱见深，又与朱祁钰的思路对不上号。

跑偏，最关键的是于谦过于正直，没有把拥立太子当成一桩期货生意。而除了于谦，实在难找第二个人，这就是独木难支。

景泰八年（1457）正月十二，百官正常上班，议题自然转到太子问题上。大学士萧镃写了封书面报告，要求皇上"早建元良"。元良，太子的代称。都御史萧维祯帮他将"建"字改成"择"字，笑着补充：我的官职，也想换一下呀！

这就是明白人。知道谁是太子，与自己的官职有直接的关联！

人人眼红的生意，于谦没意识，百官没办法。最终，让石亨做成了大买卖，成为一时的大赢家。

石亨不仅是个出色的军人，更是一个杰出的商人，他与所有人的商业眼光都不一样：天底下来钱最快的，就是现货买卖！

景泰八年正月，朱祁钰病重，石亨的灵感上来了：还在太子问题费什么口舌啊，让太上皇直接当皇上不就得了？

不过，这桩买卖有点像谋反，至少风险极大，石亨一个人没那么大本钱。他找了两个帮手：张𫐐，曹吉祥。

人少了点，却是个效率团伙：张𫐐，都督，动手的事是其强项；曹吉祥，太监，熟悉内宫，情报准确且迅速。

但有欠缺——三个人文化都很低，遇上高科技难题怎么办？一物色，选准了徐有贞。

徐有贞，即徐珵。当年也先进犯京师，徐珵从科学的角度作出结论，建议南迁，受到于谦的训斥。京师保卫战后，徐专家便在群臣眼里成了"砖家"，名声大坏。为此，徐专家对自己进行了版本升级——将名字改为徐有贞。

无论是旧版本的徐珵，还是新版本的徐有贞，徐专家还是有真才实学的。徐有贞后来自学水利专业，领导黄河治理非常成功，几年下来，现在已经被擢为左佥都御史。

徐有贞是难得的技术性干部，热衷于科研，几近一生。天顺四年（1460）石亨罪发被杀后，徐有贞被免职回家乡吴县闲居，仍坚持研究"天体物理"。一天发现将星位于吴，他兴奋得挥动铁鞭起舞，感到自己复出有望。不久，吴地将军韩雍出征两广立功的消息传出，徐有贞失望了，扔掉铁鞭连连叹息："想不到这么好的天象，应在了这小子身上！"从此，他与科学家决裂，改行当起了艺术家。

"科学"地寻找出路，徐有贞一生功名心切。当石亨找他，研究如何成功实施英宗复辟时，徐有贞大为兴奋，当即开动自费的科研器材，分析天象，并发现了帝星移位。经过科学测算，徐有贞得出结论，最佳时间，是正月十六晚。

石亨等人深受鼓舞，虽然他们读书不多，但科学性作为决策的灵魂，最起码的道理是无师自通的。其实，专家的理论多半是唬人的，徐有贞自己心中根本没底。到了十六晚，徐有贞换上朝服出门，按着猛跳的胸口跟妻女交代说：我要去办一件大事，回来了就是神，回不来就是鬼，你们要有心理准备！

徐有贞的思维太过缜密，他的担心有些多余，因为他们这个生意团伙结构十分科学。四鼓时分，张𫐄领着大队人马顺利进入了皇城。

这时天气突变，乌云密布，差点把张𫐄的人马吓死。徐有贞站了出来，科学地解释说："变天"，就是这个样子！我们的事业完全是正义的，正义的事业是任何敌人都颠扑不破的！

南宫的门异常坚固，无法打开。很正常，关死囚的地方怎么会是豆腐渣工程？但攻城的实用技术，石亨最擅长，他叫士兵抱起巨木，猛撞宫门。门没有撞开，右边的围墙震坍了。墙洞更适用，众人一拥而入，找到了朱祁镇。

接下来便是直奔大内，曹吉祥打开了东华门。一行人来到御殿前，守门兵士大概想核对暗号或口令，朱祁镇的业务这些年还真没有荒废，他从容地说了一句：我是太上皇！

成了！朱祁镇登上了奉天殿宝座。

天色微亮，钟鼓齐鸣，群臣上朝。但抬头一看，目瞪口呆，宝座上的皇帝不是朱祁钰，而是朱祁镇。群臣犹豫之际，徐有贞上前大喊一声："太上皇复辟了！"

"夺门之变"，英宗复辟。第二天，于谦下狱，一同被捕的还有大学士王文。这个结果，意料之外，情理之中，史称与石亨、徐有贞有关。

石亨与于谦有什么怨仇？他们曾经是亲密的战友，至少也是成功的合作伙伴。京师保卫战中，石亨功不及于谦却因此封侯，石亨心中有愧，还热情举荐于谦之子于冕。但于谦不以为然，认为选拔人才是国家的事，因为私人报答而举荐自己的儿子，根本就不妥当。

高尚，不是所有的人都欢迎。

徐有贞由于谦的训斥，从此政治抱负多年不得施展。不过，徐有贞没有与于谦为敌，他想到的办法，是通过于谦的门人，进而疏通个人之间的关系。一个要公直，一个要私了，结怨也是可能的。

公直，与官场潜规则背道而驰啊！

时过境迁，今非昔比，他们不需再看于谦的脸色了。更何况恩怨较之利益，本就肤浅，谈不上深沉。石亨、徐有贞集团的拥立之功，分红时节到了，怎么可能让于谦分一杯羹？于谦又远非平凡之辈，而消灭竞争对手，本是生意场上最快捷的手段。

所以，于谦有了"谋逆"的罪名——这个罪名不仅大，还无比科学，如果于谦意欲迎立襄王世子，等于就是与太上皇争夺暴利。什么时候把皇帝拉进来，成功系数都是最大的。于谦的罪名最终查无实据，徐有贞给了个科学的解释："虽无显迹，意有之。"

明英宗相信"科学"吗？他相信利益。英宗原不想杀掉于谦，认为"于谦实有功"。能为自己干活挣钱的人，何必要少一个？！但明英宗的思维是线性的，徐有贞进一步阐明了科学道理："不杀于谦，此举无名！"

英宗明白过来：朱祁钰还活着，于谦是个正直的能臣，复辟的最后结果是有变数的。如果到手的皇位保不住，损失的就是核心利益。英宗痛下决心，杀于谦于市，自毁长城。

——这是继土木堡之变后，明英宗干出的第二桩大事。一错再错，他只能成为大明帝国由盛转衰的交接点。

敲诈，劫掠，兵犯，狭窄的长城不能承受时，于谦都是威武的长城。但长城内出现利益争斗时，墙不如柳，利益冲击波势必摧毁阻挡的墙：

朱祁镇，赚到了皇位；

徐有贞，赚到了兵部尚书；

石亨，赚到了忠国公；

张軏，赚到了太平侯；

曹吉祥，赚到了司礼太监……

——景泰八年的春节，真是官场生意的黄金时节，一批人赚得盆满钵盈。那个时候的于谦，都在忙些什么？《英宗实录》中于谦正在处理的最后一件公务，是景泰八年十二月的"北虏入贡"。来年正月郊祭在即，皇上及文武群臣以及各营军马俱在城外，北国庞大的人马又要久住城内，"其情谲诈难测"。长城沿线，大同至京城，急需周密的综合布防，于谦为此殚精竭虑。光明心地无所谓黑暗，地下涌动的各种交易，似乎与其全然无关。

长城因利益冲突而垒起，也因为利益冲突而毁损。于谦之死，长城倒地。但对成功复辟的英宗来说，他赚到的显然是个大头……

严嵩：坏人的生长与接力

明朝的文官,尽皆文士。同出儒学之源,一旦为皇权所用,又有了忠奸分流。《明史》中的六大奸臣之一严嵩,呈现出历史对"坏人"的刚性需求。

一、寒门才俊

严嵩(1480—1567),字惟中,号勉庵、介溪等,江西分宜人。

分宜严氏,是一个官宦望族。严嵩有先祖出仕两宋,明初亦有严孟衡官至四川布政使。但自严嵩曾祖起,家道中落,沦为布衣。至严嵩降生时,家境寒微,经常要靠外祖接济。严嵩十六岁时,父亲严淮又去世了,"赖祖父抚育以成人"。"涉世畸单,起家寒素",严嵩在孤独清贫中度过了青少年时代。

严嵩自幼聪慧,给三代无有功名的家庭带来了希望。为使严嵩接续官宦余泽,全家无不为之呕心沥血。严嵩孩童时,父亲严淮将其抱在怀里,教其识字,接着"日授之书"。严嵩阅读经史,过目不忘,令其父兴奋不已:"唯教此子,他不足计也。"严淮弥留之际,寄语严嵩:"吾期汝一第,以成吾志。"严嵩就是这样生活在家族的期待与鼓舞中。

跻身仕途,光宗耀祖,科举则是唯一的通道。江西文化氛围浓厚,从政为宦者众多,明初有"朝士半江西"之誉。弘治元年,莫立之出任分宜县令。莫立之是一位正途出身的老贡士,对地方儒学甚为重视,一心想振兴县学。一天,莫知县下乡路过严嵩的家乡,闻听有个天资聪颖的孩童,大为惊喜,决定面见。在对严嵩一番面试后,大赞这就是"神童",并当即表示要带严嵩到县学读书。

天上掉下来的馅饼,严家却为难了。严嵩的父亲不好意思地说:家里太穷,给先生见面礼都拿不出啊!

莫立之爱才心切,也是个好人,他帮严家解决了生活上的困难:免了严嵩的学费,自己掏钱为严嵩准备了拜师礼。就这样,严嵩成了分宜县学里年纪最小的学生。

严嵩的学业果然卓著,在县学很受器重。第二年,江西提学使巡视县学,特意对严嵩进行面考,将其补为廪膳生,严嵩的生活费问题也解决了。朝廷又有御史到分宜视察,对严嵩这个"神童"非常感兴趣,约严嵩到县衙,畅谈到深夜。临别之时,莫立之带严嵩送御史到城外,御史有感而发:"一马五更三十里",严嵩对曰:"三呼万岁九重天"。天下起了小雨,一行人不得不就此道别,御史叹曰:"关山千里,乡心一夜雨丝丝。"严嵩即对:"帝阙九重,圣寿万年天荡荡。"御史心中再次一怔:小小的年纪,出语不凡,他日定是前途无量!御史叮嘱莫知县,一定要对严嵩悉心培养。

严嵩文思敏捷,勤奋好学,学业与日俱增。莫立之调任后,继任知县曹忠对严嵩更为赏识,甚至视严嵩如子。曹忠让严嵩与自己的儿子住到一起,并要儿子以严嵩为楷模。县学苦读八年,严嵩如愿成为"秀才",取得参加乡试的资格,严家终于摆脱了庶民身份。

这一年,严嵩年仅十六岁。

二、曲折祸福

弘治八年(1495),严嵩走到了幸运的路口。十六岁的他踌躇满志,即将赶赴省城参加乡试。但是,命运拽回了早慧的严嵩。

乡试前夕,严嵩父亲严淮突然亡故。按照礼制,严嵩必须在家守孝,不能赴考。三年之后,严嵩终于一举成名,并填补了分宜县连续七科共二十一年无人中举的空白。严嵩返乡之日,县令以酒相迎,全城轰动。

也许是命运注定要严嵩晚点入仕为宦,第二年会试,严嵩落第。弘治十八年(1505),二十六岁的严嵩高中二甲第二名,并被选为庶吉士,进入翰林院。储才馆阁,严嵩仕途一片光明。这时的明朝，"非翰林不入内阁，南北礼部尚书、侍郎及吏部右侍郎非翰林不任"，官场惯例，意味着严嵩的升职空间。在翰林院，严嵩成绩名列前茅，阁臣们"咸伟其才"，更得到了内阁首辅李东阳的赏识。正德二年（1507），严嵩成为七品编修。

步入官宦行列，严嵩仕途却意外中止了。正德三年（1508）五月，严嵩的祖父病逝。次年六月，母亲欧阳氏又不幸病故。根据官员"丁忧"制度，严嵩回乡守孝，前后四年。守制期满，按照规定严嵩可以赴京复职，但是严嵩没有，而是在老家开始了"钤山十年"的隐居生活。人生的黄金期，矢志光宗耀祖的严嵩，为什么不及时官场打拼，而退居乡里？直接的原因是"少孤多病"——严嵩的体质从小就不好，因为养病，严嵩需要改善居住环境，把家从乡下迁到县城，借居东堂。所谓"东堂"，是当时分宜教谕署的一个"视学之堂"，严嵩用了东头的一半。其子严世蕃，即出生在这里东边一间的"御书楼"上，所以别号"东楼"。王世贞后来撰写《严嵩传》，将之记成严嵩读书"钤山中"，可见他写起传略来也是很随意的。

东堂近山临水，环境幽美，是一个理想的读书之园。在这里，严嵩把自己埋进了故纸堆。早年的严嵩，对官场的迷恋并没有达到痴迷的程度，读书，交游，访友，赋诗作文，严嵩完全是一副远离尘世的隐士形象。

祸兮福之所倚，福兮祸之所伏。严嵩的家庭变故与身体原因，客观上恰恰帮助其逃离了官场祸乱。正德一朝，官场争斗无常，频繁惨烈。宦官刘瑾之祸，朝中数百官员卷入其中，甚至身死。刘瑾被磔后，继以钱宁、江彬之祸，最终同样引发官场地震。涉世未深的严嵩，毕竟儒学出身，在官场无论是沉瀣一气，还是游刃有余，显然都难以做到。严嵩意外地置身其外，虽失去了进阶的机遇，也避开了惹祸的风险。也许，这就叫命运。

正德十一年（1516），三十七岁的严嵩重返京城，复任翰林院编修，次年受命讲学于内馆。正德十三年（1518），严嵩以册封副使的身份前往桂林，传制朱经扶袭靖江王。

本来，这趟公差是桩美事，是代表朝廷去做好事，还能与宗室攀上关系，皆大欢喜。但是，严嵩在公差途中遇上了很大的麻烦。正德十四年六月，严嵩返京途中行至江西临江，恰逢宁王朱宸濠举兵叛乱。严嵩应王守仁密约，与袁州知府徐琏一起参与平叛，由于"赞助有力"，曾受到王守仁的褒奖。宁王谋反，是正德朝的重大政治事件，暴露的是帝王的荒政与宗室的不轨。这时的严嵩，复出已有两年，对朝政应该有更深的认识，但驾驭时局还是困难的，也很难避免政治漩涡。恰在此时，严嵩生病，他就此上书朝廷，在家乡养病。

这是严嵩的第二次归隐。这次归隐，严嵩退避政治风险的意图比较明显，因为他一刻也没有闲着，完全不像一个病人：除了读书，就是交友，跑个不停。王守仁等名流数度前来分宜，严嵩也专程跑到南昌拜会王守仁。"旳旳的徐亭树，寥寥霜署乌。微言欢欲奉，清赏未云徂。"这首诗，就是欢聚南昌明远楼时，严嵩送给王守仁的。

隐居的严嵩还搞起了工程建设，将东堂改建为钤山堂书院。为此，王守仁特意给他送了块"钤山堂"牌匾。"上下之交深，故其积之也久；经纶之业厚，故其发之也迟"，严嵩的两次隐居，不仅才学大进，更博得了社会舆论的好评。

但是，钤山堂刚刚落成，武宗驾崩，世宗继统，严嵩便被召返京师。这一次，严嵩又将面临怎样的命运？

三、靠山倒塌

向严嵩发出邀请的人，是内阁首辅杨廷和。严嵩得到杨廷和的召唤，绝对是心潮澎湃。十年之前，严嵩参加会试，正是杨廷和点中了严嵩的卷子。在杨廷和的眼里，严嵩是难得的人才；在严嵩的眼里，杨廷和是尊敬的恩师。官场上的这种特殊关系，局外人都懂得意味着什么。

杨廷和（1459—1529），字介夫，号石斋，四川新都人。杨廷和历仕宪宗、孝宗、武宗、世宗四朝，正德七年（1512）出任首辅。这时的杨廷和，无疑处在仕途的巅峰——论官位，他官居首辅。论功劳，他有拥戴之功。武宗朱厚照驾崩时无子，杨廷和力主立武宗从弟朱厚熜为帝。

严嵩进京的第一件事，就是去拜访恩师杨廷和。但是，严嵩敏感地发现，杨廷和对他并不热情，严嵩郁闷了。更郁闷的还在后头：严嵩此番进京，并没有在京城谋得一职。吏部例行公事，分配了严嵩的工作——翰林院侍读，但地点是南京。明明是"靠山"杨廷和叫自己进京的，如今怎么又坐上了"冷板凳"呢？直到走的这一刻，严嵩都没闹明白究竟是为什么。

其实，并不是杨廷和抛弃了严嵩，而是杨首辅自己惹上了天大的麻烦——杨廷和与新皇帝干起来了！

明武宗死后，张太后（明武宗之母亲）和内阁首辅杨廷和决定，由近支皇室、武宗堂弟朱厚熜继承皇位。在朱厚熜未至京师前，杨廷和总揽朝政三十七日。这三十七天，杨廷和是大明朝实实在在的"一把手"。

正德十六年（1521）四月，十五岁的朱厚熜来到了京城。进城之前，杨廷和派人送来接待方案：从东安门进宫，到文华殿暂住。朱厚熜立刻翻脸，提出自己的接待方案：大明门进宫，进奉天殿！

这有区别吗？区别大了。前者是皇太子的待遇，后者才是皇帝礼遇。杨廷和坚持自己的意见，朱厚熜更是没有商量的余地。最后，朱厚熜说这皇帝我不干了！结果，杨廷和输了，朱厚熜赢了。

首辅与皇帝之间的斗争，这仅仅是个序幕，很快便进入高潮——这就是"大礼议"事件。

嘉靖帝朱厚熜，在位四十五年，"大礼议"事件闹了将近二十年。在这场惨烈的政治斗争中，无数官员落马折腰，内阁更清洗一空，换上权贵"新生代"登上舞台。

什么事情这么复杂，需要花费这么长时间，还要皇上与"宰相"之间来争得你死我活？其实很简单，就是嘉靖帝朱厚熜的"父亲"到底是谁？

朱厚熜是兴献王朱祐杬的独子，朱厚照是明孝宗朱祐樘的独子。朱厚照死后无子，明孝宗自然也就无后。杨廷和出于对明孝宗的深厚感情，提出要以朱厚熜为朱祐樘之子，朱厚熜与亲生父亲的关系改为叔侄关系。这一改，涉及朱厚熜生父的封号，也让生父名下无子，明世宗对杨廷和勃然大怒。

"大礼议"之争，表象是"礼"，实质是"权"，君权与相权发生碰撞。杨廷和本以为朱厚熜是个孩子，没想到这孩子这么不好对付。杨廷和的立论本身有问题，一开始就处在极不利的地位。明世宗通过"大礼议"之争，成功地打破了杨廷和一手操纵朝政的局面，固有的权力结构就此变化，张璁、桂萼等一批新生力量崛起政坛。

嘉靖三年（1524），杨廷和罢归故里。明世宗推倒了杨廷和这堵墙，也让严嵩失去了一座"靠山"。远在南京的严嵩，这回算是看明白了当初恩师不冷不热的原因，心里无疑也冰凉透了。

四、山重水复

既是偶然，也是必然，南京赋闲的严嵩，遇上了"大礼议"中的两个红人：张璁，桂萼。

张璁和桂萼在朝廷属于"议礼派"，也就是杨廷和的对立面。杨廷和不是明世宗的对手，但以首辅的身份对付这两个人，没有太大的难度。明世宗也不想鱼死网破，顺水推舟，张璁和桂萼就这么被赶到了南京。

对严嵩来说，这两个人很难简单地归于敌人还是朋友。从恩师杨廷和这儿理出来，明显是政敌。但严嵩与张璁、桂萼，又一直没有直接的冲突。张璁和桂萼任的是南京刑部主事，任职在南京，官职却升了，有失有得，这就是皇帝与首辅既斗争又妥协的结果。这明显是两支"潜力股"，世宗的地位稳固后，张璁得以奉召赴京获世宗重用，重新挑起议礼之争，直到登上首辅的位子。

桂萼对严嵩的意义就更大了。桂萼，字子实，号见山，江西省余江县人，严嵩的老乡。嘉靖二年（1523），桂萼担任南京刑部福建司主事。同在南京，严嵩显得无门无派，每天喝喝茶，谈谈京城八卦新闻，日子过得十分滋润。但桂萼是身在金陵，心在北京。这时的嘉靖皇帝朱厚熜，因其生父不能受太庙享祀伤透脑筋，桂萼提出在太庙之侧建祠祭祀，既为嘉靖争得面子，又较好地解决了"统嗣"问题。从此，桂萼依靠"议礼猝贵"，虽然没有像张璁权力冲顶，但同样坐上了升职火箭：嘉靖四年，桂萼升詹事府兼学士,很快再升礼部右侍郎,不久转左侍郎,旋又晋职礼部尚书、调任吏部尚书,加太子少保兼武英殿大学士。桂萼退休时,嘉靖还送了他"忠诚敬慎"、"绳愆匡违"两方银质印章。

担任南京翰林院侍读的严嵩,除了自娱自乐,基本升迁无望。嘉靖四年(1525),在老乡桂萼的帮助下,严嵩意外得到一个要职:担任国子监祭酒,连升三级,调回北京。

在嘉靖初期,国子监祭酒,可是个好差事:除了要抓好国子监的日常教育工作,还得参加"经筵日讲"。对于志向远大的文臣来说,有幸参加经筵日讲,便是最好的露脸机会。严嵩给朱厚熜讲过《孟子国君进贤》等,这时的明世宗还处于治理国家的探索期,对严嵩剖析的节用爱人、勤恤民隐、图为治道,很是感兴趣。

这类露脸机会,严嵩抓得很牢。严嵩学问一直好,而且口才极佳,每次充任讲官,都能表现得风采飞扬,口吐莲花,句句说到朱厚熜的心里。

朱厚熜在明朝历代皇帝里,属于极难伺候的一位:性格刚愎自用,对身边官员,更是百般苛察。作为大臣,越接近权力中心,生存环境也就越险恶。桂萼不仅举荐了严嵩,而且对严嵩的启发很大:除了自己积极工作,还要摸准皇帝的思路。严嵩是个聪慧之人,他很快如鱼得水。比较有名的,就是嘉靖七年(1528)他在礼部侍郎任上的一件事:当时严嵩作为副使,前往朱厚熜家乡安陆办理祭祀等事务,回来后严嵩别出心裁,上了两份奏折,一份奏折妙笔生花,描绘沿途所看到的各种"祥瑞",哄得朱厚熜高兴不已。接着,捎带又上了另一份奏折,这份奏折却是写实手法,如实汇报了河南地区的灾害,请求减免赋税。朱厚熜这会正高兴着,当即大手一挥:准了。

既拍了马屁,也没误了正经事。类似的事情,严嵩一直没少干。严嵩虽然时常逢迎拍马,但名声依然很好,因为他是个苦心与良心并存的人。自此之后,严嵩步步高升:嘉靖七年(1528)四月,任礼部右侍郎;次年三月,进左侍郎;嘉靖十年十月,改吏部左侍郎,同年十二月升任南京礼部尚书;嘉靖十二年六月,改南京吏部尚书。嘉靖十五年,严嵩赴京朝觐考察,被世宗留下,任礼部尚书兼翰林院学士。

严嵩能够平步青云,除了自己的努力,世宗的青睐,还有夏言帮了一把。

五、不是外人

夏言（1482—1548），字公谨，江西贵溪人。

历史上的夏言，豪迈强直，以正直敢言自负。明世宗继位后，他疏陈武宗朝弊政，受世宗赏识。又因议礼而受宠，成为新朝的中坚。朱厚熜登基后，内阁的要员们，几乎天天开打，没个消停的时候。嘉靖三年（1524），内阁首辅像走马灯：杨廷和二月去职，蒋冕二月上台五月下台，毛纪五月上台七月下台，然后老好人费宏担任首辅。从嘉靖五年到嘉靖十四年，杨一清、费宏、张璁、翟銮、方献夫、李时差不多轮流执政。嘉靖十七年（1538），夏言成了内阁的当家人。

夏言成为内阁首辅，有其必然性。这个人是块从政的料，论水平有水平，论能力有能力，敢于较真，又不失谋略。清理皇庄，清查贵族侵占土地，裁撤皇帝身边的冗员，夏言都敢干，并干得相当漂亮。夏言在官场的口碑也相当好，公事、私事，都不收人黑钱。廉洁的干才，明世宗要是不喜欢，未免就太昏庸了。事实上，他不是昏君，只是一个有毛病的人。

明世宗的毛病，也是够怕人的。从他当皇帝的时候开始，就迷上了道教。道教是中国古老的高科技，据说能让人长生不老，著名的秦始皇就痴迷过这个，问题是明世宗的"道龄"比秦始皇还长——从青少年时代一直到死。

明世宗追求的长生不老之术，主要体现在两个要点上：一是嗑药，二是青词。嗑药在中国从来就没有断层，魏晋的文人雅士中，极其流行这个玩意。这些文人雅士，个个都是"高知"，药吃得人神经兮兮，最后艺术才华横溢。至于青词，只是道教仪式中的一个，大约是给神仙歌功颂德，但口头说的不算，必须白纸黑字，向神仙表忠心，最后烧掉，让神仙"签收"。这是一个技术活，明世宗艺术细胞不够时，需要文臣帮忙。所以，世宗朝的官员，如果不熟悉嗑药与青词，可以直接定为"不称职"等次。

夏言的仕途成功，政绩仅仅是一个方面，更重要的是他的文采好，特别擅长写

"青词"。满朝的大臣，没有一个比他写得好。明世宗想修道出成果，不用夏言的文艺成果，肯定是不行的。如果就此说夏言对世宗投其所好，那也是很不公平的：在世宗朝当大官，谁都得这样，除非打道回府。"十项全能"的夏言，深得世宗的信任。夏言从此春风得意，严嵩也就跟着一路沾光。

　　夏言看上严嵩，一是赏识他的才华，二是两人属于老乡。作为江西乡党，夏言与严嵩等经常相聚小酌。嘉靖十年（1531）九月，夏言荣升礼部尚书，江西乡党为之设宴庆贺。宴会上，夏言与严嵩最为活跃，相互赞赏对方的才识，结成"吾党之士"。后来，严嵩从南京礼部尚书任上调回京城，都有夏言举荐之功。

　　夏言入阁后，举荐了严嵩接替自己的礼部尚书职务。这时的夏言与严嵩，都是正派官员，夏言对严嵩提携、欣赏，除了老乡的关系，二人走得近，中间没有什么见不得人的东西。

　　夏言与严嵩的关系亲密无间，彼此都不拿对方当外人。但严嵩是谨慎的，夏言作为一个成功人士，开始有点忘乎所以起来。

　　夏言本来就个性鲜明，嘉靖十七年（1538）登上内阁首辅后，变得日益专横，明世宗找他探讨道教问题，夏言居然打起了瞌睡。三年之间，他数次惹怒世宗，世宗很生气，两次将其罢官。奇怪的是，每次罢官不久，世宗又将其复职。问题更严重的是，夏言产生了一个认识上的模糊：皇帝是离不开自己的，首辅的位子非自己莫属。

　　对皇帝尚如此，对同僚就可想而知。对严嵩这样的朋友，夏言也完全根据自己的好恶。有次严嵩宴请夏言，酒菜准备好了，陪客的也到齐了，夏言突然心情不好，说不来就不来。严嵩只好亲自去请，夏言竟然面都不见。严嵩回到家，对着空荡荡的主席，恭敬地下拜。他要给夏言面子，自己的面子全丢光了。从此，严嵩有了自己的想法……

六、生存技巧

　　礼部是个重要部门，上到祭祀天地，下到皇子命名理发，反正皇帝家里无小事。

"大礼议"与"玄修",几乎伴随了世宗一生,而这二者又成了世宗朝礼部的新业务。对礼部尚书严嵩来说,新专业技能不过关,意味着走人。技能出类拔萃,必定是官运亨通。

严嵩与世宗的走近,正是从担任礼部尚书开始。世宗对制定礼乐,有着异乎寻常的热心。礼部成为热门,礼部尚书自然闲不了。严嵩经常被世宗召见,有时一天就有两三次。要知道,有的尚书想见皇上,一年恐怕也只有那么几次。频繁召见,还要加班,有时直到深夜才能下班回家。严嵩住在城西,离内宫约有四里。世宗有时突然召见,总不能让车夫二十四小时待命,严嵩只好骑着马跑。

对严嵩来说,要侍候好皇帝,单靠勤奋显然是不够的,重要的是要弄清圣意,想皇上之所想,这跟常说的"溜须拍马",原本不是一回事。官僚政治与专制统治相结合,是封建社会人治的特点。人治背景下,皇帝拥有支配一切的权力,臣下必然恐惧;而皇帝为了不失去权力,同样也心存恐惧。臣下迎合了皇帝的意图,皇帝获得的是安全感,君臣才有和谐。揣摩圣意,是处于弱势地位臣下的生存技巧。

对这种生存技巧的掌握,严嵩同样经历过风险。嘉靖十七年(1538),有人上疏请献皇帝庙号称宗,以入太庙。世宗令群臣商议,没吃过亏的严嵩实话实说,认为这样不妥,结果引起世宗愤怒。幸亏脑子好使,及时一百八十度大转变,否则严嵩的仕途很可能画上句号。

献皇帝入庙称宗,世宗满意,"大礼议"进入尾声,礼部的难题也就此去掉了百分之五十。剩下的一个,就是服务于世宗玄修。

即使是专心这一项工作,严嵩要把它做好也相当不易,毕竟已是六十多岁的老人。为了帮助世宗玄修,严嵩"朝夕直西苑板房,未尝一归洗沐"。寒冬十月,严嵩多次与世宗商讨礼制。有一次讨论到三更时分,世宗十分高兴,爽朗的笑声响彻窗外,还找出两瓶好酒,送给严嵩。临行,世宗又让人请严嵩去吃火锅。

写青词、贺表,尚是严嵩的强项,属于脑力劳动。但要替世宗试服仙丹,难免就有生命危险了。新制成的丹药,世宗经常"赏赐"给严嵩试服。所谓的"仙丹",其实就是铅汞化合物之类的有毒化学品,严嵩充当的就是一只"小白鼠"。服食"仙丹"的严嵩,"遍身瘙痒异常,不可一忍",经常口鼻流血。有一次,严嵩竟"痛下淤血二碗"。礼部员外郎徐纬，曾动情地称他是不计个人得失、一心为国的"世之君子"。忠诚于皇帝，谋自己一官，严嵩也是蛮拼的。

按照明朝文人笔记的说法，严嵩的质变，便是从此时开始的。严嵩的官位蒸蒸日上，生活水平直线上升，贫寒早已没有了踪影，答案肯定是有"经济问题"。所有的官僚机构，只要是部门，都会有权力。严嵩执掌的礼部，同样有权力，藩王赐封袭爵，首先就必须过礼部这一关，藩王给严嵩送点好处，以便谋取更大的利益，完全是可信的。

利益冲动而引起人的变化，最通俗，也最深刻。但是，严嵩的非法利益是以合法的权力为前提的，对一个年近古稀的老人来说，严嵩是怎么握紧权力的呢？

七、贴身助手

严嵩官场上的辉煌时期，是在他六十三岁至八十岁期间。人生七十古来稀，严嵩从小多病，老来身体怎么这么好呢？就算身体还勉强，脑子为何仍然好使呢？原因很简单：严嵩有个好老婆，老婆又生了个好儿子。

严嵩夫人欧阳淑端，娶自同乡，比严嵩大一岁，天然胖妞，脸上还有麻点。长得丑点，但为人贤惠，严嵩对她十分尊重，《家谱》的说法是"白首相敬，别无姬媵"。

严世蕃（1513—1565），字德球，号东楼。严世蕃长得短颈肥白，是个大胖子，与其父"瘦削长身"的外貌正好相反，估计遗传了他母亲的肥白基因。严世蕃出生于老家分宜，这一年严嵩三十四岁了。这时的严嵩，"一官系籍逢多病，数口携家食旧贫"，"信有膏肓在泉石，十年从宦竟无成"。家中"七字"短缺，健康状况不佳，仕途渺茫一片，严嵩心情沮丧，甚至落发为僧的心事都有了。但中年得子，激起了严嵩的人生希望。而日后，严世蕃果然成为严嵩的得力助手。

严世蕃长得不好看，身材矮短，胖得找不着脖子，更要命的是有一只眼睛视力为零。但作为一个"官二代"，严世蕃还是相当出色的：他聪明机智，记忆力特好。

长大后熟习典章制度，畅晓经济时务，而且精力旺盛，是个工作狂。十九岁时，严世蕃恩荫进国子监读书，毕业后选授为左军都督府都事，累迁至尚宝司少卿、工部左侍郎。

严世蕃的官来得容易，但并不等于是白混的。严嵩成为内阁首辅后，小心翼翼地侍奉世宗，几乎没有闪失，世宗赐了枚"忠勤敏达"的银印，以资鼓励，这是相当不容易的。世宗是个学习型的皇帝，喜欢阅读经史诸书，遇有不明白的，便顺手写在纸片上，让太监到严嵩等值班阁臣那要答案。有天晚上，世宗的纸条子又到了，严嵩与徐阶等值班阁臣一看，吓坏了：一群饱学之士，居然没有一个知道！

顶级文人有不知道的事，实在丢人。严嵩飞马去找严世蕃，这小子真不含糊，立马给出答案，还告知出自某书第几卷第几页。严嵩找出该书，果然如此，遂将书与解释呈送给了皇帝，世宗感到很满意。

严嵩的青词写得好，有"青词宰相"之称。其实，严嵩的青词作品相当一部分出自严世蕃之手，只是老子侵犯儿子知识产权的事，没人抖出来。当然，不是没有一个人知道这个奥秘，"皇上不能没有严嵩，严嵩不能没有儿子"，说的就是这档子事。

严世蕃并非只有一点小聪明，政治智慧也不在其父之下。他除了收买宦官，帮助父亲掌握世宗的举动，以便揣摩圣意外，实质性地参与政事决策，并且极具水平。有一回，世宗深夜交办了一桩公务，严嵩与大学士徐阶、李本紧急商议，就是拿不定主意。严嵩派人去找严世蕃，结果这小子不知道跑到哪儿去玩了。一边是找不到人，一边太监在催，三个人只好硬着头皮拿了条意见，呈报给皇帝。世宗觉得这个意见欠水平，退了回来。万幸的是，四更将近，严世蕃找到了。严嵩一看严世蕃的纸条，拍案叫绝，誊录之后送给世宗，世宗本来脸是绷的，看过票拟终于满意了。

但严世蕃的贪玩，是个大问题。严世蕃无论怎样公事繁忙，喝酒、玩女人都必不可少，并且越来越频繁。但这小子娱乐的水平挺高，有时在女人堆里烂醉如泥，老父的求援信到了，他立马大脸塞进热水盆里，再大毛巾扎上额头，把父亲的正事料理得妥妥帖帖。

严世蕃是拴在父亲与世宗之间的一根螺丝，让严嵩与世宗之间从未分离。但即便是正事,严世蕃做起来都是非法的。京城内外,更流传着"大丞相、小丞相"的说法。"小丞相"严世蕃,最终要成为严嵩身上的一颗炸弹,只是目前离爆炸的时间还有点远。

八、一决雌雄

当官是一条不归路,如何将仕途进行到底,封建官员对机谋的深刻领会和运用,哪一类人都不可小觑。中国人概念化认识历史人物的传统,臣有忠奸之分,人有好坏之别。忠臣与好人的机谋,叫策略;奸臣与坏人的机谋,叫诡计。处在嘉靖朝权力顶峰的夏言与严嵩,都是玩弄机谋的高手,伴随嘉靖朝重大历史事件,最终二人一决雌雄。

夏言与严嵩由最初的同乡、好友,到最后反目成仇成为政敌,并无多少是非之分,而是彼此视对方为自己权柄的威胁。消灭对手,也并不是仅凭哪一方的几句谗言。由于对重大国事处理出现得失,而后由帝王分出高低,乃至于生死。

嘉靖朝最突出的外患,是所谓的"南倭北虏",这也是明朝一百多年来的疑难杂症,无非嘉靖朝尤为严重。倭患的直接起因是海禁,作为首辅的夏言,认为"倭患起于市舶",结论是如果没有对外贸易,日本人就不会来到大明,也就没有"倭患"。夏言力主撤销置市舶司,结果合法的贸易没有了,只能依赖走私,海商转变为"倭寇"。真日本人、假日本人,都以"倭寇"为旗号在沿海地区杀人、放火,甚至武装劫掠内地。严嵩推荐赵文华督察军务,启用了抗倭名将胡宗宪、阮鹗、戚继光等,成功地解决了倭患问题。

北方边患,困扰明朝竟二百余年。朱元璋驱蒙古于大漠,明成祖五次御驾亲征,随后明朝与其战事不断,但始终未摧毁其游牧经济基础和军事力量。矛盾的平息办法,都是明朝不得不采取怀柔政策。鞑靼问题与前朝的瓦剌问题,性质完全是一样的。

瓦剌瓦解,鞑靼兴起。游牧经济的单一性,迫使他们向明朝求贡。自孝宗时起,当时的蒙古首领达延汗就多次遣使求贡。嘉靖十三年起，蒙古新首领俺答汗几乎无年不请求明朝"封贡"，但此类要求屡遭明廷拒绝。最后的结果与当年的瓦剌一样：北虏南侵劫掠，双方军事冲突不断。

围绕北虏问题，嘉靖朝形成战、和两派。中国的历史传统，"主战派"一直具有"爱国"色彩，"主和"通常与"卖国"相关。夏言与严嵩，前者主战，后者主和。北虏问题的最终解决是在隆庆四年（1570），俺答之孙把汉那吉与明廷议和，双方建立通贡关系，体现的仍是"主和派"策略与思路。

明世宗最初的观点是主战，以军事手段解决北方边患，甚至准备御驾亲征。为此，明世宗曾两次召见严嵩，提出亲率大军"巡边"。严嵩一听吓得不轻，万一又弄出"土木堡"那档子事，如何收场？不赞成，又不能反对，严嵩只好对世宗说：这事皇上亲自做没那个必要，边疆的将士吃饭就得干这个事！

河套地区自景泰年间起即被鞑靼部落占据，不仅养肥了他们的骑兵战马，更成为其南下的一块跳板。对这个具体问题，夏言与三边总督曾铣力主收复，严嵩及翁万达、唐顺之等则不赞成。明世宗对武力收复河套给予了肯定，其他臣僚也纷纷附和。在朝野上下一片喊打声中，夏言与曾铣成功地实施军事行动。但是，夏言正因为成功而失败，并造成他与严嵩权力斗争形势的逆转。

明世宗天性猜疑，"驭臣术"是其机谋的核心。随着夏言在朝野威望的急剧上升，明世宗决定打压夏言。严嵩敏锐地抓住了这个机会，赢得了权力争夺。

严重的政见相左，是严嵩与夏言之间矛盾冲突的深层次原因。但作为精于权谋的官场老手，事实上也不热衷对手政绩的评判，通常都是抓住对方的细节失误，无限上纲，拼命放大，借助最高领导人的认可，成功放倒对手。严嵩与夏言之间的争斗，就是这般充满趣味。

嘉靖二十一年（1542）五月，严嵩便以一桩小事击倒夏言。明世宗痴迷玄修，还特意制作了五顶沉香木的黄冠，赐给夏言、严嵩等五位最亲近的大臣。严嵩则将其视为殊荣，只要是公开场合，都紧紧戴在头上，还特地用轻纱笼住以示郑重。夏言则觉得，戴着道士帽上班很丢人。世宗不能容忍这种自我膨胀，严嵩也巧妙地掐准了世宗脉搏，在一次世宗单独召见时，严嵩从夏言拒戴道士帽生发开来，斥责夏言渺视世宗。

世宗共鸣顿起，从此夏言回家，翟銮取而代之，严嵩入阁。

两年后，严嵩取代了翟銮成为内阁首辅。但严嵩的好运只维持了一年，嘉靖二十四年（1545）十二月，夏言再次复出，成为内阁首辅。

严嵩这次败得有点莫名其妙：这一年太庙工程顺利竣工，明世宗刚刚给予严嵩表扬奖励，"加太子太师"。其实，严嵩的问题正在这里，他犯了夏言同样的毛病：居功自傲，飘飘然起来。"帝微闻其横，厌之。"明世宗要的是臣下螃蟹一样地咬在一起，绝不允许哪一方做大做强，成为帝王之外的"二把手"。起用严嵩的对手，夏言与严嵩间相互监督的自觉性，世宗就再也不用操心了。

重新上台的夏言，也正是这么干的，但过于出格。在内阁，夏言连公文都不让严嵩看，还不时给严嵩脸色瞧。平时工作时，需在单位食堂就餐（堂馔），夏言与严嵩的桌子正好是面对面。夏言觉得单位食堂的伙食太差，喜欢从家里自带美味。高兴时，夏言大声招呼同僚们过来分享，但就是不叫对面的严嵩。严嵩似乎成了一个多余的人，完全被夏言晾在了一边。

坐坐冷板凳也便罢了，夏言又逮着了严嵩的把柄——严嵩的宝贝儿子，水平不一般，坑爹也不一般。严世蕃担任尚宝司少卿，收受贿赂，被夏言逮个正着，准备上报明世宗。严嵩知道事情的后果，把柄在人手，不得不低头。严嵩带着儿子去求，夏言门都不让他们进。

严嵩想想，钱或许能起点作用。但他不是送钱给夏言，而是送给了夏言家的看门人，终于见到了夏言的面。在夏言面前，严嵩父子跪倒在地，痛哭流涕。夏言想了想，说过去的事情就算了吧！

相逢一笑泯恩仇？错了。两位老乡心知肚明，夏言觉得自己掌握了对手的软肋，正面打击如果不能置其于死地，那还不如牵住鼻子。严嵩固然老实了，但他与夏言的关系绝然成了死结。

夏言确实过了两年痛快日子，世宗肯定就不痛快了。世宗还是一心玄修，需要大臣奉献青词。严嵩倒是有始有终，每一篇青词都是斟词酌句，而夏言送上来的则粗制滥造。因为夏言的青词，根本不是自己写。让人代笔也就罢了，至少自己要把把关，但夏言没有这份耐心。

更为犯忌的是，世宗最看不惯夏言在内阁一言九鼎。谁把首辅当成这样，谁离回家也就快了。夏言甚至忘了，世宗在将他重新推到首辅的位子时，同时也给严嵩加爵为少师。"少师之官，文臣极品"，明世宗将他们拉得差不多高，目的是让他们合作共事。

夏言的厄运来得非常突然。嘉靖二十七年（1548）春，陕西澄城地震，京师又狂风大起，负责天象的官员不检查科研设备有没有问题，反而胡出主意，称是上天示警。朝政有什么问题呢？世宗的第一反应是收复河套有问题，"土木之变"会不会重演，或是大臣"擅权自用"扰乱朝政。按照领导干部的排名顺序，第一嫌疑人自然是夏言首辅。

——明世宗有时极其情绪化，正月初一刮大风，正月初二他就决定停止收复河套之事。世宗的心事最早被严嵩猜中，他顺势给世宗分析后果：上天警示的正是"开边起衅"，再由着收复河套这事闹下去，皇上的健康都可能受影响！

严格地说，严嵩进的不完全是谗言，而是顺着皇上的意思接下文，对皇上的反复无常作出体面的解释，从而证实了皇上的英明预见。夏言不愿这么看，认为严嵩想趁机加罪于自己。本来皇上这次的决策，是对事不对人，夏言这么一搅和，让世宗真的改变了主意。接下来的二十多天，夏言又似乎成了"预言家"：明世宗让曾铣下狱，让夏言保留正部级待遇退休。这就坏了——好像严嵩当初的解释，并不是投皇上所好，真的是要夏言回家。

官场上落井下石的人从来都不鲜见，夏言失势之际遭到了群起而攻之。这些人力倒夏言，并不是给严嵩帮忙，而是有怨报怨。夏言的清正廉洁是有名的，但他的跋扈专横也是有名的。平时大家忍气吞声，关键时刻就该吐口窝囊气了。弹劾夏言误国的有吏部尚书闻渊等文官，有驸马都尉崔元这样的皇亲国戚，还有陆炳。

很多人已经不知道陆炳是何许人物。嘉靖朝的陆炳实在是极为特殊，他的母亲是明世宗乳母，他本人是武进士出身。嘉靖十八年（1539），陆炳随明世宗南游，深夜四更时行宫起火，陆炳冒死将世宗从火海中救出。陆炳，是明朝唯一一个三公兼任三孤的官员，因为他是对世宗有救命之恩的人！

失败的夏言，本来也不是非死不可，但气急之下的夏言完全失策。他不断上书大骂严嵩，指责严嵩蒙蔽皇上，绝口不提自己的过失。让夏言下台是世宗的本意，夏言连个检讨的姿态都没有，还间接认为皇帝昏庸。

帮倒忙的，还有曾铣的部下。当锦衣卫前来逮捕曾铣时，他的五千亲兵嚷嚷声、磨刀声响成一片，差点哗变酿成事端。世宗震怒了，曾铣走上了断头台。曾铣案的升级，又导致夏言下狱。

这时的严嵩，已与夏言分出胜负。与后人想象正好相反，夏言出事后严嵩上疏申救，而不是落井下石。如果前面上疏解救夏言，后面又跑到世宗那里要杀夏言，那等于是拿世宗当弱智，事实上严嵩与世宗都不傻。世宗决定杀掉夏言，源于一则夏言毁谤世宗的传言。夏言遭遇不公正待遇，说了一些对世宗不满的话。依夏言的心态与性格推测，不是没有可能。但究竟是谁恶意告密，至今还是一个谜。

嘉靖二十七年（1548）十月，夏言被问斩于西市。血雨腥风中，严嵩重新出任内阁首辅，开始了所谓的擅专朝政。

九、明枪暗箭

权力的金字塔顶，往往是明枪暗箭的靶垛。夏言的结局，同样让严嵩体味出了悲凉。嘉靖二十八年（1549）正月，严嵩过完七十岁生日，给世宗写了封辞职报告，要求退休安享晚年。世宗指示：朕需要老成持重的辅臣，"岂可引年求退"。这一年的三月、八月，严嵩又几度求退，均为世宗不允。

明世宗的倚重，让严嵩此番重掌内阁前后长达十五年。正是因为这十五年，严嵩成为明朝的重量级"奸臣"。但是，忠奸是相对皇帝而言的。将严嵩定性成为明朝"奸臣"，最初在"明史馆"即争论不下。而乾隆帝对严嵩"窃弄威柄"很感兴趣，国史从此盖棺定论。论明朝的首辅，严嵩是个打破任期纪录的人。但作为操握权柄的高官，严嵩这个首辅一刻都不曾安宁。他虽长期权倾朝野，却极少有超级奸臣那种指鹿为马的功夫，一呼百应的豪迈，其论一出，总是常遭同僚们的攻击。每每此时，他总是一阵尴尬，但又总能化险为夷，反败为胜。严嵩的一块制胜法宝，就是把自己连上主子的神经："讦嵩"等于"污帝"。

如果说熟悉尔虞我诈的封建官场，严嵩确实是做到了。至于严嵩的过恶，诸如贪污受贿，卖官鬻爵，顺我者昌，逆我者亡，以及为清除仕途上的障碍而纵横捭阖，排挤诛杀等等，有个人品格的因素，更是封建体制下的官场之弊。后世普遍认同的严嵩之奸，还因为严嵩屠害忠良。

所谓"忠良"，其实是个非常复杂而不确定的概念。长期以来，中国哲学催生出了"价值二元"的文化取向，当人们无法面对复杂的现实和历史时，便以非善即恶、非正即邪、非白即黑，冰炭不同炉、水火不同器的价值取向，扭曲事实，阐述历史。当制度不能有效扼制时，社会遂以权力道德化的洁癖对抗官场权力状态下的道德畸变，道德的旗帜成为涤荡官员的皂荚。严嵩屠害的忠良，影响较大的是这样两个人：

第一个人，叫沈鍊。沈鍊（1507—1557），字纯甫，号青霞，会稽（今绍兴）人。沈鍊嘉靖十七年（1538）进士，当过溧阳等地的县令，为官比较清廉，在老百姓中的口碑也不错。但这个人脾气很坏，仇官、仇贵心理明显，每每龃龉权贵，加上才识一般，所以很难在官场上混下去，最后文官几乎混成了"合同工"——锦衣卫经历，管管文书与档案。

沈鍊与严嵩交恶，其实是因喝酒引起的。沈鍊与他的上司陆炳关系不错，陆炳与严世蕃过从甚密。沈鍊与严世蕃有共同的爱好：嗜酒。因为陆炳的介绍，沈鍊与严世蕃成了"酒友"。酒友们经常在一起斗酒，严世蕃的脾气更坏，喝到面红耳赤时，严世蕃便拎着对方的耳朵灌酒。沈鍊本是个性格褊狭的人，受不了严世蕃的气，两人便从酒友变成了仇人。这事传到严嵩耳里，老首辅气不打一处来，大骂儿子有失体统，也骂沈鍊不是个好东西。以沈鍊的身份，严嵩是犯不着跟他计较的，无非借机教育教育儿子。

沈鍊知道严嵩发脾气后，气愤又害怕。首辅都认定自己不是好人，还有什么前途？一时兴起，沈鍊上疏弹劾严嵩，一气写严嵩十大罪状。就算严嵩当时真有什么罪，沈鍊应该是搞不清的，最多只是道听途说，所以当时的兵部官员徐学谟在《世庙识余录》中说：沈鍊据言的"嵩十罪，俱空虚无实"。

明世宗看到这份奏疏后，非常生气，将沈鍊狠狠打了一顿，最后将他赶到保安种地去了。

沈鍊在保安仍不安分，没事就骂严嵩父子消气。自己骂，还喊周边的老百姓帮他骂。当地老百姓对朝廷的事根本就不明就里，权当这是一项娱乐活动。沈鍊还扎了几个稻草人，写上李林甫、秦桧、严嵩等人的名字，喝醉酒后又领着一班人拿箭射之，不像一个正常人所为。

沈鍊直接招人忌恨的事，是经常找地方官的茬，制造纠纷。当然，为他叫好的老百姓还是有的。总督杨顺看不下去了，觉得这个酒鬼也教育不好，留着实在是个麻烦，还不利于地方稳定，便找个理由把沈鍊给杀了。杨顺算不上严嵩的党羽，沈鍊之死完全是性格缺陷所致，无涉忠奸。

另一个人，便是鼎鼎大名的杨继盛。杨继盛（1516—1555），字仲芳，号椒山，容城人，嘉靖二十六年（1547）进士，初任南京吏部主事。

夏言与仇鸾都是严嵩的政敌，首先向仇鸾发起攻击的，正是杨继盛。以敌我划线，逻辑上就是我敌，杨继盛应该属于严嵩派，所以严嵩将杨继盛调到兵部任武选司员外郎。

杨继盛固然恨仇鸾，但也恨严嵩。怎么会这样？杨继盛是明朝著名的音乐家，艺术家的思维方式通常有点反逻辑。唐顺之在嘉靖朝仕途不顺，后来潜心做起了学问。唐顺之与杨继盛是朋友，曾给杨继盛写过一封信，暗示杨性格上的弱点和才识之不足："颇觉慷慨，激发之气太胜，而含蓄沉机之力或不及焉……"

唐顺之的看法是很中肯的，杨继盛的个性与沈鍊非常接近。清初明史馆的编纂们在讨论"杨继盛本传"时甚至说："分宜（严嵩）在当日，尚可为善。可恨杨继盛无知小生，猖狂妄行。"

杨继盛毕竟不是拿出场费过日子的艺术家，吃的是一碗政治饭。实际上，杨继盛并非无门无派，在国子监时，他即为徐阶的门生。正是徐阶，让严嵩彻底败下阵来。

嘉靖三十二年（1553），杨继盛上《请诛贼臣疏》，向严嵩发起了进攻。杨继盛罗列了严嵩"十大罪五奸"，同样是从"科学"论证入手的——这一年，出现了日食、地震，春雷也比正常年份来得晚，所以朝臣中必定有坏人。严嵩位居官员之首，说坏人不是严嵩，反而显得欺软怕硬。

这时的严嵩，已经七十四岁了，体力、智力日见不济。严嵩也想通了，国事当中问题确实很多，天天提心吊胆地过日子，也没多大意思。见到杨继盛的指控，严嵩便向世宗请求辞职，说杨继盛批评这批评那，都是冲自己来的，无非是想"邀誉卖直"。

明世宗没有批准严嵩的请求，而是决定拿杨继盛开刀。这个结果，完全出乎杨继盛的预料，但确实又是他自找的。国家治理如果真不成样子，严嵩不过是奉命办事，真正的"一把手"明世宗，将承担什么责任？杨继盛没悟出这个道，形成明攻严嵩，涉嫌影射世宗。

杨继盛为了提高奏疏的可信性，更是出了一个昏招。他对世宗说：我讲的严嵩诸多罪恶，您如果不信，可以去问您三儿子朱载壑、四儿子朱载圳。这就更坏了：分明是拿儿子坑爹，骂老子昏聩。换了明世宗，别人也会这么想的。嘉靖三十二年（1553）十月，杨继盛被弃尸于市。

临刑前，杨继盛作了一首诗："浩气还太虚，丹心照千古。生前未了事，留与后人补。天王自圣明，制作高千古。生平未报恩，留作忠魂补。"作为文艺工作者，杨继盛的作品感人肺腑，但历史并不是诗人写的，历史的改写有待他的老师徐阶。

十、高手过招

严嵩任首辅十五年，明枪暗箭无数，始终毫发未损。能与一位脾性暴躁而又嗜杀的皇帝相处如此之久，严嵩似乎是个政治高手。但这种高手，显然是相对的，更不是唯一。

世宗崇奉道教，痴迷玄修，这事实在是太折腾人了。这事没把严嵩折腾死，差点把世宗自己折腾死，因为这事不仅仅是折腾严嵩，连内宫的宫女都无法忍受。为了炼出长生不老药，宫女半夜就要起来采露水，还要被取经血，真是受不了。嘉靖二十年（1541），宫女杨金英等企图用丝带勒死世宗，慌张中丝带打成了死结，明世宗大难不死。

"宫婢之变",导致明世宗搬家住到了西苑。而在西苑永寿宫,明世宗又被吓得不轻——嘉靖四十年(1561)十二月三十一日晚,明世宗与尚美人举行"烛光晚会",尚美人突发奇想,要在寝宫里燃放烟花。世宗觉得这是个好主意,但安全措施不到位,引起了火灾。明世宗逃了出来,寝宫当然是没了。

明世宗为此临时搬到了玉熙殿,这里的居住条件肯定差了许多:地方不宽敞,还比较潮湿。世宗特意找来严嵩和徐阶,问他们如何重修永寿宫。严嵩是首辅,徐阶是次辅,徐阶当然是不表态。

这时的财政相当紧张,奉天殿、华盖殿、谨身殿三大殿正在修建,哪里还有钱开工重建永寿宫。拖一拖,这是严嵩遇到难题的老办法。《明史纪事本末·严嵩用事》中有分析说:"帝以刚,嵩以柔;帝以骄,嵩以谨;帝以英察,嵩以朴诚;帝以独断,嵩以孤立。"惟有如此,才能将世宗暴戾的脾气平和下来,难题得以淡化,朝政不致变得更坏。

世宗是因为住房问题不满意,才找这二位的,所以严嵩办法肯定行不通。真要换住房,严嵩想起了一个不错的地方:南宫。

严嵩自以为这个建议世宗会同意,不料世宗大怒,指着严嵩鼻子:你想把我关起来吗?!

南宫,"逊位受锢之所",当年明英宗被也先俘虏,放回后就被明景帝安置在那里,虽说只有几年。选这么不吉利的地方,严嵩一片好心图节约,犯的却是低级错误。

皇帝与首辅的底牌都看清楚了,徐阶及时打破沉默:三大殿工程确实浩大,但"余料"也很多,综合利用,既省钱,又能修复永寿宫!

余料都可以修一座宫殿,如此浪费,负责三大殿工程的官员,可以全部杀头。

徐阶的建议明显不靠谱,却令世宗龙颜大悦,当即拍板动工,并命徐阶之子督视。第二年三月,永寿宫如期修复,徐阶进爵少师,与严嵩享受同等的政治待遇。

徐阶与严嵩没有撕破脸皮,更没有刀枪相见,但两位高手已过完招了。

严嵩八十二岁了,但没有老糊涂。久居相位,岂有常青之树?未来,是徐阶的!严嵩作出了一个正确的判断,也作出了一个正确决策:不仅不与徐阶为敌,而且拉近徐阶。他特意置备了酒席,专门宴请徐阶。席间,严嵩令子孙一齐拜在徐阶脚下,自己举杯对徐阶道:"嵩旦夕死矣,此曹唯公哺乳。"

老领导分明是托孤啊!徐阶感动异常,连称"岂敢",让领导放心。

严嵩这一招,果能如愿?

十一、坑爹到底

海瑞曾骂徐阶为朝廷的"甘草国老",其实徐阶是传说中的"夺命红花"。以其官场机谋,徐阶是让对手了无"解药",绝杀无血。

严嵩不与自己为敌,但他也舍不得告老还乡,依旧占着首辅位子。这个位子不倒腾出来,徐阶自然就没有机会。即便首辅的位子空出来了,谁坐上去仍有未知,因为真正的决定者只能是世宗。徐阶不会作无谓的付出,他必须耐心等待时机。

严嵩谈不上有多好,但也谈不上有多坏。这个人做官的秘诀,是小心谨慎,柔媚取容。明世宗威福自操,严嵩如临深履薄。国政上建树无多的严嵩,只刻意奉承皇上,如今日见垂老,这一点也难以做到。正是在这种情形下,徐阶掌握了角斗的主动。

严嵩的倒势,是从家庭变故开始的。嘉靖四十年(1561)五月,严嵩的夫人欧阳氏过世。按照礼制,严世藩必须丁忧三年,回乡料理母亲的后事。严嵩年事已高,无论是公务处理,还是取悦世宗的青词,都必须依赖儿子的帮助。一旦儿子离开京城,后果是可想而知。严嵩知道这事的后果,但这事没有难倒严嵩,他以自己需要照料为由,恳请世宗留下严世藩,只让孙子回乡处理夫人的后事。严嵩的意图是明显的,如果仅仅是自己需要照料,留儿子与留下孙子,都是一样的,没有必要非留下儿子。庆幸的是,世宗同意了严嵩的要求。

严嵩的难题看似解决了,其实并非如此。作为首辅,严嵩多数情况下都要"直庐",食宿都要在办公室。严世藩尽管没有回乡,仍需在京城住所为母亲服丧三年。身着丧服,严世藩无法进宫入朝房。涉及公务处理,严嵩只能派人跟严世藩联系,效率很受影响。严嵩年纪太大,有时接到世宗的诏书,甚至根本不知所云。

更坏的，闲住的严世藩根本闲不住。大多时候，严世藩是外出鬼混，严嵩要找人，很难找得着。每每如此，批阅公文，撰写青词，严嵩只好硬着头皮亲自动手。八十多岁的严嵩，老眼昏花，脑筋也转得慢，办公效率与办事效果，大不如从前，世宗越来越感到不满。严嵩在世宗心目中的分量，开始直线下降。

不务正业的严世藩，还到处惹是生非，为政敌提供口实。严世藩显而易见的问题就是捞钱，手段不好使时，便打出老爹的旗号。官员找老爹汇报工作的，他要"问安"礼；找老爹要官的，他要"讲缺"礼。被老爹安排到肥差上的，他提醒人家别忘了"谢礼"。严世藩为此受到弹劾，严嵩提出免去严世藩的职务，以免惹下祸端。但世宗对官员贪腐之类的问题并不计较，没有同意严嵩的要求。

严嵩的处境日见困难，除了这个亲儿子，"干儿子"们也多不争气。有严嵩这棵大树，他们多没有低调的习惯。在严嵩当政的这些年里，这些人既是严嵩的帮手，也是严嵩倒台的推手——惹是生非只是一个方面，当这些人翅膀硬起来的时候，无法抑制自立门户的冲动。最为典型的，当数赵文华。

赵文华在严嵩的提携下，一路升迁，成了工部尚书。这个时候，他决定自己搭上世宗这根线，但手段却比政敌还歹毒。赵文华向世宗进献百花仙酒，为了让世宗深信不疑，诡言这种配方只有自己、严嵩和世宗知道，严嵩正是靠这个仙酒，才能如此长寿。这真是一箭双雕，既拉近自己与世宗的距离，又让世宗怀疑严嵩对自己的忠诚。这么好的东西，严嵩居然从未告诉自己。坑爹，没有人比赵文华更狠的了！

赵文华的行为是极其危险的。"仙酒"导致严嵩对他失去信任，内部生隙，给对手提供了机会，赵文华成为严嵩势力最先倒下的一个。对手弹劾赵文华贪污，赵文华被吓死。赵文华的手脚不可能干净，但显然也被人陷害了：对赵文华追赃的事进行了十几年，赵的财产不够便由他的子孙以充军来代赔。这笔钱一直赔到了万历十一年，还只赔了一半。有人实在看不下去，说干脆算了吧！然而，明神宗谨记爷爷的教诲，一定要他的子孙接着赔：要么赔光，要么死光！

权力斗争只有残酷，没有同情。

十二、连环绝杀

权力对徐阶来说,既是毒药,更是春药。一心冲顶的徐阶,无时无刻不惦记着严嵩。要扳倒严嵩,常规战法是指使亲信联手弹劾。这一招徐阶曾经试过,根本不灵。嘉靖三十七年(1558),徐阶的门生、刑科给事中吴时来等三人,同日上疏弹劾严嵩。结果,明世宗一眼看穿:严嵩这么老,徐阶居然等不及,想要抢班夺权,这性子得治治!

世宗下旨,将徐阶的三个亲信逮捕入狱,发往烟瘴卫所充军。案子定性为"相为主使",属"诬罔大臣"。徐阶长了记性,不得不继续韬晦。

如今,明世宗对严嵩态度的变化,严嵩集团或曰严嵩帮派的自身变化,正是徐阶等待的时机。严嵩与徐阶之间鱼死网破的大战,导火索则是蓝道行。

蓝道行是个山东人,嘉靖年间以扶乩预卜祸福闻名京师,徐阶访得此人推荐给了世宗。显而易见,蓝道行是徐阶布在世宗旁边的一颗棋子。

明世宗特别信奉神仙,遇事需要决策,喜欢将事情写在纸上,在神坛焚烧,再让蓝道行卜测结果。明世宗要问卜的事是密封的,但蓝道行每次都说得八九不离十。如此神奇,让蓝道行在世宗这里迅速走红。

明世宗兴趣的转移,徐阶意识到扳倒严嵩的时机成熟了。这天徐阶获悉严嵩有事上奏世宗,事先通报蓝道行,让蓝道行以神仙的名义作出预测:"今日有奸臣奏事。"

世宗正在疑惑,严嵩的密札到了。狐疑的明世宗进一步咨询蓝道行,蓝道行直奔主题:神仙明示,严嵩就是当朝的奸臣!世宗问:我也知道严嵩父子很贪婪,上帝怎么不处死他们呢?蓝道行以神仙口吻回答:我如果处死他们,就会加深了重用他们的人的罪责,所以留给你自己处置!

世宗深思沉吟起来。一直信赖严嵩的明世宗,有了严嵩孰忠孰奸的疑问。

第二波:邹应龙出手,上疏弹劾严嵩父子。

御史邹应龙的及时出现，并不复杂：蓝道行已将世宗的态度变化，明白无误地告诉了他。

邹应龙选择的打击目标，是非常讲究策略的：重点不是严嵩，而是严世蕃及其子与家奴。收受贿赂，居丧淫乱，严世蕃确实是劣迹斑斑，不难找到铁证。而最能打动世宗的，是严嵩"植党蔽贤，溺爱恶子"。严家父子上下勾结，这是世宗最不能容忍的。

嘉靖四十一年（1562）五月十九日，严嵩被勒令致仕，严世蕃及其子与家人充军。

实际上，严世蕃充军的处罚都没有执行，在朝廷睁一只眼闭一只眼中，严世蕃跑回了老家隐居。对明世宗来说，他反感的只是权臣操控朝政，这等小事不值一提，但严嵩却就此倒台，徐阶如愿成为首辅。

没有联系就没有矛盾，严家的案子到这里，本来可以画上句号。但这等被人算计，严嵩咽不下这口气。更坏的是瘦死的骆驼比马大，树大根深的严嵩，轻而易举买通中官，中官揭发蓝道行弄虚作假：这位神仙其实一点都不神，他每次神奇地卜出世宗的旨意，原来是与有关中官合伙作弊，事先偷看世宗的纸条，然后以神仙的名义糊弄世宗！

欺君，简直是愚弄！世宗怒不可遏，将蓝道行打入监狱。

严嵩顺藤摸瓜，理到了徐阶这个幕后黑手。严嵩的同党鄢懋卿等迅速出手，让蓝道行供出徐阶。但是，蓝道行既不是英雄，也不是傻瓜：徐阶是自己的救命稻草，只要保住了徐阶，自己就有希望。但是，可怜的蓝道行一直到死，都没有等到徐阶的援手。

严嵩没有扳倒徐阶，徐阶也吓得不轻，尤其是明世宗与他谈话之后。严嵩父子获罪后，明世宗向徐阶谈了自己的两点想法：第一，准备退休，集中精力专门研究成仙的事情；第二，明确表态严嵩已经退休，这个案子今后谁也不准再提，否则格杀勿论。自己专心玄修，还真需要严嵩这样的人……

第一个问题，徐阶没有中套，且迅速作出了正确反应：坚决反对世宗退位！

徐阶是个高智商的人，他的正确反应，让世宗感到了莫大的满足。

第一个问题解决了，自然就不存在第二个问题。但世宗的想法，无疑又是提醒了徐阶：对严嵩的处理，只不过是至此为止。说不准，日后还有变数！

明嘉靖四十一年六月，严嵩满怀悲伤地踏上了回乡之路。内阁里的徐阶，一副与世无争的模样。实际上，徐阶在做的是不声不响地剪去严嵩的羽翼。嘉靖四十一年九月，工部左侍郎刘伯跃等数十人被清除。十一月，严嵩最重要的门生兵部尚书下狱。

对这一切，严嵩已是无能为力，但世宗对严嵩也并不太反感，几次赐给他银币、金币。严嵩在老家开始修建房子，安度晚年，这是唯一能做的事了。

严嵩与严世蕃在老家的一举一动，都处在徐阶的监视之中。严世蕃毕竟是从戍所偷偷逃回的，找人建房的事，也被整理成"聚众四千人"谋反，举报到了世宗这里。这时，严嵩之孙严绍庭还在锦衣卫任指挥，闻讯后立即派人赶在圣旨下达之前到家报警。严世蕃得报，想逃回戍所，却早在徐阶的监视之中。

嘉靖四十三年十一月，严世蕃被解往京城。严嵩上疏乞求世宗开恩，放儿子一马，世宗没有理会这件事。解铃还须系铃人，严嵩再低头去求徐阶，送去重金。徐阶钱照收，人还是要杀的。徐阶的道理很简单：不收钱，严嵩必然怀疑是自己主使，是出于个人恩怨。这位"甘草国老"，他要人临死还尝到他的甜味！

"二进宫"的严世蕃，并不怎么惊慌。三法司会审时，一没动刑，二没逼供，严世蕃主动承认自己是"奸党"，招认当年害死了杨继盛、沈鍊。刑部尚书黄光先、都御史张永明和大理寺卿张守直，觉得再审也没意思了，就这一条定严世藩死刑已经足够了。徐阶一眼看出了破绽：杀杨继盛、沈鍊，是皇上定的，严家这是拖皇帝下水。世宗要是看到这个结果，必然勃然大怒，严世藩不久就会咸鱼翻身，你们就等着掉帽子吧！

面面相觑的三法司大佬，吓出一身冷汗。怎么办？徐阶说，严世藩犯的实际上是三条大罪：勾结倭寇，聚众谋反，图谋不轨！

勾结倭寇，说的是著名的徽州制墨商人罗龙文，由于得到世宗赏识被任为中书舍人。罗龙文与倭寇首领王直是同乡，胡宗宪曾利用其招降王直。严嵩当权时，罗龙文成为严世蕃的幕宾。罗龙文与严世蕃一道被判充军，又一同逃离戍所。徐阶认为，罗龙文逃亡的这段时间是在与倭寇联络。至于聚众谋反，说的则是严家请人建房子的事。图谋不轨，据说是严家争夺有王气的土地，严家的生活用品上有龙的图案——这无疑是谋逆之心！

为什么列这三条罪名呢？因为皇上最痛恨的就是"犯上"与"通倭"！世宗对严世蕃是痛恨的，对严嵩是了解的。而对严嵩之罪，徐阶只字不提。

四十四年二月，严世蕃被杀。严嵩及诸孙，削籍为民，抄没家产。

严嵩的赃物被"估银二百三十五万九千二百四十七两余"，但追缴了半年只有十万两入库。明世宗很奇怪："三月决囚后，今已十月余矣，财物尚未至，尚不见。是财物既不在犯家，国亦无收，民亦无还，果何在耶？"

严家的钱到哪里去了呢？皇上不知道，严嵩也不知道，因为他没有更多的钱。抄家之后，严嵩行乞为生，寄食野寺。隆庆元年（1567），八十七岁的严嵩贫病交加，在他写完人生感慨的几个字后，掷笔而逝。严嵩的绝笔是："平生报国惟忠赤，身死从人说是非！"

严嵩活着的时候，名声远不像后世那么坏。但历史必然发展，后人需要答案，显性的印象是：好人感动历史，坏人推动历史。嘉靖后期的政治失败，泛德论下的道德冲突，诠释着"坏人"与朝政的因果。这个坏人，只能是严嵩之流，不能有世宗之辈。作为政治一塌糊涂的"替罪羊"，打倒"坏人"的人，其实也并不等于就是"好人"，"坏人"的接力棒很快将传到徐阶的手上……

张居正：官场上的正着与歪招

张居正出生之前，老祖父做了一个梦：水瓮里掉进了一个月亮，然后出来的是一只白龟。毫不相干的两个东西，老祖父将其变成张居正的乳名——"白圭"。这只"白圭"，他又将带来怎样的神话，怎样的传奇……

一、幸运的神童

张居正（1525—1582），幼名白圭，字叔大，号太岳，明江陵（今荆州）人。

张居正的远祖本凤阳人。凤阳是明朝的"革命摇篮"，朱元璋拉队伍的时候，一个叫张关保的老乡跟了进来。革命成功后，朱元璋当了皇上，张关保被封为千户。张关保虽然是个小官，但张家的家庭成分变了，住地也从此移到湖广。张居正祖父张诚是个护卫，父亲张文明是个秀才。纵向比，张家自是日渐衰落。但横向比，张家与贫民还是有区别的，否则张居正的起跑线也就没了。

作为一个不得志的读书人，儿子的诞生给张文明带来了极大的喜悦。父亲实现不了的梦想，通常是寄托在子女身上，张白圭才几个月大，张文明就拿着唐诗在他面前诵读。张白圭一岁多就会说话，邻居们就此称其为神童。

一晃张神童就五岁了，进了私塾。而他在读书方面的天赋也显现了出来：过目不忘，下笔成文。过了几年，先生叫来了他父亲，郑重地说："这孩子我教不了啦，你带他去考试吧。"

张白圭十二岁那一年，张文明领着儿子去考秀才。张白圭的运气很好，这年的考官是荆州知府李士翱。这位是个比较正直而又爱才的人，看到张白圭的卷子后，大为赞赏，当即不顾众人反对，把这个才十二岁的孩子排到了第一。

这是个比较轰动的事情，整个荆州都议论纷纷。李士翱反复翻阅着张白圭的答卷，感叹着一个词："国器！国器！"

李士翱还约见了张文明和张白圭，在几番交谈和极度称赞之后，李知府有了这样一个念头：在他看来，乌龟虽然吉利，但对于眼前的这位神童而言，顶着乌龟的名字过一辈子，似乎也不太妥当。于是，他对张文明说："你的儿子前途不可限量，但名字别扭，我看就改名叫居正吧。"

从此，张白圭就叫张居正了。

一年之后，张居正来到省城应举。在这里，张居正遭遇了那个影响他一生的人——顾璘。

顾璘（1476—1545），字华玉，号东桥居士，长洲（今苏州）人，寓居上元（今南京）。顾璘是著名的金陵才子，少时即在江南一带家喻户晓，《明史》将其列入《儒林传》，以"学识"二字留名青史。

其实，顾璘同样是一位出色的政治家，天生一双慧眼。他在湖广巡抚任上，一天偶阅荆州来客携带的诗册，对其中的一首诗惊叹不已："异人也，此人不可不物色！"

几经打听，诗的作者正是张居正。顾璘决定找个机会，去荆州会会这位"名家"。可到了荆州，居然找不着张居正。几经周折，终于找着了——原来，手下的人进入了思维误区，根本没想到顾大人要找的人，居然是个毛孩。这个结果，也令顾大人大为震惊，他立即吩咐把张居正找来，当场出题测试："雏鹤学飞，万里风云从此始。"张居正即对："潜龙奋起，九天雷雨及时来。"

名不虚传啊！极度兴奋的顾璘几乎失态，边夸张居正，边解下自己的腰带。顾巡抚可不是耍流氓，他那条腰带可是犀带，是明朝二品高官的象征。顾巡抚将腰带系在张居正身上，更说了一句令人匪夷所思的话：你可是宰相之才，将来要佩戴玉带的，老夫这犀带，配不上你！不过拿来见证我们的相识，还是可以的。

聪慧的张居正，这回竟不知所措，顾巡抚则告诫他：他日作相，无富贵心，无富贵气，则为贤相。顾璘还取出白金数锭，赠送给张居正的父亲，嘱咐他一定要善待此子——这可是国家栋梁！

朝廷高官如此赏识，张居正此番应举，自该是囊中探物。但是，张居正却落选了。

更令人难以置信的是,让张居正落选的正是顾璘。

——见到张居正前来参加乡试,顾璘私下召来主考官,给了他一道密令:张居正这科无论如何出色,都绝不能让他中第!

顾巡抚的良苦用心,全是他爱才心切。所谓"天将降大任于斯人也,必先苦其心志"。多年以后,张居正再次见到顾璘,顾璘向其道出了原委。张居正不仅没有丝毫的怨言,反而对其感激涕零:"自以童幼,岂敢妄意今日,让心感公之知,恩以死报,中心藏之,未尝敢忘。"

顾璘让张居正磨砺了三年,避免了"神童"恃才傲物,让才子风流沦为平庸。

嘉靖十九年(1540),十六岁的张居正如愿中举。嘉靖二十六年(1547),张居正高中二甲第九名进士,被选授庶吉士。

二、官场奇遇

翰林为朝廷的储材之地,明英宗之后"非进士不入翰林,非翰林不入内阁",庶吉士故有"储相"之称。多数庶吉士,都有机会平步青云。嘉靖二十六年的翰林院庶吉士,简直高手如林:张居正,李春芳,殷士儋等,皆是日后的内阁成员。而翰林院掌院学士,便是吏部侍郎徐阶。正是在这里,张居正又为徐阶刮目相看。

张居正进入翰林院时,内阁中的政治斗争既激烈又富有戏剧性:当时的内阁大学士只有夏言、严嵩二人,严嵩当首辅时夏言咸鱼翻身,夏言当首辅时严嵩咸鱼翻身,几番"交换场地",最后夏言被杀,严嵩做稳了内阁首辅的位子。

这时的张居正,显然没有资格介入内阁的斗争,甚至帮腔都没什么可能。但张居正是个有政治智慧的人,他通过冷眼旁观,对朝政之弊有了系统的认识。嘉靖二十八年(1549),张居正以《论时政疏》首陈"血气壅阏"之病,继指"臃肿痿痹"之五病,全面阐述了他改革政治的主张。但是,白白浪费了一摞纸,对于张居正的思考,明世宗与严嵩根本就没当回事。人微言轻啊,张居正悟出了这个道理。在嘉靖一朝,张居正除了例行章奏外,再也不高谈阔论了。

虽然徐阶对张居正刮目相看,但张居正对顶头上司徐阶并不热乎。张居正感兴趣的人,反而是严嵩,平时写写歌颂严嵩的文章,过节还不忘给严嵩送点小礼。不过,就此说张居正趋炎附势,那又错了。嘉靖二十九年(1550),"庚戌之变"爆发,张居正对严嵩的作为十分不满。但张居正只是一个七品翰林院编修,拿严嵩根本就没办法。张居正很是恼怒,转而去找徐阶。这时的徐阶,已是礼部尚书兼内阁大学士。在张居正的眼里,徐阶是有资格来改变严嵩的。但张居正同样大失所望,几次进言,徐阶一点反应都没有,有的只是对严嵩更加顺从。

张居正实在受不了,从此与严嵩决裂,并决定"请病假"回家消消气。临行前,张居正还将窝囊气发到徐阶头上:"古之匹夫尚有高论于天子之前者,今之宰相,竟不敢出一言,何则?"

称徐阶不如匹夫,张居正等于是痛骂啊!

奇怪的是,徐阶对张居正一点都不生气——对这个年轻人,他像顾璘一样用心良苦。

三、归去来兮

嘉靖三十三年(1554),张居正因病请假离开京师,回到了故乡江陵。这一去,就是三年。

归去来兮,张居正却大有收获。在这期间,朝廷的政治斗争进入了一个高潮,严嵩与政敌大打出手,杨继盛等一批官员落马身死。政治斗争经验尚属小儿科的张居正,不介入不是他的个性,卷入其中的后果,自然好不到哪儿去。眼不见为净,张居正算是歪打正着了。

张居正最大的收获,倒并不止这些。这三年,张居正究竟在干些什么?装病,肯定不实;真有病,肯定是假的;身体有些不适,倒是有点可能。因为在这三年中,他从湖北跑到湖南，长途旅游的步伐一刻都没消停。不过，与陶渊明的大种菊花不同，与李白的四处喝酒也不同，张居正的休闲日志——《荆州府题名记》："田赋不均，贫民失业，民苦于兼并。"

三十岁后深入民间，与当年"神童"眼里的童话世界完全两样。真正的人间，原来就是传说中的地狱：为吃一顿饭，无数人卖儿卖女；土地、家产、儿女都卖光了，只有啃树皮、吃观音土……强烈的使命感，让张居正再也玩不下去了。

四、一盘很大的棋

嘉靖三十六年（1557），张居正回到了北京。

张居正是带着政治抱负重返政坛的，要实现自己的抱负，他需要下一盘很大的棋，建立人脉，抬升地位，否则那跟痴人说梦也就没多大区别了。

这一盘棋，是在严嵩与徐阶之间展开的。严嵩是首辅，跟"一把手"搞不好关系的人肯定没戏。徐阶是严嵩最有竞争力的对手，跟徐阶的关系不铁，很可能要输掉第二步棋。第一步棋不能错，第二步棋也不能错，张居正的方法很简单，左右逢源来回跑。

跑到严嵩这里，严嵩当然很高兴。这时的严嵩炙手可热，跑上门的很多，但很少是来汇报工作的，多是送点钱请求"关照"。所以，张居正这种因工作原因而找上门来的，就显得很稀罕。更重要的一点，严嵩的名声一直不太好，大家见了面是百般讨好，转了背差不多清一色骂娘。

与严嵩这里的情形正好相反，徐阶这里几乎是门可罗雀。谁愿意招惹嫌疑，引来麻烦呢？张居正完全不顾忌这些，经常大白天地招摇过市，尽量让人知道他要去找徐阶汇报工作。朝堂上见面，张居正也总是公开与徐阶交头接耳，又一点不怕招惹严嵩反感。

事实上，严嵩一点都不反感。在严首辅的眼里，翰林院的张居正相当光明磊落。

当然，如果张居正被严嵩看成虚伪，被同僚看成两面派，那就不是"神童"出身了。

不过，有点对不起"神童"称号的，是张居正的官升得太慢了：十多年了，还是个正七品编修。跟"一把手"、"二把手"的关系，都处得这么好，哪里出了问题呢？

一点问题都没有。嘉靖三十九年（1560），张居正升任右春坊右中允，兼管国子监司业。

这个答案有点深奥，右春坊右中允和国子监司业都是六品官，算不上有权有势的"热差"，也指望不上平时有人送点好处。但是，右春坊右中允是为太子服务的——太子，第二代领导核心。而国子监司业，则相当于中央党校的副校长，就算自己没出息，这帮门生将来都能派上用场。

张居正的升官路线，便是这般深不可测。张居正怎么下出这么一手好棋呢？当然是徐阶，这位"二把手"，在为张居正下一盘很大的棋，也为自己下一盘很大的棋。张居正与徐阶之间关系的紧密，精明的严嵩没有觉察，封建官场很难找到第二个范本。徐阶在与严嵩你死我活时，能用的亲信全派了出去，唯独没有动张居正这颗棋子。政治斗争转折无常，徐阶的意识里，张居正太重要，万一有个闪失，不光是张居正，甚至自己也会满盘皆输。

徐阶成功地扳倒了严嵩，他又帮助张居正走出了第二棋：提升张居正为右春坊右谕德。

右谕德官不过从五品，但唯一的工作就是担任裕王的讲官。进入裕王身边，就是一颗棋子布到了"第二代领导核心"这里。徐阶相信张居正的能力，也相信自己在两代帝王间能够万事无忧！

五、左右逢源

徐阶固然是深谋远虑，张居正更是技胜一筹。在与徐阶结成政治同盟的同时，张居正的一颗棋子，又悄悄布到了高拱这里。

高拱（1513—1578），字肃卿，号中玄，新郑人。嘉靖二十年进士，朱载垕为裕王时任侍讲学士，仕嘉靖、隆庆二朝。

有了徐阶这座靠山，张居正为何还要攀结高拱？答案很明了：高拱与裕王关系更铁，而裕王对徐阶比较冷淡。要靠紧裕王，高拱的作用是不可忽略的。并且，高拱是国子监祭酒，张居正是国子监司业，二人是直接的领导与被领导关系。

高拱这人很特别，性格孤傲，又睚眦必报。他对上级一般都取藐视态度，对下级能有个斜视也就不错了。工作之中，高拱特别喜欢训斥下级，所以能跟他搞上关系的不多。

将同僚关系处理成油水关系，一般很难在官场上混下去。但高拱又不一样，他不停地升官，最后还要升到顶点，与首辅徐阶都要一决高下。这原因看起来很复杂，其实也简单：高拱与嘉靖帝的关系好。嘉靖帝酷好玄修，高拱的青词写得好。能把青词写得"神仙"都叫好，仅有一颗"马屁精"之心是不行的，必须要有真才实学。论写青词的文学功底，严嵩在台上时严嵩第一，严嵩下台后李春芳第一，而高拱都始终稳居"亚军"的位子，这就是能耐！

与高拱关系很铁的，大概只有郭朴与张居正，前者是他的同乡，后者是他的下属。朋友少，脾气坏，但高拱与两代最高领导人关系铁，所以官场中人谁也拿他没有办法。

高拱看上张居正，完全是因为张居正的能力。高拱眼里的张居正，水平究竟高到什么程度？高拱曾公开对满朝文武表明自己的观点：本人第一，张居正第二，没有第三，剩下的统统是无能之辈！

有一次，高拱与张居正谈心。一向心高气傲的高拱居然对张居正说：以君之材，必成大器，我愿与君共勉，将来入阁为相，匡扶社稷，建立千秋不朽之功业！

这一年，高拱五十二岁，张居正三十九岁。高拱的这一番话，定性了二人之间的关系，也为张居正的未来画出了线路图：咱们合作，我先干首辅，干完了正好你接着干。

这当然是理想的设计。以张居正现在的地位，想越过高拱直接接徐阶的班，显然也是不现实的。张居正对高拱的谋划，表示满意。

不满意的，当然是徐阶。徐阶不满的并不是张居正，某种程度上，张居正甚至是徐阶理想的寄托者。他最不满的便数高拱，高拱性格张扬，在内阁也是气焰嚣张，并不拿徐首辅当个人物。这还是表面的，高拱的目标是要挤掉徐阶，徐阶只要待在位子上，必然的结果就是高拱必须在旁边干等。这种关系，二人早已心知肚明。

徐阶盘算着要给高拱浇瓢冷水，让这个助手脑子清醒点。但想来想去，就是没有好办法。无意中，言官胡应嘉跳了出来。

胡应嘉弹劾了侍郎李登云，造成李登云被免职。胡应嘉办事比较毛糙，事先根本没有进行风险评估，甚至连李登云的背景都不清楚。等他发现李登云的亲家是高拱时，想后悔也来不及了。

没办法补救，胡应嘉决定将"二愣子"风格进行到底：接着弹劾高拱，说高拱在嘉靖帝病重期间图谋不轨。

这招狠，胡应嘉虽说是"二愣子"性格，但毕竟进士出身，科班出身的官员，没有一个是弱智。胡应嘉的精明，是拿准了嘉靖皇帝性格多疑，只要问题够敏感，是真是假高拱都够喝一壶的。

胡应嘉的运气实在是差，他只知道嘉靖帝病重，根本不知道核心机密：嘉靖帝已经病入膏肓。应该送给嘉靖帝的报告，竟然落到了高拱手里。

高拱被这份奏疏吓得不轻，如果是一般人，立马会想办法收拾胡应嘉。但高拱绝对不是一般人，他跳跃式的思维中，首先出现的是徐阶，因为胡应嘉是徐阶的老乡。高拱与胡应嘉并无直接冲突，胡应嘉收拾完亲家接着收拾自己，没有徐阶幕后主使，借胡应嘉一百个胆，也不敢这么胡作非为。高拱与徐阶之间的矛盾，就这么意外地瞬间升级了。

更头痛的是徐阶，高拱想到的他也想得到。他知道胡应嘉给自己惹了麻烦，找胡应嘉算账对自己不利，跟高拱解释人家也不会相信。脑袋想破了的时候，徐阶得到了一个巨大秘密：嘉靖皇帝驾崩了！

作为首辅，徐阶解决难题的思路顿时清晰起来：叫上张居正，火速进宫！

就这样，出自徐阶、张居正之手的《嘉靖遗诏》震撼面世。《嘉靖遗诏》一经面世，朝野上下一片欢腾！

其实，读过《嘉靖遗诏》的人都知道，这里面无非说了两件事，一是确定接班人是谁,二是全面总结过去。广大干群都高兴,关键是过去总结得好——嘉靖皇帝领导下的这几十年,混账的事情太多,私下不满的人更多。嘉靖皇帝死后"说"出的自我检讨,全都说到了大家的心坎上。

凭借这封遗诏,徐阶的威望如日中天,高拱成了泄气的皮球。高手不出手,无招胜有招:徐阶赢了,高拱输了。

徐阶的无影招,最精彩的还在于帮了张居正一把,抬升了他的地位,同时也把张居正牢牢地拉到了自己一边,这也是高拱最不愿看到的。

六、渔翁得利

裕王朱载垕,嘉靖帝第三子,因为两个哥哥死得早,所以皇帝的宝座最终属于他。嘉靖四十五年(1566),朱载垕继位,年号隆庆。

朱载垕的运气比较好,但能力水平比较差。也正因为他的能力够呛,所以他这一朝治理得比较好——许多国家大事,他索性交给内阁。皇帝是天生的,内阁成员则是竞争的,制度的先进性同样体现在这里。能进入内阁,哪一个都会有两下子,否则也爬不到这个位子。内阁主政,所以有了所谓的"隆庆新政",大明王朝出现了一线生机。

隆庆初年(1567),内阁成员共有六人:首辅徐阶,次辅李春芳,群辅郭朴、高拱、陈以勤、张居正。

张居正与陈以勤是最后同时入阁,论资排辈,最后一名当然非张居正莫属。

排名倒数第一,正常情况下张居正排队接班首辅,估计那是退休以后的事情。退休以前干上首辅,那必须要有不正常的事发生。

隆庆初年内阁班子的不正常,那是天生的。如果很正常,那就是出了鬼了。当初徐阶领着张居正进宫拟遗诏,就是一件极不正常的事。根据惯例,拟定遗诏是顶级的国家大事,必须由内阁大臣共同商议决定。当时的内阁成员有四个人,那天只有徐阶一个人在场，高拱、郭朴和李春芳压根不知道。也就是说，本来是四个集体研究的事，实际上是徐阶一个人说了算。高拱等三人当然有意见，并且摆上桌面也是徐阶违规。好在李春芳是个厚道人，不怎么太计较这件事。但高拱和郭朴就不一样了，与徐阶是对头，又被徐阶耍了，报复那是迟早的事。

徐阶对这事时刻提防着，希望不要出什么差错。结果，遇上了一个搅局的——这个人还是胡应嘉！

胡应嘉上次要干掉高拱，结果撞上大运，嘉靖帝恰好驾崩，最后胡应嘉没有干掉高拱，也没有被高拱干掉。这对胡应嘉来说，本来是最好的一种结局。但胡应嘉不是一盏省油的灯，正好又遇上京察。所谓"京察"，就是六年一次，对官员考核，决定升降去留。要想搞倒别人，自己爬上去，这是极好的机会。胡应嘉这次弹劾的对象，是吏部尚书杨博。

杨博资历很老，也是个狠角色。虽然没进入内阁班子，有时比大学士还狠。在杨博的眼里，除了首辅徐阶，剩下的人，没有一个在他眼里算个人物。而内阁里的这五个人，平时对杨博也是礼让三分。

胡应嘉这次弹劾杨博，多少有些道理。因为这次京察，被处理的官员一大批，就是没有一个山西人。杨博是吏部尚书，又是山西人，从结果推测原因，杨博就该是山西官员的"保护伞"！

高拱见到胡应嘉的奏疏大为高兴，杨博还没做出反应，他先做出了反应。这前提是高拱十分精明，胡应嘉的一箭之仇他还一直记着，如今胡应嘉要整杨博，借刀杀人总比自己挺身而出好，也不至于自己背个打击报复的嫌疑。所以，高拱在内阁里大骂胡应嘉，要对胡应嘉严肃处理。

高拱一发话，郭朴立即附和。高拱见郭朴投了赞成票，狠狠地瞟了徐阶一眼，意思是说你什么态度？

徐阶很被动，赞成吧，等于帮高拱；不赞成吧，瓜田李下，胡应嘉说杨博袒护乡党，那自己不也是袒护乡党吗？

论智商，高拱比徐阶要短一截。高拱逼徐阶摊牌，徐阶给了高拱一句话：我同意你的意见！

这就是高人：给了你面子，也给了你一刀！要处理胡应嘉，是你高拱的主张，我只是附和。有什么后果，你自己承担。

一切正如徐阶所料，自打胡应嘉要贬官的消息传出，高拱就像捅了马蜂窝。唇亡齿寒，胡应嘉不仅是胡应嘉，更是言官。处理胡应嘉，也就等于处理言官。而言官风闻奏事，那是职责所在，说得不准确就处理，那是违反朝廷法令的。好在高拱还有两下子，言官上来一个，他摆平一个。但等欧阳一敬出手时，斗争的形势很快就逆转了。

欧阳一敬（？—1570），字司直，江西人，嘉靖三十八年（1559）进士，给事中。官场混了将近十年，还是个从七品，看起来混得很潦倒，但他的政绩却十分惊人：倒在他笔下的三品以上高级官员二十余人，并附侯爵一人，伯爵两人。所以，欧阳一敬人送外号："骂神"！

蔡京是宋朝著名奸臣，在欧阳一敬的骂声中，"当代蔡京"的帽子套到了高拱头上。高拱气急败坏，御史齐康决定替老师出口恶气。但是，与欧阳一敬过招，老师都勉为其难，学生自然更不是对手。齐康犯了一个最致命的错误：一边与欧阳一敬过招，一边把徐阶拉了进来，认为整高拱这一幕，是徐阶指使。失策呀，就算是徐阶幕后指使，关键时刻也不能戳破。钞票越多越好，敌人越多越坏！

齐康这一露头，徐阶就知道坐收渔利的想法不现实了，自己不得不亲自动手，何况有庞大的言官队伍已在前面冲锋陷阵。

高拱比齐康水平要高，内阁里他要求徐阶公事公办，拟旨责杖欧阳一敬。"借兵给贼，送粮给盗"的事，徐阶是不会干的。徐阶要干的，是把六部的官员全部动员起来，让高拱陷入四面楚歌。高拱终于与徐阶撕破脸皮，在阁中大骂徐阶"先帝时导之为斋词以求媚"，现在"又结言路而逐其藩国腹心之臣"。徐阶回答说：正确领导言官，我有责任，你也有责任啊！至于求媚一事，徐阶坦认这是事实，但他提醒高拱：你当年也想求媚，只是水平不够，先帝曾以密札问过我，这封密札我还完好保存着。

被人掀开裙底，高拱面红耳赤，哑口无言。

徐阶除了门生众多，还因遗诏复起了世宗时被谪的诸多官员，感恩戴德的时候到了，大家自觉行动，甚至群集阙下，吐唾辱骂齐康、高拱。

大势已去，高拱称病乞休，自己给自己找个面子回到老家。齐康则坐黜外调，郭朴觉得没希望了，省得别人动手，自己回家算了。

改朝换代后的首轮较量，徐阶大获全胜。

得到一枚最大胜利果实的，显然不是徐阶，而是张居正。在内阁，徐阶本来就是排名第一，张居正是名列第六。现在一气拿下了两个，张居正就是排名第四。若再除却"老好人"李春芳、"老同志"陈以勤，张居正基本上名列第二。

离权力的巅峰，张居正只有一步之遥。

七、阴风巨浪

挤走高拱，徐阶也只干了一年。

隆庆二年（1568），六十六岁的徐阶决定退休。血拼几十年，好不容易坐稳了位子，为什么要主动放弃呢？因为皇上有意见。

从情感上讲，高拱离隆庆帝近，徐阶离隆庆帝远。高拱与徐阶的斗争结局，隆庆帝不是很乐意，加上徐阶时常制约，君臣之间总是很别扭。好在隆庆帝不是很强势，所以徐阶并没有什么多大的麻烦。有次隆庆帝想出城玩玩，徐阶想都没想，果断拒绝：不行！

好脾气的人也有发脾气的时候，隆庆帝对徐阶的两个字大为光火：你凭什么呀？又不是我爹！

徐阶想想，也是。再想想，还是见好就收吧！这一辈子，徐阶收拾过无数人，包括"一把手"严嵩。但收拾皇帝，徐阶从来不敢想。

短短两年，高拱走了，郭朴走了，徐阶也走了，张居正从第六排到了第三，尽管还是最后一位群辅。但前两位的李春芳、陈以勤，都以厚道著称，张居正的地位是安全的，前景也是明亮的，这也是徐阶最欣慰的地方。

徐阶在老家安度晚年，生活幸福。这一点，那是老冤家严嵩无法仰望的。在这之前，倒霉的严嵩几乎是穷得饿死。严嵩即使不倒霉，与徐阶一样光荣退休，论钱财差不多也只有徐阶的十分之一。

徐阶的美好生活，很快又被一个人给搅了。这就是邵大侠。

邵大侠是谁，不是很清楚，《明史》"列女传"中提到他。邵大侠后来被张居正斩草除根，婢女邵氏冒着生命危险，将其三岁幼子收留，任由官军拷打，坚贞不屈，不肯交代这孩子的下落。《明史》表扬的是婢女邵氏，而不是表扬邵大侠本人。

据野史《万历野获编》记载：邵大侠真名叫邵芳，号樗朽，丹阳人。邵芳是个通天混混，隆庆三年（1569），他混到徐阶府上。徐阶出于好奇接待了他，邵大侠开口就问徐阶想不想再干首辅，如果想干，他有路子。论怎么当官，徐阶是专家，根本瞧不上这类业余经纪人。邵大侠一开口，徐阶几乎笑倒，极不友好地挥手示意：滚！

其实，邵大侠还真不是水货。他在京城混事，结识了掌事太监陈洪。陈洪是隆庆帝的红人，所以作用很微妙，类似孙悟空的金箍棒，吹大起来威力无比。陈洪身份的限制不方便出宫，邵大侠身份的限制不方便进宫，二人合伙做官场生意，完全是个黄金搭档。

徐阶的嘲笑激怒了邵大侠，他横下一条心，要生意、报仇一起做。于是，邵大侠调头找到高拱——世间的骗子，居然如此独具慧眼，做出隆庆朝唯一的高明决策！在邵大侠的游走下，高拱重新与皇帝、太监之间建立起联系，一出出内幕交易后，隆庆三年（1569）十二月高拱复出。

不仅是徐阶，他线下的张居正，危险悄然而至。

八、逃离纷争

赶走高拱，本不是隆庆帝的意思。高拱一回来，隆庆帝高兴啊，先请高拱吃了一顿饭，接着恢复了高拱内阁大学士的身份，还给了高拱一颗含金量很高的大印：吏部尚书。

张居正有些坐不住了：当初内阁的排名，高拱在自己之前。现在坏了，高拱重进内阁，排名在自己之后，因为这是规矩。

排在人家前面还紧张？当然，所谓"螳螂捕蝉，黄雀在后"，最科学的吃法，就是后面吃掉前面的。你排在人家前面，就是占在人家前面，高拱要往上爬，首先就要吃掉自己。

事实上高拱没有这么做，张居正忽略了高拱的性格：有仇必报，谁最直接，最先干掉谁！

高拱首先要干掉的，是欧阳一敬。欧阳一敬年纪大了，也很有心理准备，高拱还没动手，他主动辞职。接下来，当然是胡应嘉。胡应嘉运气不错，高拱落刀之前，他及时死掉了。当年跟风的言官就倒霉了，撤职、降职、罚款、坐冷板凳，一笔下来就是二十多个。

现在该轮到张居正挨整了吧？也没有，因为半道杀出个赵贞吉，他跟高拱干上了。

赵贞吉（1508—1576），字孟静，号大洲，内江人，嘉靖十四年（1535）进士，时任礼部尚书。高拱重进内阁前，赵贞吉新进内阁，排名在高拱之前。

赵贞吉进入内阁，按理应该心情舒畅，但他成天牢骚满腹。赵贞吉嘉靖十四年进士，陈以勤嘉靖二十三年进士，李春芳与张居正则是嘉靖二十六年进士——世道不公啊！赵贞吉一想自己的资历，就拿几位同僚发泄，从"一把手"李春芳开始，经常骂到第三把手为止。除了自己，赵贞吉谁都找机会骂，挨骂最多的自然是张居正。

高拱进来后，内阁里又新添了一个挨骂的。李春芳、陈以勤厚道，张居正深沉，所以给赵贞吉产生了一个错觉：自己真的是元老，骂谁都没关系。他根本就不记得，高拱是个眼里进不得沙子的人。

赵贞吉找高拱的茬，高拱一点都不客气，立即组织言官弹劾赵贞吉。赵贞吉更来气了，你找谁整我都可以理解，内阁里我分管都察院，拿我的人整治我，也太欺人了！

赵贞吉吩咐言官弹劾高拱，结果大失所望，根本没有人听自己的。赵贞吉忽略关键的一点：高拱是吏部尚书，又管京察，官员的命运掌握在他手上。吃力不讨好的事从来就没人干，赵贞吉与高拱争天夺地，不被旁观的官员捅一刀已经是不错的了。

赵贞吉与高拱打得昏天黑地，最难受的是陈以勤。赵贞吉是陈以勤的老乡，不帮赵贞吉不合适，帮赵贞吉也不合适。这么恶劣的工作环境，陈以勤想通了：辞职回家。

赵贞吉斗高拱，本来就处于劣势。陈以勤一走，赵贞吉也感到了胜利的渺茫，索性收手，辞职回家。

张居正本指望坐收渔翁之利，结果既出乎意料，又在情理之中，高拱坐上了次辅的位子，自己的排名虽说没动，但又重新回到了倒数第一的位子上。

旗开得胜的高拱，接下来是斗前面的李春芳还是后面的张居正呢？一个都不是，高拱最惦记的是报仇雪恨，头号敌人徐阶，这回挨刀了——这就是海瑞斗徐阶的故事。在这场斗争中，张居正与海瑞进行了协调，徐阶向高拱表示投降，最后敌我双方互作妥协，徐阶亲属被查处，家庭财产损失巨大。这个结果不算太坏，徐阶基本满意，高拱基本满足，而不自觉充当斗争棋子的海瑞，则从热炕头坐到了冷板凳——由巡抚应天改为总督南京粮储，这种异常工作变动，很长时间里海瑞都不明白究竟是怎么回事。

作为徐阶的弟子，在徐阶大祸临头的关键时刻，张居正虽然悄悄出手，但从不显山露水。

九、阳谋与阴谋

高拱整人有一套，做事也是有一套的。在隆庆帝的信任与支持下，国内的天灾人祸、北部边境的长期冲突，都在高拱的主导下成功解决，史称"隆庆新政"。

当然，高拱也成功地挤走了首辅李春芳、阁臣殷士儋，自己干上了首辅。

做高拱的领导没好日子过，做他的副手同样很艰难。高拱下一步的冲突对象，除了张居正已别无选择。出人意料的是，二人的冲突竟是因聊天爆发的。

这天，高拱与张居正闲聊，突然仰天长叹：老天不公平啊！

张居正摸不着头脑，不敢贸然应答。高拱盯住张居正，问道：你有那么多儿子，我怎么一个也没有呢？

张居正想，高首辅无儿无女，确是人生遗憾。怎么宽慰他呢？他装出无可奈何的样子说：子女多，也难养活啊！

高拱立刻翻脸：有徐阶送你的三万两白银，养活几个儿子算什么?!

张居正明白了，高首辅这哪是谈心啊！徐阶是自己的恩师，就算私下给他帮过忙，怎么会收老师的银子呢？于是，张居正赌咒发誓，高拱勉强相信。

正是从这一刻开始，张居正明白了：自己与高拱之间，你死我活是唯一的选择。

但是，要打败高拱谈何容易！论靠山，高拱有皇帝；论谋略，他不在徐阶之下；论强势，他是最强悍的一任首辅。只能智取，不可强攻。

张居正的斗争智慧，在于他不是研究对手的破绽，而是研究对手的成功。徐阶打败高拱，高拱为何又咸鱼翻身？秘密只有一个，不是神秘的邵大侠，而是隆庆帝身边的太监陈洪。太监影响皇帝，皇帝决定一切，天大的事也能变成芝麻大的事。

拿高拱的矛戳高拱的盾，便成了张居正的最佳选择。张居正准确地锁定了一个人——冯保。

冯保（？—1583），字永亭，号双林，衡水人，嘉靖年间入宫，隆庆初年掌管东厂兼理御马监。

同为太监，陈洪比起冯保那就小儿科了。陈洪是个文盲，冯保则精通经史；陈洪贪婪，主要靠敲诈勒索；冯保主要靠巧取豪夺——冯保做过最著名的一件事，就是将中国十大传世名画之一的《清明上河图》，从皇帝家里转到了自己家里，然后堂而皇之地提笔作跋。冯保最擅长干神不知鬼不觉的事，这要是换了陈洪，得冒多大的风险去敲诈皇帝啊！

陈洪、冯保与高拱之间的关系，也有着本质上的不同：陈洪与高拱，关系是靠好处维系的；冯保与高拱之间，这关系就叫"不共戴天"，拿再多的钱都没办法私了。

冯保为什么与高拱成为死敌呢？因为冯保与张居正的境遇太相似了。冯保同样是个胸怀大志的人，并且离权力顶峰也只有一步之遥。明代的太监机关，权力最大的就数司礼监，因为干上这个，就可以受皇帝委托批阅文件，最后加盖公章，享受皇上的政治待遇，行使皇上的政治权力。

冯保作为东厂提督太监兼御马监管事太监，在十二监中不能叫"二把手"，但属于"二号人物"。冯保的目标，一直瞄准着司礼监掌印太监，并且好不容易等到机会：隆庆帝上台后，掌印太监下台，无论是能力水平还是论资排辈，冯保都是不二的人选。

结果，高拱欠陈洪的再造之恩，这一知恩图报，陈洪上去了，冯保没戏了。等陈洪下台，高拱又推荐孟冲。孟冲只是个尚膳监太监，只有做饭的水平比冯保强。冯保彻底明白过来：干不上司礼监掌印太监，不是自己有问题，而是高拱当首辅！

面对高拱这一共同的敌人，张居正与冯保简直是志同道合。一个是内廷宦官，一个是朝中大臣，非工作性联系很不方便，也容易招忌，张居正与冯保结盟必须是秘密状态。

这天张居正获悉隆庆帝病重，因为事关重大，必须尽快告知冯保。高层一旦有变，可是千载难逢的良机。张居正赶紧写了一封密信，连夜密送冯保。

神不知鬼不觉，高拱却一清二楚，并对张居正发出严厉警告：内阁我是"一把手"，有事应该与我商量。与太监秘密往来，违反政治纪律。即便与太监商谈工作，同样违反组织原则！

高拱句句在理，张居正理屈词穷。

冯保知道事情暴露，决定与张居正一起，同高拱展开决战。

先下手为强，后下手遭殃，这个道理太浅显了。但是，张居正做出了他一生中最为准确的判断：高拱还是信任我的！

——这就是政治家，知己知彼，审时度势：高拱如果不信任自己，他就不会打草惊蛇，公开训斥。将对方置于死地，高拱从来不会履行告知义务的。靠对方的信任击倒对方，这也是张居正的制胜法宝。

阴谋也好，阳谋也罢，张居正都需要在高拱的信任下将计谋进行到底。在与冯保更加紧密联络的同时，张居正又秘密开出了一条新径，这就是与李贵妃的关系。

李贵妃（1545—1614），隆庆皇帝的皇贵妃，后来的万历皇帝朱翊钧生母，其他情况正史中并无详细记载。野史中，这位李贵妃叫李彩凤，漷县人。父亲李伟是位乡村的泥瓦匠。家乡遭受虫害之后，李伟携家带口到北京城里谋生。生活无着的李伟，将李彩凤送往裕王府，当一名使唤丫头，由于被当时的裕王看中而有了身孕，十九岁时生下儿子朱翊钧。像裕王这样的天生龙种，并不缺少女人，李彩凤做到了长期固宠，充分证明这是一个魅力与能力双双非凡的女人。

李贵妃天生丽质，张居正属于典型的帅哥，所以野史通常将二人之间的亲密关系，解释为痴男怨女型。《中国古今巧对妙联大观》收有一副对联，文人用以证明张居正与李贵妃之间"有一腿"，大意是说艾自修与张居正一同参加科考，艾自修名列榜末，即所谓"背虎榜"。张居正嘲之曰："艾自修，自修勿修，白面书生背虎榜。"艾当时未对出，后来张当上首辅后，相传与皇后有暧昧关系，艾遂得了下联："张居正，居正不正，黑心宰相卧龙床。"

这副对联有些趣味，但史实是：艾自修在万历二十八年（1600）才中进士，这时的张居正已过世十八年，张居正与艾自修是从来没见过面的。

但张居正与李贵妃之间，关系确实非常亲近，这与张居正在裕王府的经历有关，与冯保的穿针引线也有关。更直接相关的是，李贵妃不是一个一般的女人，虽不是什么名门闺秀，但工于心计，城府很深，是一块搞政治的好材料，张居正自然就不必说了。共同的政治目的，使得二人开始越走越近，成为一对配合默契的政治搭档。

张居正、李贵妃、冯保之间迅速结盟，共同的打击目标最终都锁定到高拱头上。

十、一招致命

隆庆皇帝的身体状况直转直下，一场新的权力斗争悄然来临。

隆庆六年（1572）五月二十六日，隆庆皇帝急召高拱、张居正和高仪三位阁臣进宫，将要发布临终嘱咐。两位高大人拼命跑，到达寝宫时高仪倒没什么，因为他刚入阁不久，人也厚道。高拱则大吃一惊，因为他发现入场顺序不对，参会人数也不对：除皇后、太子朱翊钧、太子生母李贵妃，张居正已先自己而到，他旁边竟还有一个冯保！

开会通知，第一个应该是发给首辅的，张居正怎么会提前到场呢？这时候来，分明是要草拟皇帝遗嘱的，这关御马监什么事？

高拱气不打一处来，但这种场合又不便发作。但皇帝的一句话，让高拱彻底平静下来：垂死的皇帝，郑重地尊他为先生，并将太子托付给了他。

交代完这几件大事，隆庆帝再也没有了声音——这一天，隆庆皇帝朱载垕驾崩。

隆庆皇帝走了，高拱知道接下来就该大家一起商量如何写遗诏了。但是，高拱的想法完全是多余的，冯保已经拿出了遗诏，并开始宣读。

嘉靖皇帝驾崩，徐阶是首辅，起草遗诏没自己的份；隆庆皇帝驾崩，自己是首辅，起草遗诏还是没自己的份！高拱气得差点背过气去，当听到"着令司礼监掌印太监与内阁大学士共同辅政"时，高拱差不多七孔生烟了。

司礼监掌印太监辅政，有没有搞错？正准备反驳，高拱又自己忍住了，后悔自己差点做了件蠢事：司礼监掌印太监孟冲是自己的人，管他是否违反祖制，多个帮手总是好事。

但等高拱一觉醒来，结果出来了：司礼监掌印太监孟冲退休，接任者，冯保也！

原来逗人玩呢，高拱决定给冯保一点颜色瞧瞧。他亲自上了封奏疏，冯保不是司礼监掌印太监吗？上呈皇帝的奏疏，司礼监掌印太监通常是"第一读者"，那就让你先尝尝"第一读者"的滋味。

高拱在奏疏说：太监是下人，不能参与政治，建议皇帝收回司礼监的权力。

冯保收到奏疏，简直懵了。明明知道这封奏疏要经过自己手上，偏偏是说要拿掉自己的权力，分明是拿自己当小孩子欺负。

你明的来，我就明的去！冯保提笔来了六个字："知道了，遵祖制。"然后盖印，直接送给高拱。

高拱一看，就知道是冯保代笔，但毕竟符合公文处理规范，所以冷笑了一声，面对张居正、高仪，高拱一声太息："十岁太子，如何治天下？！"

不发牢骚，不是高拱的性格。与冯保玩文字游戏没意思，高拱决定刺刀见血。他发动亲信，弹劾冯保：向先帝进送邪燥之药，致先帝殒命；假传圣旨，图谋不轨！

进攻力量布置到位，高拱还要铁板钉钉。他便去找张居正、高仪，毕竟冯保也是高级领导干部，内阁做出一致的决定，冯保才能是死路一条！

高仪觉得这事不靠谱，人又厚道，赞成对不起良心，反对又对不起高拱，所以始终不表态。张居正十分爽快：当然听您的！

高拱高兴地走了，张居正也高兴地走了。不过，高拱是急着去找打手，张居正是急着去找冯保。

冯保知道事情的轻重，自己没了主意，张居正关系铁又分量不足，急问张居正怎么办。张居正想都没想，告诉冯保：除掉高拱，有一个人行。冯保急问是谁，张居正接着吐出两个字：皇上！

皇上凭什么帮助冯保呢？张居正告诉冯保：你告诉皇上一句话就行。

隆庆六年（1572）六月十五日，冯保向皇上报告一个重大机密：高拱图谋不轨！

冯保告诉这对母子，高拱说了："十岁孩童，如何做天子！"万历皇帝确实才十岁，没听明白这是什么意思。旁边的李贵妃，脸都变了。

高拱的原话，是"十岁太子，如何治天下。""十岁孩童，如何做天子"，是张居正帮冯保意译的。这种意译，显然不同寻常。

李贵妃警觉起来，找来张居正商量。双方一见面，李贵妃很快激动不已：张居正，只有张居正，才是自己的依靠力量！从张居正这里，李贵妃还得知，高拱还准备废了万历，另立藩王……

如此欺负我们孤儿寡母，李贵妃的恐惧与愤怒都达到了顶点。还坐等高拱动手才出手？隆庆六年（1572）六月十六日，高拱接到圣旨："高拱回籍闲住，不许停留！"

盘算的是别人，中枪的是自己，高拱从没想过还有这种战争结局。

心情沮丧的高拱爬上牛车，正准备离开京城回老家，没想到又遇到了另一个人：张居正的下人。这个人送给高拱一张纸，有了这张纸，高拱可以免费使用驿站。但是，高拱拒绝了——如果这个时候还看不清谜底，高拱在官场也混不到今天！

对高拱的反应，张居正也知道会有这么一个选项。不来送行，也就没有尴尬，高手的每一招，都不是信马由缰，也不是画蛇添足……

十一、例行私事

邪门阴招击倒了高拱，张居正毫无悬念地当上了首辅。站在权力的顶峰，张居正开始例行私事——整人。

高拱整人是有名的，他是有仇必报。领导的德行都是相似的，张居正整人不仅大有高拱的遗风，而且有过之而无不及，保险系数高，出手就是绝杀。

早在隆庆二年（1568），张居正还是"三把手"的时候，就十分成功地整倒了辽王朱宪㸅。

朱宪㸅挨整，是因为与张居正的老家挨得太近。辽王朱宪㸅乃老辽王朱植之后，老辽王朱植原就藩广宁州，后改封荆州，这就成了张居正老祖宗的领导。靖难之役后，朱棣嫌其支持不力，削夺了辽王的护卫，从此这支藩室成了吃喝等死一族。朱宪㸅从小到大都是吃喝玩乐，并玩死了张居正的爷爷。其中什么原因，正史并无记载。野史的说法，是朱宪㸅要扩大王府的规模，需要免费利用张家的地皮。张家舍不得，后来这位张爷爷就被整死了。

那时张居正还小，后来张居正为官，这事也没见提起。张居正辞官里居时，与朱宪㸅玩得也挺热乎，这桩往事似乎就过去了。但当张居正成为阁臣时，朱宪㸅的厄运就到了。御史们纷纷弹劾辽王朱宪㸅，皇帝觉得应该调查核实。朱宪㸅是个从来没见过风雨的痴货，应对调查组什么经验都没有，一任性就在家里竖了面大旗，上书"讼冤之纛"四个大字。这效果明显——调查组撤走了，正规军开过来了。朱宪㸅问题的性质，自动由违纪升级为犯罪，其下场就是王位废除，转入大牢。

一口恶气，没想到能忍三十年；一吐恶气，没想到来得这么舒爽。这痛恨的毅力，隐忍的精神，是高拱无法比拟的。

当上了首辅，张居正第一个要解决的是谁？出人意料：邵大侠。

隆庆六年，挤走高拱不足一月，张居正命令应天巡抚捕杀邵芳。缉捕官军一路追赶，将邵芳围堵在丹阳家中。捕获邵芳，官军在邵家挖地三尺，因为邵芳有个儿子不见。邵芳交通朝野、干预朝政，罪恶深重。将其斩草除根，张居正就有点公报私仇的味道了。

张居正为什么对邵芳如此痛恨？因为张居正熟知高拱复出的前因后果，正是邵方横出的这一竿子，差一点将他打得翻船落水。解决了邵方，断了高拱的后路念想，报了徐阶的知遇之恩，一石数鸟，恩家仇家双双了断。真正的政治家，是没有闲工夫为了雪恨而报仇的。

这个时候，张居正觉得该歇口气了。但是，有个死鬼偏偏撞进来。

万历元年（1573）正月二十日一大早，小皇帝坐着轿子去早朝，路过乾清门发现一个鬼鬼祟祟的人。侍卫从他身上搜出刀、剑各一把，但在真正的大内高手面前，这家伙很识相，逃跑的动作都没有，主动配合到保卫部门交代问题去了。

这事件看起来非常严重，实际上明中叶以后的宫禁一直比较乱，类似案件时常有发生，处置方法一般都是厂卫及五城兵马司审明，当事人杖责充军了事。张居正本来对这起事件的内部通报没怎么认真，但看到最后来气了：这是怎么办事的？审了几天，居然只知道人家姓名王大臣，籍贯武进县，身上带有刀剑。入宫的时间、地点、动机等，一无所知。身带刀剑，这个哪用审，看一眼就知道了。是什么地方的某某人，还不一定是真的。这都什么效能啊?!

张居正大笔一挥，王大臣改到东厂处理，况且这也是皇帝的意见。东厂的特色套餐是刑具，一天尝一种一个月都不会重样。这待遇王大臣实在消受不了，承认自己真名叫章龙，是戚继光手下的逃兵，目的就是瞎跑。

张居正一听是这个结果，政治敏感性腾地就上来了：逃兵这个问题完全可以忽略，问题他是戚继光手下，带刀跑到了皇帝旁边。如果戚继光是自己的政敌，杀头够了，因为前面这两点都是事实。但戚继光偏偏是自己的亲信，自己一秒钟就能想到的问题，不排除有人花一天时间也能想出来。

脑子好使，"神童"时代张居正就具备了。张居正随即票拟谕旨："着冯保鞫问，追究主使之人。"张居正叮嘱冯保，这个案子一定要办出价值，办出水平。

张居正这么一说，冯保倒是茅塞顿开。他令办事人馈章龙饮食，许赏其千金，重改口供。不过，君子固本，冯保首先要办的，是自己的私事：通过章龙，说出这事的内应是陈洪，再牵到高拱头上。

高拱被拉进来了，冯保发缇骑包围了高拱府第，逮捕了高家的奴仆。高家上下恐慌万状，准备携带金银细软逃跑。这时，张居正亲自给高拱写了两封密信，安慰高拱不要紧张。都要灭门了，能不紧张吗？张居正这手太厉害了：万一知道高拱紧张过度自尽了，失去活口，不好定案。还有一种"万一"：这案子万一办砸了，自己的退路也留好了。

高拱无奈出见缇骑，问他们何故包围府第？缇骑说，没有逮捕他的意思，只是包围保持以防意外罢了。高拱这才定下心，但预料可能将有大祸临头。

一阵紧张工作之后，章龙果然有了新的供词：我是高阁老（高拱）的家人，高阁老派我来行刺皇上。

言简意赅，一句废话都没有，并且确保戚将军平安、高阁老完蛋！

挺好的一箭双雕，被杨博与葛守礼给搅了。杨博，斗严嵩的那一位，所以威望一直很高。杨博这些年，斗争经验也成熟了，他不跟张居正硬干，主动跟张居正说情。不为别的，杨博的亲家是王崇古，王崇古的铁哥们是高拱，搞死个退休的没意思，何况大家还是一条线上的。

葛守礼，刑部尚书。葛守礼跟着打抱不平，第一是这人相当正直，第二是这人知恩图报。严嵩专权时，葛守礼对其大为不满，所以第一次被轰出官场。穆宗登基后葛守礼被起用为户部尚书，高拱与徐阶大打出手时，葛守礼拒绝参加攻击高拱，所以有了第二次走人。高拱再度为相，葛守礼便成了刑部尚书。

张居正觉得杨博、葛守礼来找自己太蹊跷——明明是冯保出面办的事，怎么会找到自己头上来的呢？张居正装出一副很无辜的样子，说东厂办的事我哪清楚啊？杨博、葛守礼是早有准备，说东厂的报告上有您指示！张居正醒悟过来了，连忙解释：他们文字水平有限，我只是帮他们改几个字而已。

自己会想，别人会猜，这么搞高拱，难免招嫌疑。人一旦自我否定，就容易智商短路，送走杨博、葛守礼，张居正决定求签，听听"神仙"的意见。结果，求到了八个字：所求不善，何必祷神。

结果不好的事，张居正决定让冯保单独去干。冯保觉得一切都安排得挺妥当的，便将"王大臣"提出来审判。公堂之上，章龙猛然改口，将张居正、冯保设计的内幕抖得一清二楚。众目睽睽，冯保又气又急，赶紧杀人灭口。

冯保当然没事，戚继光自然没事，高拱跟着也没事了。

以张居正与冯保的能耐，怎么办出这等结果？因为杨博、葛守礼同样有能耐，他们已清楚这背后的谜底，便悄悄派人潜入监狱，教会了章龙这一招，让章龙相信，只有这样才能活命。至于章龙,被谁骗都是骗,强烈的求生欲望下,他也没那个脑子,也就顾不上许多了。

"王大臣案"到底是怎么回事?万历十一年(1583)二月,张居正与冯保已身败名裂,南京兵部郎中陈希美上疏,认为谋杀皇帝的主使就是张居正与冯保!万历皇帝觉得这说法不靠谱,但想弄个水落石出,计划重新调查"王大臣案"。大学士张四维很明智,说这事都过去十年了,人犯已决,案件经办人也不在了,查出的结果恐怕更荒唐。从此,"上乃置不问"。

——还是"神仙"预言得准啊!正事歪事,私事公事,张居正本想假一案将政敌一网打尽。但是,以其眼下的声威想随心所欲,没有想象的那么容易……

十二、正事两桩

办事有阻力,但就客观工作环境而言,张居正在明代首辅中无疑是最好的。自打高拱被赶走,高仪很快又因病医治无效与世长辞,这内阁想开会也没有第二个人。皇帝小,皇帝他妈与张居正关系密切,所以张居正的意见就等于皇帝以及皇帝他妈的意见。加上冯保负责保管公章,张居正的权力只是有点干扰,约束基本上是谈不上的。

张居正之所以有"名相"之誉,在于他的理想大于阴谋,顺便干点歪事,主要还是干正事。最著名的是两桩,为明王朝解决了"人"与"钱"的问题。

领袖曾经教导说:"世间一切事物中,人是第一个可宝贵的。只要有了人,什么人间奇迹也可以造出来。"明王朝日渐腐败,根子肯定是人的问题。当然,这里的"人",指的是干部,明王朝的各级官员。俗话说,痴官刁于民,官员历来就是非常难管的,你说是为了工作,他说你打击报复,弄不好朋党斗争就出来了,下属给领导下套子,弄得领导下不了台或下台的事,也是屡见不鲜的。张居正的想法极有见地,他不是以权压人,而是以"制度管人"。

万历元年(1573)十一月,张居正上奏皇帝:"月有考,岁有稽,使声必中实,事可责成。""考成法",就这么出台了。

明眼人应该看出来了:这完全是张居正的主张,只是这中间绕了一个弯——皇帝。张居正提案,皇帝同意,张居正再办理,这性质就变成朝廷的了。

"考成法"的要义并不复杂,主要明确职责,将工作目标任务层层分解。完成好的奖励,完成差的处罚。哪天你降职、免职,你都不好意思找人说情,别人也都不好意思帮你。万历四年(1576)底,单是山东就有十七人降职、二人革职。所以,第二年税粮收得特别好,岁入高达四百三十五万两,比隆庆时增长了百分之七十四,当年收支结余八十五万两。

一搞"绩效考核",效果就这么好?其实,这只解决了怠政的问题,治了官员的懒。官员"勤快"起来,也不一定全是好事。"考成法"要是那么包治百病,估计早被人发明了。张居正进入伟人行列,是他知道"考成法"的副作用——单纯的"政绩"导向,大小官员势必横下一条心,大鱼吃小鱼,小鱼吃虾米,那老百姓只有死路一条,这王朝想多活几天也是很难的。

张居正想到的办法,被后人称作"改革"。为什么要改革呢?因为原本设计好的东西被后人改了,必须改回来。主要问题出在"钱"上。

老百姓向朝廷交的钱,当然是有规定的:一是按地交的,一是按人交的,即所谓田赋与人头税。这两者,交的是实物,种稻子交稻子,种麦子交麦子,种棉花交棉花。除此而外,还有服徭役,就是替各级政府免费当差。

历朝历代,都是这么干,张居正为什么要改呢?因为干部学坏了。比方说你交稻子,水分是几个点,没有仪器测量,全凭官员一张嘴。本来你交一石稻子,他硬说你这稻子水分大,还得交二十斤,你也没办法。至于服徭役,那就更没有客观标准了。

中下层官员多要点税赋,对朝廷来说不是好事吗?问题是这种官员基本找不到,多要的这部分全进了他们的腰包。老百姓多出了,朝廷又得不到好处,任其发展,总有一天要冲破底线。

张居正推出的改革举措,就是实行"一条鞭法"。啥意思呢?就是田赋、人头税、徭役等,不搞五花八门了,通通折算成钱!

"一条鞭",这名字确实取得好,等于给了官员们"一鞭子"——从此以后,你们任务要完成，转嫁到老百姓头上也难了。钱的大小，那是客观的。

为抽这"一鞭子"时，张居正早有另"一鞭子"抽在前了。万历六年（1578年），张居正以福建为试点清丈田地。两年后，全国田地比隆庆年间多出230余万顷。土地都能让人不知道，普通老百姓当然干不了。额田的增加，意味着朝廷收入的增加，也意味着负担趋于公平。

张居正的"一条鞭法"，其实只是个技术措施，对明朝祖宗之法并无本质上的变性，但对百姓而言是减轻不合理的赋役负担，对胥吏而言是制约了徇私舞弊。当然，这也是一件很得罪人的事情。

十三、隐性敌手

一路大刀阔斧的张居正，几乎没有遇上正面对抗的。不过这也不稀奇，因为这些为政措施，都是假朝廷之名推行的。谋反之类的事，官员很少干，有什么窝囊气，一般放在心里。况且，"考成法"这柄大刀始终是明晃晃的，谁要是自寻死路，说不准哪天就因失职、渎职被修理了。

有一个人却不在乎这些。准确地讲，应该是一类人。这类人的代表，是何心隐。何心隐（1517—1579），本名梁汝元，字柱乾，号夫山，江西吉安人。

在明代就开始使用"网名"，何心隐是个别有用心的人。早年，何心隐放弃科举，成了职业社会评论员，为此还坐了几年牢。徐阶斗严嵩时，何心隐暗中帮了大忙，让嘉靖帝疏远了严嵩。说不从政，事实上又干政，何心隐不是矛盾的统一体，而是一个很有思想的人。他有一句名言："无父无君非弑父弑君"，很有一点"无政府主义"的味道。

张居正当政时，何心隐聚学湖北孝感。为办书院，何心隐不惜耗尽家财。不同形式的书院，在中国有上千年的历史，但明朝的书院日渐成为议政不参政的阵地。若干年后的东林书院有副名联，叫做"风声雨声读书声声声入耳，家事国事天下事事事关心",意思是说从天上刮风下雨的事,到你家里鸡毛蒜皮的事,我都有责任盯住你。明朝书院议论朝政,讨论敏感话题,甚至攻击时政,不是一两天的事。

张居正铁腕行政,乃至带有摄政色彩,官场上的人是不敢公开批评的,但在何心隐讨论"课题"里,张居正始终是他们的"必修课"。万历七年(1579年),湖广巡抚王之垣将何心隐缉捕。公堂之上,何心隐首先享受"杀威棒"待遇,然后——没有然后,何心隐知识素养很强,身体素质太弱,只有几棒人就没气了。体质太弱,竟然一打就死。遗憾之至,王巡抚遂妥善安排其后事。

何心隐一死,王之垣就倒霉了。事情一出,天下学人口诛笔伐,骂了王之垣几个月。王之垣也不回应,所以后人都认为他是忍辱负重,替张居正背黑锅。何心隐是否死于张居正之手,像是一笔糊涂账,因为杖杀他的是王之垣,而何心隐临死前对王之垣说的话又是:"公安敢杀我?亦安能杀我?杀我者,张居正也!"

杀何心隐的实情,是出于张居正的意旨,还是王之垣出于献媚张居正而自觉为之,其实并不重要。因为要解决这股异己势力,张居正已谋划很久。他在《请申旧章饬学政以振兴人才疏》中,早已明言了对书院的痛恨之情。只是他打击的目标,不单单是一个何心隐。

万历七年(1579),张居正一气关闭了天下书院六十四处。将所有的敌人消灭于萌芽状态,这才是张居正的狠!

十四、矛与盾

撇开权力斗争中的官场权谋,整顿吏治,加强国防,清查土地,改革赋税等等,张居正的为政之举,都带有显性的改革成分,其制度化倾向也是现代政治文明色彩。从大历史的角度看,张居正新政无疑是继商鞅及隋唐之际革新之后直至近代前夜影响最为深远、最为成功的改革,在一定程度上缓解了国内矛盾和民族矛盾,延长了明王朝国祚。但是,封建社会的根本制度是不可动摇的,张居正很快遇上了制度性难题。

万历五年（1577），张居正的父亲张文明与世长辞。这对张居正来说，是个家庭大事。但张居正工作实在太忙，哪有时间去料理父亲的后事。这种情况如果搁在现在，克服困难坚守岗位，可以算上先进事迹。明朝是"以孝治天下"的，父亲死了不尽孝道，不是日后没脸做人，而是脸皮再厚也没法做官——明朝的制度性规定，官员必须"丁忧"。

所谓"丁忧"，民间的说法叫"守孝三年"，实际上是从得知父母丧讯那一天起，回到祖籍守制。这个制度是太祖时代定下来的，是名副其实的"祖制"，谁都得遵守。"丁忧"结束，才可以回朝为官。官场中人，不乏官瘾大的，父母去世唯一的方法就是瞒着，借丧事敛财的事就别指望了。但万一被人举报了，对不起，一律削职为民！所以，这个制度在明朝执行得最好——与其被取消做官资格，不如忍耐二十七个月。

这个制度有没有例外呢？当然有的，这就是带兵打仗。两军对垒，爹娘死光了，敌人也不会同情，你说等丁忧结束再接着来，这么通情达理的敌人历史上还没有过。

张居正与这条显然对不上号，但张居正又显然不能"丁忧"：于公讲，好不容易打开工作局面，这一走也许就前功尽弃；于私讲，坐到首辅位子容易吗？杀出个程咬金这几十年血拼或许就归零了。

张居正只剩下的唯一选择，就是走夺情之路。所谓"夺情"，相当于"丁忧"的解药，是指十分特殊的情况下，皇帝指示这人绝对不能走。这副解药用于张居正，非常不合适——不能说在张居正的领导下，刚才还形势一派大好，他爹一死，形势突然又一团糟！

不合适，总比没有好。所以，张居正选择了夺情。万历五年（1577）十月，张居正书面报告回家守制，两天后皇帝书面驳回。第二天张居正再次书面申请一次，皇帝再次书面答复不行。这种玩法有点浪费办公用品，但这也是传统玩法，体现出双方的诚意。

什么时候游戏结束呢？当然是见好就收。皇帝让张居正夺情，众大臣拥护纷纷。一些情感脆弱，乃至声情并茂，上书反对张居正丁忧——书面反对好啊，这也是拥护首辅的铁证！

领导不同意，群众不答应，张居正夺情成功。但没几天，剧情逆转——翰林院编修吴中行，翰林院检讨赵用贤上书弹劾张居正夺情。

这两个小官跳出来，张居正很生气。不为别的，因为这二人还是自己的门生。学生骂教师，不成体统。或许当年张居正的教学水平太高，学生记得太牢，死记硬背的知识如今用到了老师的头上。

张居正还没想好怎么训斥这两个东西，又有两个东西冲上来了。刑部员外郎艾穆，主事沈思孝第二天跟着上书弹劾张居正，要他遵守制度，回家尽孝道。

张居正警觉了。今天两个，明天两个，后天再两个，这位子还被他们给操翻了？果不出所料，两拨领头的出来后，一股反对浪潮席卷而来。

几天前是一大群大臣反对他丁忧，几天后是一大群大臣反对他夺情。弹劾他的内容，更从违反祖制不尽孝道，扩大到他的经济问题、工作作风、生活作风诸多方面。更有甚者，声讨的"大字报"贴到了街头。

大家一直见了张首辅都点头哈腰，猛然间为什么突然变成这样呢？原因当然在张居正这里：你又不让大家捞好处，工作又压得大家抬不起头，只要你当首辅，大家就没有出头之日。拥护你，那是没有办法。不反对你，那是没有机会！机不可失，时不再来，你爹死了，你不走人，还等你爹再死一次？爹死儿丁忧，这就是制度，你拿制度整人，如今拿的是你的矛，戳的是你的盾！

想反扑，张居正不能给他们机会，先给领头的一点颜色。不过，自己处理自己的事情有点不好，张居正向皇帝汇报了此事。皇帝态度明确：打！

官员挨打，这打法有点不好意思，因为打的是屁股，并且是在"大会堂"，名曰"廷杖"，这同样是祖制。

但廷杖还没执行，这下面反对的又多出一班：过去一直没吭声的。并且，又出来两只"领头羊"：王锡爵，申时行。

王锡爵，翰林院掌院学士；申时行，吏部右侍郎。眼下这二位都不是高官，但这二位都不是凡人：申时行嘉靖四十一年状元，王锡爵嘉靖四十一年榜眼，二位同学包揽了这一届的冠亚军。申时行还是传说中的中国计划生育政策的鼻祖，肚子里的主意不是一般的鬼。这二位不可等闲视之，还在于他们日后同样会登上张居正的宝座，成为明朝的另外两任首辅。王锡爵、申时行挑战张居正，不是下级与上级比高低，相当于两个首辅斗一个首辅。

拼智商的事张居正不干。王锡爵、申时行求见，张居正躲在家里装病，什么人都不见。别人进不了张府，王锡爵却溜进去了。王锡爵的水平是见了张居正不是逼他，而是求他高抬贵手，原谅那四位算了，反正达到目的就行，讲究形式没意思。张居正装出很无辜的样子：那是皇上生气了，我有什么办法啊！

这一脚，是要把王锡爵踢到皇帝那，没吃过亏，可以到皇上那领。

王锡爵不会被人牵着鼻子到处跑，而是轻轻扎了张居正一针：皇上生气，也是因为您啊！

窗户纸捅破了，王锡爵等着张居正的下一张牌。

结果，张居正拿起了旁边的一把刀。王榜眼吓傻了，自己智商这么高，预案准备得这么周详，偏偏就没有杀人这一出。

王榜眼更没想到的是，张首辅跪地，要杀的竟是他自己，嘴里大喊：皇帝要留我，你们要赶我走，到底想怎么样啊？又不能尽孝，又不能尽忠，你杀了我吧，杀了我吧……

王锡爵的智商短路了，什么主意都想不出，赔了个不是赶紧走人了。

接下来，张居正还有什么怪招？没有，一切按部就班，吴中行、赵用贤、艾穆、沈思孝执行廷杖。十月二十三日，吴中行、赵用贤廷杖六十，艾穆、沈思孝廷杖八十。怎么说吴中行、赵用贤也是"首犯"，怎么比两个"从犯"处罚还轻？估计张老师要感化感化学生，"优惠"了学生二十大板。不仅价格优惠，还货真价实：吴中行差点被打死，终身拄杖上班；赵用贤腿上被打下一块肉，被夫人制成"腊肉"，长期挂在家里，成为光荣家史展的珍贵文物。

出手够狠，效果仍差，弹劾张居正的人有增无减，从引经据典到泼妇骂街，要什么有什么。堂堂官员骂人，没什么奇怪的，这也是明朝官场的光荣传统。互相开骂，直骂到皇帝的，除了知名的海瑞，其实也够一排的。很多人都是靠骂人博得声望，何况如今不过是骂个首辅？

这个事什么时候了结？其实很容易，万历皇帝发话：再因夺情攻击张先生，杀！

于是，所有的声音消失了。

十五、成败一妇人

万历皇帝的一言九鼎,让几乎难以招架的张居正在夺情事件中顺利胜出。皇帝发声如此及时,其实与一个女人密切相关。

她就是皇帝他妈李氏。李氏与张居正的关系十分亲密,绝非民间或野史的胡乱猜测。明代宫禁甚严,李氏与张居正即使相互倾慕,也只能是精神层面。李氏出生低下,但为人严谨,十分聪慧,特点就是源于自卑的超强自尊。张居正则刻意满足李氏的心理自尊,万历元年(1573)他奏请为李氏上尊号为慈圣皇太后,万历六年加尊号慈圣宣文皇太后,万历十年又加尊号慈圣宣文明肃皇太后。

张居正当政始终,李太后都给予其信任与支持。皇帝幼小,母亲作主,李太后与张居正又关系密切,逻辑上的结果就等于张居正作主,所以张居正有一句口头禅:"我非相,乃摄也!"

摄,就是摄政。这意思,张居正这个首辅,与任何一任首辅都不同,也不是宰相,而是摄政王,是代替皇帝处理国政。这种现象在明代绝无仅有,但同样是事实。

李太后在国事上对张居正绝对信任,家事上对儿子绝对苛严,这是她两大鲜明特色。没有这两点,就没有张居正的成功。有了这两点,也就有了张居正的失败。正是这两点,万历皇帝与张居正之间关系的日渐微妙,最终恶化而发生实质性逆转。

李太后的家教风格,让万历皇帝朱翊钧长期处于压抑氛围。朱翊钧从小就很聪明,也很顽皮,这都是"好小孩"的共同特征。由于丈夫死得早,李太后的全部希望就在朱翊钧身上,特别害怕儿子不能成才。朱翊钧有时不愿读书,李太后知道后总是又气又急,马上将其召来长时间罚跪,严加训斥。对儿子的家庭作业查得也紧,朱翊钧每次听课回来,李太后总是让他复述内容。明代的早朝都是在日出之前,朱翊钧只是一个儿童,起不了床那是正常的。李太后总是准时来到朱翊钧的住处,大声招呼,督促穿衣梳洗，直到小皇帝乘车离去。

李太后的态度与示范，让侍奉朱翊钧的宦官们都受到影响，只要朱翊钧做出不妥的事，事无大小皆严加管束。当然，打小皇帝的事是不能干，但他们会及时报告给李太后。

张居正对朱翊钧的教育，是在进一步完善这种家庭教育的"严母"模式。有一次，张居正教朱翊钧读《论语》，朱翊钧一不小心将"色勃如也"读成了"色背如也"，张居正勃然大怒：这个字读"勃"！

朱翊钧吓得发抖，赶紧纠正，并没有耍小孩子的脾气。张居正教学方法的简单粗暴，这在明朝的"帝师"中是找不到先例的，张居正的潜意识里已很有些"太上皇"的色彩。

当然，张居正的本意还是好的，他想培养出一代明君，从而开创出千古帝业。内有李太后，外有张首辅，一对"严母"加"严父"的黄金搭档下，朱翊钧就是这么度过了童年。

从依赖走向独立，青春期是每个人成长过程中的必经之路，朱翊钧的青春期自然来临了。在太后与首辅的两大羽翼下，朱翊钧工作上显得轻松愉快，生活上开始丰富多彩。宫中的娱乐生活的多样性，无非是比民间上档次，所以朱翊钧的日常娱乐活动主要是跟宦官斗蛐蛐、喝酒。

万历八年（1580），虚龄十八的朱翊钧闹出了"娱乐门"事件，张居正与朱翊钧间关系开始变得敏感而微妙。

这天朱翊钧酒后宫中闲逛，遇见了一个当班的宦官。朱翊钧随口说：过来，唱个曲给我听听！

遇上这种事，机灵点的都好应付：要么随便哼几句，把这事打发过去，反正对方喝醉了酒，你着不着调他也分不清，唱的什么词他也听不明白，就算骂他也不会有事；要么好好地展示才艺，偶然的一次机会，说不准就是日后飞黄腾达的机遇。

但是，朱翊钧遇上了一个厚道得不能再厚道的人：他既不会真唱，又不会假唱，站在那儿干发呆，声音与动作一个都没有。朱翊钧见对方没有反应，接着催促。厚道确实是无用的别名，皇上一催，这宦官连发抖都不会了，索性成了僵尸木鸡。朱翊钧的火腾地就上来了，狠狠地将其打了一顿，又命人将其按在地上——杀头！不过，没有真杀，朱翊钧为的是出气，最后仿效曹操"割发代首"。

万历皇帝的闹剧，冯保火速报告了李太后。儿子不成才，李太后又气又恨，叫来朱翊钧，令其跪下。一个大小伙子，跪得眼泪哗哗地流。

儿子耍酒疯，老娘施家暴，原本跟张居正没一点关系，论打"小报告"那也是冯保。但是，坏就坏在李太后属于家庭妇女，没文化又有文化，有文化又没文化，她喜欢尽其所能，对儿子实施"精神疗法"。

——李太后用来吓唬儿子的人是霍光。就在朱翊钧认识到自己错误，作深刻检查时，李太后扔给他一本书，朱翊钧接过一看，冷汗出来了：《汉书》"霍光传"。

霍光，汉武帝托孤的那一位。霍光可不是光说不练的主，刘贺当了二十七天皇帝，霍光即以"淫乱无道"把皇帝给废了。李太后拿《汉书》，无非是告诉儿子：别以为自己当了皇帝，就可以胡作非为，这后果……娘教育儿子，吓唬为主，不可能是真要这么做。她说的"霍光"，无非是吃小孩的"狼"或"老虎"，属于恐怖符号，也不一定是实指。

但朱翊钧已不是小学生，《汉书》引发了他的深思。真有废皇帝的"霍光"，会是谁呢？

李太后的无意之举，让这个答案清晰起来。她觉得儿子的口头检查还不够分量，必须白纸黑字，留下书证，今后儿子如果再出错，把这张纸拿出来抖一抖就行了。为了使这份"检讨"认识到位、措施有力，她叫来了张居正。在她的印象里，也只有张居正能写得比自己想象得好。

写这种文章，张居正是立马可待。但在这一刻，朱翊钧也找到了自己的答案：对自己构成威胁的人，正是这个眼前人！

朱翊钧对张居正的敌对情绪，开始滋生。

李太后无意间则不断强化朱翊钧的记忆，每当儿子表现欠佳，她总要强调这么一句：使张先生闻，奈何？

这段话的意思，应该是这样的，并且着重点在恐吓上：你这样搞，要是让张先生晓得了，怎么得了？！

作为一个老太太，家教的科学手段并不多，哪个顺手，她捡哪个。主观上，李太后是始终支持张居正的，并不是想离间君相间的关系。事实上，她又是哪个刺激逮哪个用。

万历皇帝对自己态度的变化，张居正完全察觉到了。几乎奋斗了一生，如今功成名就，他不想重复"昨天的故事"，权衡利弊，决定辞职。

但是，报告前边送上去，后边就被退回来了。万历皇帝不同意，那是小伙子确实聪明。对张居正反感，是因为他管得太宽，简直是多管闲事。彻底拉倒，正事都不干，有点玩滑头的味道。况且，真要回家，得找个合适的时机，不能让全社会都觉得皇帝也干"过河拆桥"的事。

张居正要辞职，李太后根本就没多想，坚实反对。

过了两天，张居正再次上书。这次，他的话改得更委婉了：请假休息一段时间，皇上要是有事，我再回来吧！

这么一说，双方都有退路。

万历决定批准，结果李太后又掺和进来了。她不是责怪张居正不负责任，而是狠狠地训了儿子一顿：待辅尔到三十岁，那时再做商量！

万历皇帝才十八岁，离三十岁还有十二年，太遥远了吧？"等得我花儿都谢了"，这玩法一点都不快乐了。无论是公于私，李太后的态度都算不上错。但是，她这种不计方法的火上浇油，则一步步将张居正逼上危险的境地。

十六、又一个轮回

张居正绝不会是妇人之见，李太后越支持他越谨慎。万历八年（1580）之后，工作上的张居正进入了一种血拼状态。他以一种近乎癫狂的状态，推进"一条鞭法"，整顿官场流弊，强化边境。《明神宗实录》曰："十年内海寓（内）肃清，四夷詟服，太仓粟可支数年，囧寺积金至四百余万，成君德，抑近幸，严考成，综（核）名实，清邮传，核地亩，询经济之才也。"

帝国焕发生机，张居正的人生则戛然而止——万历十年（1582）六月二十日，张居正与世长辞。所谓盖棺定论，到张居正死的这一刻，万历皇帝也算明白过来：张居正并不是霍光，而是跟周公有点像，有时候态度不好，作风粗暴，为的还是朱家江山，并非传说中的居心叵测。张居正死后，也是备极哀荣：赠上柱国，谥文忠。

但是，不到一年张居正的形象彻底逆转。万历十一年（1583），陕西道御史杨四知突然发难，上书弹劾张居正十四大罪。杨四知的奏疏写得空洞无物，文字水平也很一般。但是，杨四知的奏疏反响强烈，无数大臣群起响应。泥鳅掀起三尺浪，那是明朝的大鳄介入其中。

第一个要整张居正的人，是张四维。

张四维（1526—1585），字子维，号凤磐，山西蒲州人。嘉靖三十二年进士，张居正之后的内阁首辅。张四维为何要支持骂前任？因为他聪明："四维生而颖异，年十五举秀才。"接着张居正干首辅，想干得比前任好那是很难的。张居正的强势，得罪的人多，借迎合时议收拢人心，有利于加强领导。万一工作中出了问题，根子理到前任名下，这也是为官的最佳套路。

工作上的考虑，只是因素之一。若论私交，张四维与张居正之间还是比较好。既是"好朋友"，为何又翻脸比翻书还快呢？因为张四维与另一个人关系更铁——这就是高拱。当年高拱要与殷士儋翻脸，为的就是挤走殷士儋，给张四维腾位子，可惜没有办成。作为张居正的死对头高拱，高拱圈子里的铁哥们，首推王崇古、杨博。王崇古的姐姐是张四维的亲妈，王崇古的女儿是杨博的儿媳妇，杨博的两个孙女又都是张四维的儿媳——张四维要是与高拱、王崇古、杨博关系不好，这回家连日子都没法过！

第二个要整张居正的人，是朱翊钧。皇上为何要对一个作古的人下手？有人说是张居正假"勤俭"真"奢侈"、假"清廉"真"腐败"刺激了他，有点像。张居正曾要求万历精简出行，逢年过节也不要大摆宴席，保持艰苦奋斗的本色，实际上他自己出行专用"豪车"——三十二个人抬的大轿子。文人笔记更称是因为李太后与张居正有一腿，朱翊钧处理张居正，与秦始皇摔死嫪毒与太后赵姬所生的两个私生子异曲同工。

现代人的分析，甚至与朱翊钧的"青春期综合征"有关——张居正搞得他太压抑，发泄符合心理学。

其实，这些多少有点肤浅。万历皇帝后期为史学家诟病，但他又是有政治智慧的。二十岁的朱翊钧，事实上已长大，他很清楚自己的这个王朝很特殊，太祖立国时设计了皇族作为王朝的支柱，靖难之役后祖制就变了，帝国的支柱只剩下文官集团。但是，皇权和文官集团的权力必须维持在一个平衡点，否则就是冲突与斗争。而张居正的"相权"，事实上已凌驾于皇权之上，这种局面不可能长久。张居正死了，作为矛盾一方的文官集团，居然主动递过来一把刀子，朱翊钧倘若不用那就真是"昏君"了。

"钳制言官，蔽塞朕聪……专权乱政，罔上负恩，谋国不忠"，万历皇帝的每条指斥，都是紧紧围绕皇权与相权。无论是怎样的缔造新政功臣，只要"专权乱政"，那就是十恶不赦之徒！

清算张居正，李太后没有做出任何阻止，她同样清楚这场清算的性质。就政治智慧而言，李太后绝对是不可小觑的：在儿子登基的第一个月，她撤换司礼监掌印太监，撤换内阁首辅，成功将内相、外相置于自己的可控制之下。她对张居正的欣赏，几乎到了不加掩饰的地步，但为了维护皇权，她的理性又战胜了情感。她眼里的儿子长大了，从此态度180度大转弯，终身不再过问政治。

万历十一年（1583）四月，万历帝尽削张居正官秩，追夺生前所赐玺书、四代诰命，以罪状示天下，其家遭抄没，张家十余口饿死，长子张敬修自杀。张敬修所有的愤恨，留在了他的遗书："告知山西蒲州相公张凤磐，今张家事已完结，愿他辅佐圣明天子于亿万年也！"

张凤磐即张四维。作为文官集团的代表，张四维本可以借助张居正取得的相权优势，在政治上有所作为。但是，他什么都没有。这一点，也大大出乎张居正的预料。正是张居正，将张四维推向了权力的巅峰——万历三年（1575）三月，张居正请求增置阁臣，引荐张四维出任礼部尚书兼东阁大学士，入阁参预机务。张居正对张四维与高拱集团的关联并非无知，他仍旧引荐张四维，是他洞悉封建制度下权力轮回的铁律，如其被动等待，不如主动修好，留好退路。

自张居正步入仕途，每一个首辅都在这种轮回中遭逢因果报应：严嵩登上权力的顶峰时托孤徐阶，但扳倒严嵩的正是徐阶；徐阶是个见好就收的人，但仍被高拱整得几乎家破人亡；张居正与高拱，也是差不多。最终，张居正依然没有逃脱这种轮回：他一生"扶危定倾"，"克成本原"，但说好的"奋斗"，依然是"争斗"……

魏忠贤：忠贞阉割录

"好人"的历史,通常少不了粉饰;"坏人"的历史,一般少不了阉割。明季的"顶级坏人"魏忠贤,究竟是个什么样的人?要想还原出来,事实上是非常困难的。

一、捕风捉影

魏忠贤(1568—1627),字完吾,北直隶肃宁人。

就真实性而言,魏忠贤身份信息,正史中能整理出来的,只有这么多。作为正史的补充,野史及相关文人笔记中,魏忠贤的信息又太复杂。其实,他活了六十年,真叫"魏忠贤"的时间不过六七年。他自小叫魏四,自宫后变姓名为李进忠,进宫后有了进步赐复姓成了魏进忠,最后混得挺好赐名忠贤就成了魏忠贤。

荣辱是非,一个人的姓名弄得这么乱,多半是这个人的"辉煌"史太短。而除了这"辉煌"的一截,他便完全是个可有可无的人。

但是,魏忠贤不能是个可有可无的人,并且必须是个"坏人",否则大明朝的轰然倒地,就产生情节上的"漏洞"。所以,《明史》魏忠贤本传是这样起笔的:"魏忠贤,肃宁人,少无赖。"

这是一种典型的"主题先行"写法,执意要把好人写好、坏人写坏。这种写法的好处,是有利于突出主题,建立起与"坏人"间的因果联系。但是,作为明朝的高级领导干部,真的一路流氓到底,情节漏洞未免过多,并且容易掩盖本质与真相。

按照史书的记载,魏忠贤是个乡下人。家庭出身,则有两种:第一种说法,他爹妈种地,是个下等人,但似乎还有点正经的味道。第二种说法,他爹妈是个民间文艺工作者,街头耍猴或其他杂耍活——这不是渲染魏忠贤有艺术细胞,而是添加一点出身下贱与作践人的味道。

按照塑造坏人的传统笔法，先要交代一下他的童年。魏忠贤的童年，主要是街头混事。

——很可能是半对。因为人家爹妈长年献身基层文化工作，孩子多少也有点艺术天赋，街头遛遛，顺便作一些才艺表演，对一个孩子来说与上家教老师家里去练琴、画画，也不一定就有多少区别。问题是，那个时候的政府对文艺工作明目张胆地不重视，根本就没有将文化事业纳入民生工程。各色各样的文化事业，不过是广大文艺工作者的谋生工程。

从少年长到青年，魏忠贤明显是向坏人的方向快速发展。魏忠贤最终是要成长为顶级坏人的，吃点喝点，事情太小，不足以作为证据证明论题，这里就忽略不计了。魏忠贤的坏人特征，适宜从嫖娼开始。

嫖娼，这个事情通俗易懂，也是对一个人道德层面的阐述。嫖娼的时候，魏忠贤已经结婚了。据称，魏忠贤是嫖遍了大街小巷，凡是挂红灯的地方他都要光临。

这一类记载，让人想到魏忠贤家估计还是有点钱的。因为乡下那种地方，虽说比不得"天上人间"，但收费肯定不便宜。更重要的是，越是不正规的场所，收费工作就越正规，管理工作就越科学、严谨，绝不会像"国"字号的地方，可以讲人情，随便有个熟人都能免费或逃票。——魏忠贤家里没钱，嫖娼时又没有志愿者买单，这事迹本身就很有信息量。

关于魏忠贤的赌博问题，那也是相当严重的。但细细琢磨，好像也有一点问题——不是魏忠贤的问题，而是作家们的问题。魏忠贤上赌场，通常身上是没有钱的。但没有钱的魏忠贤，下的赌注却上百万——魏忠贤真坏，开赌场的真傻！这种无本生意，魏忠贤万一赌赢了，岂不等于白白送人家一个"百万富翁"？

可惜，魏忠贤输了——"与群恶少博，少胜，为所苦，恚而自宫，变姓名曰李进忠。"

《明史》这一段，神来之笔是这个"恚"字：一"恚"之下，就能要了自己的"命根子"。魏忠贤这人，心狠，手毒，容易动怒，是个多血质的人物。

其实，魏忠贤决定自宫，一方面只能是为生活所迫，而另一方面当特岗工人，工资肯定是相当诱人的。

魏忠贤能当上宦官，这本身也是一种幸运。从报名到录用，去当宦官比参加什么"向前冲"、"大冲关"之类的游戏要难得多，危险得多。当宦官的第一关，那是赌生死——负责手术的一律都是个体户，私立医院都没有。如果说私立医院收费很毒，那个体户的收费估计就是歹毒。魏忠贤本来就穷，交不起费——天下没有免费的午餐，天下更没有免费的手术。

但魏忠贤就是魏忠贤，交不起手术费，就干脆不交费，自己解决！这种人将来准成大器——对自己都这么狠，还有他办不成的事？

魏忠贤自宫的具体情节，后人并不清楚。因为这其中的操作手册压根儿就没流传下来。哪天找到了这本秘笈，那对整容业是个毁灭性的打击。只要对小册子稍加琢磨，姑娘自家就能拉个双眼皮！

风平浪静，生死关魏忠贤顺利通过。到底怎么过的，反正他没死，这也叫事实胜于雄辩。

——吃喝嫖赌，走投无路，卖掉女儿，魏忠贤果断"北漂"！

二、打工时代

一怒之下也好，胸怀梦想也罢，来到京城的魏忠贤，迎接他的却是南柯一梦，尽管只想当一名普通宦官。

就业从来就是难题。宦官是个专业性太强的工种，关键是硬件有特殊要求。干了这个工作，就不能再干别的工作，流动性自然差，必须敬业一辈子。你这一干一辈子，后面的人就麻烦了。你不死，他进不来。所以，招工指标特别紧张。指标越紧张，条件就越苛刻，比招聘清洁工要博士还苛刻。明代有一次宫中大规模招收太监，一千五百个名额，竟有两万多人应聘。

魏忠贤这次前来应聘，报名关都过不了。就一项：年龄！人家招的是"少年班"。

宫里招宦官，年龄越小越好，好管，好调教，服务年限也长。魏忠贤婚也结了，女儿都养了，二十多岁，已经超龄。

死结，死了！人生最悲催的事，莫过于那玩意儿割了，宦官还没当成。自我动刀子的时候没有死，这会魏忠贤不死也有死的心思了。吃碗公家饭，怎么就这么难呢？

魏忠贤还是有办法，这个办法就是不是办法的办法——降低就业标准，先进私企打打工，弄个临时饭碗。

——其实连私企都算不上，而是一个"个体户"。但不是一般的个体户，因为这个老板叫孙暹。

孙暹（？—1598），涿州人，万历朝司礼监秉笔太监，掌管东厂。司礼监秉笔太监有"内相"之称，与"外相"内阁首辅同属朝廷的高级领导干部。魏忠贤不能进宫当宦官，进孙暹家当用人还是可以的。

撇开《明史》对魏忠贤禀性的先入为主，至少可以肯定，那个早年不成器的顽劣少年，一准在他自宫的一刻，已经与自己的过去一刀两断。在孙暹这里，魏忠贤百分之百地表现出了过硬的政治素质和业务素质。魏忠贤的模范事迹感动了孙暹，他决定推荐他进宫——以孙老先生的阅历，如果李进忠是个偷鸡摸狗的模样，借他一百个胆也是不敢的。因为这是进宫，在那里行为不端，是要出大事的。除非孙先生知道自己马上要死，如果不死，肯定是要寻根问责，追查到底的。

魏忠贤明明不符合招工条件，如今又为何符合条件呢？因为这事在孙先生看来，并非难事。当初李进忠自个报名时，人家不给报，仅仅是因为超龄。而孙先生卖个面子，放人一马也不是大事。

万历十七年腊月十四日，在孙暹的推荐下，二十二岁的魏忠贤特招进宫，成了正式宦官。

但是，宦官不是太监，比太监的孙子还差几辈——太监是宫中高级领导干部，宦官充其量只是个"办事员"，或小"干事"，甚至等同于是普通工人，并且工种极差，专干后勤，最多有个"以工代干"的身份。不少学者写到魏忠贤这一节的时候，精神都比较亢奋，好像魏忠贤一手挥刀自宫，另一只手就能领到正局级的乌纱帽。

魏忠贤终于进宫了。有必要再提醒一下，他当的是宦官，不是太监。准确而又专业地讲，他进宫去做的是火者。

什么是火者？从大往小数，太监，少监，监丞，长随，当差。当差以下还有没有？还有一个，这就是火者。换上有上进心的，这一数，心都凉了。

火者干的是哪些工作？无非是扫地，抹桌子，倒马桶等，想为领导近身服务，根本就没有机会。换上一个有进取心的，也是寻死的心思都有了。

三、沧海一粟

扫地，抹桌子，倒马桶，处在底层宦官队伍中的魏忠贤，那真叫沧海一粟。在这个岗位上，魏忠贤一干就是十几年，默默无闻，任劳任怨。当服务员，要的就是这个精神，耐心也是一种能力。魏忠贤会不会有前途呢？应该说魏忠贤有能力，但没有资本，资本的能力以外通常等于零。

明朝的普通宦官，由默默无闻而叱咤风云也是有的，如正统年间的王振，但人家有文化、有雄心、有智慧、有机遇，是典型的"四有"人才。王振不仅是个知识分子出身，还当过基层干部，进宫后又陪伴东宫太子，太子登极后他才水涨船高，成为大权尽揽的太监。而这些，魏忠贤无一具备：魏忠贤是个文盲，进宫后除了工作，就是弄点酒喝。有一次魏忠贤借机出宫，为的就是到监矿太监那里讨点酒钱，对方不乐意，差点把他打死。魏忠贤相当小儿科，别说当官，就连出人头地的心思从来都没有过。魏忠贤一干就是十几年，默默无闻，任劳任怨，所有的成果就是领导与同志们的口头表扬："魏傻子"！

请注意，对魏忠贤的口头表扬是"魏傻子"！史书记载的这一点非常重要：第一，这人很"傻"，硬找一个意思相近的褒义词当是"忠厚"；第二，这人姓魏，作为对李进忠工作的表彰，"傻子"被恢复本姓魏了。后来杨涟弹劾魏忠贤二十四大罪时，认为他就是"李进忠"，在宫内当过小偷。事实上，宫内当小偷的是另一个"李进忠"，那李进忠"进去"后，这个曾经的李进忠一点事没有。杨涟把李进忠的事弄到魏进忠头上，也不一定是有意栽赃，很可能是他对宫内的事掌握得不准，那时"魏进忠"还是个无名之辈。

最可悲的是，"魏傻子"三个字真正属于魏忠贤的，只有"傻子"二字，还不是至关重要的"魏"字！"魏"字，属于魏朝！

魏朝，万历、泰昌、天启年间的"三朝太监"，司礼监秉笔太监王安的下属，魏忠贤的顶头上司。魏忠贤为人忠厚，干事实诚，这样的下属魏朝要是不喜欢，那魏朝也是"魏傻子"了。

万历三十三年（1605），万历皇帝添了个孙子，儿媳妇的生活待遇要作相应改善。魏忠贤一生最大的幸运，就在这里——魏忠贤为魏朝所赏识，魏太监便给魏火者调整了工种，当了典膳。典膳的职责是管后宫的伙食，这差事好，相对高尚，又在领导身边，说不准领导高兴的时候，还能帮助解决一些实际困难。

进宫三十年，五十二岁的魏忠贤算是交上了好运。但实际上，领导并不能给他解决什么问题，主要是他跟班的领导不对劲，是位女领导——王才人。"才人"相当于职称，给帝王家当老婆提供相关服务，都要持证上岗。王才人自身职称不太高，但有两个男人很耀眼，一个是她老公朱常洛，后来的光宗；一个是她儿子朱由校，后来的熹宗。虽说是两代领导核心，但这都是后话。

王才人相貌平常，虽然为太子生了个儿子，前途却并不光明，因为公公万历皇帝一直不喜欢她的丈夫，文官们呼吁了十五年，才勉强按惯例册封他为太子。册封之后，万历皇帝还想以自己喜欢的第三子取而代之。皇帝这态度，宫中的宦官最清楚，所以狗仗人势，甚至经常欺负太子。

魏忠贤也像一条狗，不过他是一条忠诚的狗。魏忠贤侍候王才人，兼管小皇孙的伙食，从不问这二位的前途如何，始终谨谨慎慎，恭恭敬敬，一丝不苟。王才人一高兴，将他复姓为魏，他成了魏进忠。此时的魏进忠，离天启二年朱由校为其赐名忠贤，成为写入史册的"魏忠贤"，还有漫长而艰辛的路。

眼前的王才人，相当衰，老公太子的地位带着问号，儿子的前程远得没影，最纠结的倒在眼前——老公另一个老婆李选侍太强势，老是欺负王才人。

主子不好，奴才自然是坏。但这还不是最坏的，最坏的是万历四十七年（1619），王才人居然又死了。辛辛苦苦几十年，魏忠贤一觉醒来，便有人通知他去做仓库保管员了。

四、命运转机

魏忠贤的又一次好运，也是从死人开始的，而不是他的诡计或阴谋。

万历四十八年（1620），明神宗朱翊钧驾崩。这位明朝在位时间最长的皇帝，早年锐意进取，王朝一派中兴气象。但他执政期间，皇权与文官集团的权力矛盾空前，从此他荒于政事，成为后世唾骂的"昏君"。明神宗留给子孙最大的政治遗产，便是对文官集团的不信任——这也是魏忠贤日后意外胜出的根本。

明神宗与王才人之死，受益最大的女人是李选侍，即明光宗的李康妃。王才人去世后，其子朱由校（明熹宗）便由这个李选侍抚养。朱由校没有亲妈，依恋的是魏大叔。所以，魏忠贤当了一年的仓库保管员，又来到了李选侍这里。时来运转，这个几乎倒霉透顶的老宦官，现在成了李选侍最喜欢的人。

随着明光宗朱常洛的上台，李选侍的地位逐节攀升。因为要照顾皇长子朱由校，李选侍住进乾清宫。但是，好景不长，朱常洛上台之后刚露面几次新闻联播，人就也死了。历史真实的节奏，比电视剧快多了，连挣钱的广告都不插。

这前后，仅仅一月的工夫，明光宗暴病而亡，李选侍成了寡妇，继位的是她的养子朱由校。朱由校没了生母，李选侍按理能沾点光，但是东林党以防其干预朝事为由，逼迫李选侍移到仁寿殿哕鸾宫——是为明末三大案的"移宫案"，从此她被迫享受"提前退休"的待遇。

李选侍失势了，魏忠贤这次可没有再去当仓库保管员，因为有另一个女人关注上了他——这就是客氏。

客氏是谁？客印月，侯客氏，客……如何称呼没关系，放在今天称她为客女士，或许会更公平妥帖一些。这是一个传奇女子，如果不是在明朝、在中国，她足以成为

《战争与和平》、《红与黑》或《飘》的主角。

——还是先称她客印月吧，一个大明朝中央直属机关的聘用制干部！

最初的客印月，是北直隶保定府侯二的妻子。侯二又叫侯巴儿，所以客印月又叫客巴巴，农民身份，农村户口，生育过一孩。

如果你就此认定她如何平凡，那一定就是大错特错。因为人家即便身份一般，长相可是相当出众，并且运气也非常人能比——

就在她生下儿子的时候，来了一帮各级领导干部。不要紧张，领导不是来拉你去上环、结扎的，而是请你进"天安门"。进了这个门，真的就是跳进龙门，为龙子龙孙服务，比为哪门子大款服务都光荣。

那一年，应该是个喜庆之年：皇家大喜，王才人生下了朱由校。为了保证这个喜庆的果实，全国上下层层海选。也是客印月实力雄厚啊，所有的资深评委都为客印月按了绿灯，客印月成为年度总冠军，顺利当上了乳母。

客印月进宫，应该也"一人进宫，全家光荣"，场面也会比入伍隆重。而体检、政审，肯定过关，不存在讲人情搞内定。哪个评委敢拿自己的脑袋开玩笑，玩忽职守到国家"一把手"的头上？

特别值得一提的，客印月在宫中的表现是十分出色，授予她"帝国特别贡献奖"或"帝国英模"也不足为过。大家可能知道她有这么一条先进事迹，就是她丈夫去世了，她仍然坚守在工作岗位上。对一个女人来说，死了男人比死了爹妈还要重要啊！所以她的事迹虽少，但十分典型，足以"感动中国"。

另外一条，长期被人忽视。客印月的本职工作是奶孩子，孩子的身体是检验真理的唯一标准。虽然找不到质检部门出具的客印月奶质鉴定书，但可以从朱由校的事迹中，给客印月做一份公正的工作鉴定：客印月的奶水绝对品质优良，不含三聚氰胺添加成分。因为经她喂养的朱由校，绝非一个"大头娃"，而是身体健壮，智力反应正常——成年的朱由校心灵手巧，对制造木器兴趣极浓，凡刀锯斧凿、丹青髹漆之类的木匠活，他都亲自操作，并且经常加班到深夜。

关于朱木匠的事迹，可以简单地提炼出几句：作为客印月的工作成果，一个纯智力劳动者竟能从事体力劳动，充分证明客印月的德能勤绩，除了德这一条暂且存疑，剩下那都是毋庸置疑的。

数年如一日，家里死人都不请假，客印月为国（皇）家而奉献，国家总该有所酬谢，否则这东家也就太黑了点！给她点什么呢？皇家的土特产只有两样：银子，"帽子"。

客印月最后被封为"奉圣夫人"，很多人很眼红，实则无可厚非。这无非是张奖状，一种政治荣誉，是一个文件就可以解决的事，与她的贪恋实在没多少关系，甚至无所关联。

但按照规定，朱由校长到六岁，客印月的聘用合同就应该到期。找了一个满意的临时工，东家很高兴，多给她一点一次性补偿，赠送一份养老保险，或者看在丧偶的份上，让她回老家又于心不忍，将其安排到合适的领导岗位，也不为过。但问题是，朱由校十六岁了，客印月还在宫里。

为什么还在宫里？别欺负人家女同志，她就算有什么过高的安置要求，也不是出她说了算。皇宫，是中国唯一不存在上访的地方。你上访，闹访，谁截访？让皇上享受"一票否决"的待遇，你早被一刀否决了。

众所周知的原因，一个普通临时工最终成为舆情焦点，让全国人民从此明白：出格的坏事，都是临时工干的！

但客印月确实完成了官场上的高难度工作：她帮助魏忠贤整倒了魏朝，又帮助魏忠贤打倒了王安，完成了内廷的新老人事交接，让魏忠贤成为新党的党魁，官场权力争斗中新的一极。

客印月为什么能干成这等大事？关于客印月的野史，流传甚多，并且涉及国家最高领导人的隐私问题。有史称客印月每日清晨进入天启皇帝寝宫的乾清宫暖阁，侍候天启皇帝，每至午夜以后，方才返回自己的宫室咸安宫。《甲申朝事小纪》记载："道路传谓：上甫出幼，客先邀上隆宠矣。"也就是说，天启皇帝刚刚懂男女之事，这个做奶妈的主动引诱他，使他以后没法离开客氏。《甲申朝事小纪》只是一本清初笔记，但著者不详，一家之言，未见正史有证，并且人家又加了"道路"二字，你跟他"跪求种子"都没用。以一个不知道真相者的话说服自己，或教育别人，都不是治学者要干的事。所以，《甲申朝事小纪》这类野史即便写的是真事，也不能作为证据被采信。

在熹宗心目中，客氏远远超出乳母的概念，是集各种女性角色于一身的不可须臾或缺的伴侣，这应当是毫无疑问的。野史上说客氏长得很漂亮，面似桃花，腰似杨柳，性情媚惑，态度妖淫，这些也不重要。重要的是客印月足够具有母性气息，而朱由校从小经历曲折，一直备受冷落，缺少父爱和母爱，成为始终长不大的孩子，一辈子在心理上断不了奶，生活上离不了奶，长到十几岁了还要吮吸客印月的奶汁，不理朝政，终日嬉玩——这一点，很有一些心理学上的支撑，可视为社会科学。

但什么时候相信正史，什么时候相信野史，什么时候相信道听途说？这就是一个火候问题，掌握得恰到好处，便是大家，成就学问。而最大的误区，往往是思维定势，坚信国家最高权力机关或最高领导人，一准比村长这类的国家最低领导人严肃或神圣。当我们丧失对苟且的想象力时，对客印月除了谩骂，也就不再有多少认知能力。

五、第一桩缺德事

客印月为什么会对魏忠贤那么好呢？因为魏忠贤脾气好，人又长得帅。魏进忠（魏忠贤）身材高大，性格爽朗，从他遗留下的画像看，可以算个帅哥。当然，由于年龄的原因，他是属于帅叔的那种。

在魏忠贤地位卑微的时候，大家都叫他"魏傻子"，就是这人缺心眼。这对魏忠贤不是件好事，但对别人来说绝对是件开心的事，谁愿意成天提心吊胆，跟一个阴沉的人做朋友呢？

客印月在宫里要啥有啥，缺的就是朋友，尤其是跟男女关系靠边的朋友。可惜，这在内宫要找到货真价实的"男朋友"那是不可能的。明朝宫廷中一直流行"对食"的习俗，据说这还是汉代传承下来的，就是宫里男女闲得慌，宫女与宦官之间就成了相好。因为宫女常为一个固定的宦官热菜热饭，所以又称女方为"菜户"，"菜户"无形中就成了"临时老婆"。单身男浆洗做饭有困难，单身女挑水劈柴乏力气，互相一补充，有利于和谐，同时也是宫中男女间实事求是的一种玩法。万历皇帝那会禁止过，认为这样违反人伦。但是，这种需求是刚性的，根本禁不住，最后也就不了了之。

客印月的"对儿"原是魏朝，天启皇帝登基后，魏朝自然升官了，做了乾清宫管事并兼管兵仗局印。公务繁忙，也就把客印月给冷落了。魏忠贤由于管理伙食，与客印月接触甚多。"魏傻子"的形象与性格，一下子拉近了与客印月的距离。

魏忠贤与客印月感情升温，魏朝当然不干了——客印月丰韵犹存，又无比尊贵，还被下属给抢了，魏朝既不甘心又觉得窝囊。天启帝即位后不久的一天深夜，魏忠贤和客印月正在乾清宫西阁亲热嬉闹，恰巧路过的魏朝听到里面笑声浪语，一股热血直冲头顶，他猛地一脚将门踹开，揪住了魏忠贤，抡起拳头就朝魏忠贤打。魏忠贤虽是半百老人，但一直是个运动型的人才，"喜驰马，能右手执弓，左手控弦，射多奇中"，身手敏捷，很快将魏朝打得鼻青眼肿。

处于劣势的魏朝，拽过客氏就跑。色字头上一把刀，这回"魏傻子"再也不傻了，为了心爱的女人，"魏傻子"拔腿就追。打又打不过，跑又跑不过，两人"醉骂相嚷"，缠斗到乾清宫外，司礼监掌印太监卢受、东厂太监邹义、秉笔太监王安、李实、王体乾、高时明等全被惊醒。

天启皇帝早已睡下，动静太大也被吵醒了。他穿起衣服赶出来，吓得一班人慌忙跪下。惊动圣上，杀头也是可以的，打板子那是恩典。可是，天启帝一点都没生气，反而和蔼地问客氏："客奶，只说谁替尔管事，我替尔断！"（《酌中志》）

客印月一点都不拖泥带水，果断地站到了魏忠贤一边。天启当场表态：魏忠贤今后专管客氏之事——从此，魏忠贤与客印月成了钦点的鸳鸯。

魏朝就倒霉透顶了，王安见皇上态度明确，上前狠狠抽了魏朝几个耳光，既表明自己对皇上英明决定的拥护，也是恨透了魏朝的不争气。王安当场决定，将魏朝调离乾清宫，去兵杖局养病。魏忠贤算是魏朝的弟子，魏朝算是王安的弟子，王安处理了魏朝，魏朝算是被魏忠贤害苦了。

——就情理而言，魏朝无疑是魏忠贤的恩人。但是，魏忠贤不仅没有知恩图报，反而回馈了恩人一个夺"妻"之恨。恩将仇报，这是魏忠贤见诸史册的第一桩缺德事。至于以前的什么，或是空穴来风，或是子虚乌有，毕竟都是传说。

缺德了第一次，第二次也会有的。

万历皇帝死后到天启帝即位后的一段时间，宫中的实际权力在太监王安手里，但他并不是司礼监掌印太监。一朝天子一朝臣，天启元年（1621）五月，原司礼监掌印太监卢受已经年过七旬，于是主动提出辞职，让出自己的位子。正常情况下，王安会是理所当然的继任者，天启帝也决定任命王安掌管司礼监。按照惯例，王安必须以德能勤绩各方面存在的不足谦虚一下。所以，王安上疏辞谢。为了表示自己对当官不感兴趣，写辞职报告也不过是例行公事，王安还特意带上自己手下的几个人到西山游玩。但等他从西山玩回来，司礼监的大印就跟他无缘了。

王安致命的错误，是卢受懂得的道理他不懂。卢受是万历朝旧臣，他则是泰昌朝的旧臣，尽管泰昌朝实在太短。夺去王安位子的是王体乾，王安一直"视王体乾为道义友"，二人长期服务于东宫，关系相当密切，但权力面前这些就什么都算不上了。

王体乾这事干得很缺德，但这人非常明智，他知道天启皇帝与客印月、魏忠贤之间的特殊关系，一直拿自己这个"一把手"当"二把手"，对客印月、魏忠贤逢迎有加，后人也由此认为整王安完全就是客印月、魏忠贤的歪主意。整垮王安虽与魏忠贤并无直接关联，最大的受益者非魏忠贤莫属。王安属于有原则的那种，王体乾属于无原则的那种，魏忠贤尽管没有登上司礼监太监的位子，但他与客印月的亲密关系，又与天启皇帝越走越近，做出惊天动地大事的条件越来越成熟了……

六、大有作为的后勤干部

一个宦官，尤其是太监，为什么能做出惊天动地的大事呢？先得把宦官、太监的奥秘说清楚。

关于宦官，民间的理解多有偏差。这要感谢清宫戏，普及了太多的历史学问！这类电视剧看多了的人，通常都觉得宦官与太监是一回事，并且认为他们也就是给皇帝端茶送水的服务员，大不了也就是个"事业编"。其实宦官的身份是"干部"，并且阵容强大，级别也可以很高，并非广大导演给演员乱比画，一口一个奴才的。明朝的宦官，编制上有十二监、四司、八局即"二十四衙门"。所谓"太监"，是指十二监中的掌印太监，即最高长官，正四品，与知府一般大，比有学问的国子监祭酒高一级，比翰林院学士高两级。"三年清知府，十万雪花银"，官做到知府这一级，虽是修成了不败金身，但论实际权力，知府与太监那是无法相比的——想继续进步的知府，深更半夜上他们家，都得堆着笑脸自称奴才。

宦官们为什么这般牛？以明代的政治体制，那宦官确实是奴才。但是，宦官的本质属于皇权，皇权又绝对置于政权之上。朱元璋时代的明朝，禁止宦官"干政"，铸了一块铁牌挂在宫门："内臣不得干预政事，犯者斩。"这时的宦官，基本都在做孙子，当奴才。但你看准了，这孙子是皇帝的孙子，奴才也是皇帝的奴才。你千万别拿皇上的孙子当自己的孙子，也千万别拿皇上的奴才当自己的奴才。坚持这么想，哪天掉坑里了都不知道挖坑的是谁。

到第三代领导核心朱棣时，宦官的皇权面目就显现了：宦官又是带兵打仗，又是出国访问（李兴使暹罗，郑和下西洋，侯显使西域），又是下基层检查（王安督军营，马靖巡视甘肃），又是扩权增编（增设东厂，委任宦官主持），忙得不亦乐乎。但是，没出事。

没出事，不等于不出事。原因同样简单：朱棣也是个厉害的角色！试想，能把响当当的第二代领导核心打得影子都没了，还有什么活做不成？

朱棣的孙子宣宗朱瞻基，狠抓宦官干部队伍建设，抽调一流的专家（翰林院学士）办培训班，设"内书堂"，一期教他两三百小宦官。宦官的素质，大幅度提升，你也别再欺负后勤干部没文化了——请你从此更新观念，所谓宦官，并非你感觉的一群被阉割的大文盲。人家已经有知识，有文凭。至于什么文凭，没考证过，估计是比照国民教育同等学历的内部文凭。但朱瞻基的开掘创新，算得上为宦官大业画蛇点睛。

但乱子终于也来了——英宗朱祁镇在王振的"指捣"下顺利成为俘虏，武宗朱厚照被刘瑾玩得溜溜转……为啥，就因为是一帮小屁孩：走马上任，朱祁镇九岁，朱厚照十五岁。你如果认为他们能干好，你可将儿子改成户主，白天让他系红领巾上学，晚上不做作业主持家政！

这就是事情，这就是权力，并且是皇帝的事情，是皇帝的权力。当皇帝没有智力、没有能力来做事用权时，大权旁落只是时间、多少、方式的问题，比方窃取，比方顺手捡到，一切皆有可能，随时都会发生。何况，很多情况下他们的权力还不是捡的，而是皇上白送的——用今天的话说，就是口头授权。宦官捡到这些，那叫便利。因为皇帝就算掉个纽扣，最容易捡到的，只能是宦官。这枚纽扣是不是及时回到皇帝那里，如果没有监督的探头，那只能取决于宦官的素质。素质，那是最大的偶然。素质的对面，才是最大的必然！所以，当魏忠贤出现的时候，你无需大吃一惊，谩骂，感叹……

七、皇帝的馈赠

魏忠贤很快得到了这样的权力，原因与过程也不复杂。

天启皇帝朱由校死时只有二十三岁，即位时只有十六岁，更要命的是他还是个晚熟的孩子，治理天下是根本不可能的事。这是一个新难题，其实是个老问题。

——"受命于天"的天子，很少有自己治理天下的，襁褓中的天子，也不一定就把天下治理得一团糟。凭借血缘优势取得最高权力的帝王，通常由政治代理人来完成职责，中国历史上形形色色的外戚辅政、母后垂帘、权臣专擅、嬖幸弄权层出不穷，根源无非如此。

这四种选择，在天启皇帝登基时已有两种不复存在：外戚辅政的问题在明太祖时代即已杜绝，母后垂帘对天启皇帝而言根本不存在——他的亲妈早已去世，养母李选侍已被文臣赶出了宫。剩下的两种又怎么样呢？

权臣专擅，万历朝的张居正将其做到了极致。物极必反，这在万历朝出现了一百八十度的大转弯。对内阁及文官集团的不信任，正是从天启皇帝的爷爷万历皇帝开始的。万历朝后期，自叶向高开始内阁已经一人，他上书七十五次要求配齐内阁班子，但都泥牛入海。人少事更少，无权无事的"独相"叶向高觉得太没意思，加之身体欠佳，于是辞职，推荐了方从哲。

方从哲（？—1628），字中涵，德清人，万历朝年的最后一任首辅。很有意思的是，方从哲位极人臣，当了七年"独相"，最终连其出生何时都不为后人所知，可见是个可有可无的人。更倒霉的是，万历四十六年，方从哲的长子方世鸿狎妓时出了"交通事故"，一个妓女坠马身亡。文官集团对这个不敢争权的首辅早已不满，趁机弹劾他纵容儿子打死妓女，换一个替代他。万历皇帝可不上当，他让方从哲继续干，但方从哲从此不仅无权，连基本的形象都没了。

天启皇帝登基后，刘一燝接任内阁首辅。刘一燝（1567－1635），字季晦，南昌人。明光宗驾崩时，李选侍将朱由校藏了起来，刘一燝大喝一声："谁敢匿新天子者？"于是刘一燝与王安找到朱由校，拉着朱由校跑到了文华殿。这一喝一拉，刘一燝地位上升了，权力却没多少。天启皇帝对他第一印象差，宦官这一方也得罪得不轻，所以一直处于孤立无援的境地。

四种除掉三种，剩下的只有一种：嬖幸弄权！

天启帝自幼生长在清冷的东宫，由于父亲当太子时长期被冷落，他这位皇长孙就更无人问津。皇家不缺钱也不缺教师，可是他爷爷万历皇帝不顺心，从不关心他上学的事情，认识的几个字，还是身边的宦官随意教的，听起来简直令人难以置信，而事实又确实如此。

缺少正规的教育，天启帝得到的潜移默化，事实上不少。他虽贵为皇太孙、皇太子，社交圈其实小得可怜，明朝规定后妃不亲自抚养婴儿，皇子自幼由奶妈、宫女及宦官抚养长大。这些人都来自社会的底层，带来的是市井文化的低俗、现实、狭隘、目光短浅。机灵一点的，也无非擅长处理家长里短的琐事，更谈不上见识。

独特的成长环境，天启帝对自己的直系亲属与朝中大臣，都非常陌生，也缺少感情上的联系，尤其是文臣普遍年龄较大，存在事实上的"代沟"。客观的情感需要，他身边亲密接触的人正好填补了空白。天启帝最依恋的是奶妈客氏，而客氏给他的正是母爱。他对客氏的情感，甚至超过了亲生母亲，十六岁了还需要和奶妈住在一起，一旦分离就失去安全感。登基之后，朝臣强行将客氏从宫中赶出，天启帝不得不遵守"规矩"。但客氏出宫只有两天，他竟"思念流涕，至日旰不御食"。这一回，朝臣再怎么反对他也不听了，硬是将客氏重新接回宫里。

没爹没娘的天启帝，找到了娘的感觉，与客氏"对食"的魏忠贤，自然就成了"爹"。天启帝对魏忠贤同样有依赖感，他的左颧生有白毛，自我感觉很重要，有次被小宦官误拔，天启帝异常愤怒，要把小宦官打死，谁劝都没有用。直到魏忠贤出来劝慰，天启帝气才消了。

这种说法，丝毫不过分。天启帝还是小皇孙的时候，魏忠贤就跟随在他的左右。小皇孙想玩什么，魏进忠都会千方百计淘来，哪怕是自己给小皇孙当"玩具"。进宫三十多年，魏忠贤事实上就是个孤老头，所有的情感除了客氏，小皇孙是唯一的精神寄托。这种情感出自本能，真实而无法替代。一时半会见不到小皇孙，魏进忠就会莫名地失落。后来有一次天启帝在西苑划船，一不小心落入水中，并不会游泳的魏忠贤急忙跳入水中，差一点搭上性命。魏忠贤对天启帝的忠诚，完全是真诚的，并没有任何目的，也不是刻意争宠。

小皇孙成了皇帝，一切也在慢慢地转变。一般情况下，太子继位前都有接触政务的"实习"机会，朱标当太子时跟着父亲朱元璋"见习"了二十年，国家大事或小事，朱元璋都有意让他亲自处理，还帮他分析处理得对错。但天启帝的父亲死得突然，连个处理政务的实习机会都没有，甚至根本就没见过什么世面。猛然间当上了皇帝，外面的世界给他的印象简直有点恐怖。上朝时，他几乎像个木偶，显出孩子式的羞涩，大臣们的高谈阔论，多半听不懂。越是听不懂，越就不想听，每次上朝，他都巴不得早点结束，回到宫中才如释重负。后人认为天启帝是个只知道玩的孩子，属于"昏君"，其实这是拿理想中的君主标准来要求一个孩子。天启帝算不上早慧，但并不愚蠢，跟白痴皇帝晋惠帝是两码事，那人智商实在有点低。除了性格懦弱，十六岁朱由校显得心灵手巧，干得最著名的就是"木匠活"，有些能工巧匠的天赋。

年幼而缺乏从政经验，天启帝对繁重的政务难以承受，甚至当作是一种折磨而心生厌恶。魏忠贤同样是个对政治一无所知的人，他需要尽力而为的是，让回后宫的天启帝感到快活。天启帝要玩游戏，他除了找玩具，就是当玩具。天启帝对木匠活有强烈的兴趣，魏忠贤便给他当下手。宋徽宗天生绘画异禀，天启帝有着杰出的工艺天赋，能自己设计精巧的玩具，"用大木桶、大铜缸之类，凿孔刱机，启闭灌输，或涌泄如喷珠，或溅流如瀑布……皆出人意表"。对自己才能的欣赏，天启帝乐此不疲，"每营造得意，即膳饮可忘，寒暑罔觉"，以致"朝夕营造"，正事全抛到了脑后。

真正的政务，很长时间里都是王体乾"代劳"——代皇帝批旨，拟上谕，这些按惯例都是司礼监太监的工作，魏忠贤还没有感受到权力的魔力，仍旧一门心思陪天启帝玩。

八、权力的尝试

作为天启帝最亲近的人，天启帝对客氏给予的是荣誉与奖金，对魏忠贤则给了几顶官帽：司礼监秉笔兼惜薪司掌印太监。这几顶官帽并不显眼，只不过是高级宦官集团的一个普通成员。宦官队伍的"一把手"，有"内相"色彩的是司礼监掌印太监，这个位子是王体乾的。对政治本无兴趣的魏忠贤，对政治也是一窍不通，既不懂名正言顺，也不懂有位有为，直到死的那一天，他都没有坐到宦官"一把手"的位子上，而以他后来的炙手可热，拿下王体乾绝对是易如反掌。

但是，正是司礼监秉笔这顶帽子，让魏忠贤致幻成瘾，走上了弄权的不归路。司礼监秉笔的职责，是替皇帝批答奏折。天启帝对批答奏折毫无兴趣，也视其为负担，一股脑儿地推给了太监。魏忠贤接过这活，其实是"合法"的，因为这是皇帝意愿的真实表达，皇帝有个话或点个头就行了，张居正当年"摄政"也找不到诏谕之类。代批奏折，对魏忠贤来说不是一件美差，而是很辛苦。魏忠贤是倒马桶出身，又是文盲，文官们的奏折送过来，先要有个文言文翻译的过程，而内宫里的宦官文字水平都不高，所以魏忠贤乱批一气那也是没办法的事。好在魏忠贤对皇帝很忠贞，批起奏折来总是十分认真。

有一次，兵部奏请将镇虏关提调董节提升为游击将军。魏忠贤边听边琢磨：提调到游击将军，中间不是有个都司佥事么？这么用干部，明显是破格提拔。没听说董节有什么特殊贡献，这么超常规，一定是有人吃了好处！于是，魏忠贤下旨要对兵部问责。兵部只好解释：都司佥事一级实缺较少，提调一般都直升游击将军，几十年来都这么做，属于惯例。不解释还好，越解释魏忠贤认为这越有问题，硬是把武选司的官员给免了。

还有一次，礼部官员李恒茂的奏折中有一句"曹尔桢整兵山东"。也是李恒茂运气欠佳，他提到的这个曹尔桢，魏忠贤正好认识，并且刚刚将其提拔为山西巡抚。山西与山东魏忠贤还是分得清，于是下旨切责李恒茂。李恒茂要是认个错，这事说不定就过去了，偏偏李恒茂又较真，上书辩解说曹尔桢本为山东布政使，目前还未到山西赴任，说他"整兵山东"没有错。魏忠贤顿时火了，以"不恭"之罪将李恒茂削职为民。

皇上给的这支笔，实在太有分量了，但也没有办法，明太祖当初的苦心设计，就是没有考虑后世子孙任性了怎么办。纠错机制的缺失，大明王朝进入一个危险的境地。

天启二年（1622），魏忠贤掌管了东厂。在这个特殊的时代，东厂的权力几乎无边，除了皇上，魏忠贤已经无人制约。

九、权力的角斗

从常理上讲，魏忠贤始终是宦官中的"二把手"，王体乾才是"一把手"。"二把手"成为领袖，关键是"一把手"过于精明。王体乾明白，他这个"一把手"其实是客氏与魏忠贤给的，没有这二位，凭自己的能耐是整不倒王安的。能将前任拿掉，拿掉自己只能更简单些。所以，代批奏折的时候通常是王体乾组织人马，将奏折读给魏忠贤听，最后由"二把手"拍板定夺。逆向投靠，王体乾甘当魏忠贤的助手，终天启一朝，他都是魏忠贤的密友与心腹。

朝政大权皇帝大方地给宦官，最不乐意的是文官集团。文官集团的这种想法，正面讲他们都是饱读圣贤之书的人，有"修齐治平"的人生理想，有"致君尧舜上"的使命意识。从另一个角度讲，权力就是利益，一边倒的分配方式谁都会有意见。

明朝自内阁形成的那一刻起，内阁就成了文官集团争夺权力的"领头雁"。争夺的对象有时是皇上——皇上放出权力总量上来了，大家分到手的就多一点；争夺的对象有时是宦官——皇上放出权力比例上来了，大家分到手的同样也多一点。所以，内阁死磕皇帝与死磕太监，一直层出不穷。但万历中期情形大变，万历皇帝是否昏庸有点争议，因为他当政时期明朝的内政外交都成功地干成了大事，这位皇帝的小气倒非常鲜明：他手上权力自己不用，也不给别人，无论是内臣还是内阁统统不给，所以没有第二个冯保，也没有第二个张居正。

这一拖几十年，文官们算是明白了，指望内阁或首辅为自己争权力肯定没戏了，倒不如大家"合伙"，吃掉"个体户"或小本经营的一方。万历朝后期的"党争"，很有点合伙经营的味道。天启皇帝一改万历皇帝的小气风格，极大地刺激了官员们"党争"胃口。利润太低的生意，很少有人干。

天启年间的党际大战，场面是相当壮观的。谍战，肉搏战，拉锯战，轮番上映。这场大决战的时间，大约是八个年头——万历四十八年至崇祯元年（1620—1628）。官员们放下本职工作不干，统统改行当角斗士，因为机会太好。官场大战集中在这八年，是因为皇帝有了四位。最高领导忙着上台，熟悉环境都来不及，哪有时间来过问具体工作，让大家集中精力勤政、廉政、搞稳定、发展。万历四十八年，杨涟、左光斗等东林党的优秀党员，抓住朱翊钧不幸逝世的机遇，奋力拼搏，确保了朱常洛顺利上台。不到一个月的时间，朱常洛不幸逝世，东林党与阉党通力合作，再让朱由校皇袍加身。朱常洛、朱由校，备受后人非议。撇开国家领导人的水平不说，他们整体上是个厚道人。知恩图报，放在他们身上，做起来也算不容易。死了两个人，立了两次功，论功行赏，顺理成章，全党同志的好处，都是大大的。

注意了！在两次大的政治事件中，东林党与阉党（非魏党）是一个友党，两家在合作的过程中，实现了双赢。都有好处，打什么仗呢？这个时候，他们谁也没有提正义与邪恶。玩在一起，彼此要说的，也该说些表扬与自我表扬。言语不当，那是很败兴的。

内外臣之间的和平与和谐，总是难得的，也是暂时的。这种局面的破裂，与魏忠贤有着直接的关系——魏忠贤缺少的是政治经验，有的只是对皇帝的忠诚，皇帝让他干的事，他就一个人干。政治智慧的缺失，他想不到学学冯保，找个张居正式的人物一起干，这样事情会干得更好，"利润率"也能均衡下来，不至于出现为抢生意而打破头的局面。

天启三年，东林决定发动官场战争。不过，他们选择的打击对象不是以魏忠贤为领袖的宦官，而是自己的同类。东林党的同类是谁？是齐、浙、楚等党。他们都是执政党，分一杯羹的消灭一个少一个，分子不变，分母减少，分数值增大——东林党的哲学就是初等数学。

齐、浙、楚三党尽管是些小党，但并不是弱党，无非队伍声势差点。浙党，首辅沈一贯创立，该党抢占政治主阵地也很一致——后继者方从哲，也已当上了首辅。齐、楚二党，虽无显赫高官，但敢在官场上单开账户，人家没那粉根本就不会做那粑——他们有比较优势，多是言官，操控国家的宣传、舆论机器，保佑你发财不行，保佑你头痛是没问题的。

但三党与东林党没法比，那是肯定的。东林党的三巨头顾宪成、邹元标、赵南星，哪个都是扔到水里鱼都跳的人物——顾宪成，读书的人都会知道，所谓"风声雨声读书声声声入耳，家事国事天下事事事关心"，不知道是他老人家写的，你也实在欠长进，当心回家挨老爸揍。邹元标，敢与张居正对着干的那位。赵南星，不知道没关系，他是吏部尚书，组织、人事部长，不认识他只能是你在官场混的层次太低，暂时享受不到挨他训斥的待遇。

其实，一个党里面三个头子都太厉害，也不是好事，一言九鼎容易变成三言二十七鼎，不太好统一思想，统一行动。但到了天启二年，形势变了，顾先生永垂不朽了，邹先生光荣让贤了。剩下赵领袖，党内独大，掌控朝廷。

赵领袖敏锐捕捉到的有利战机，是天启三年。这一年，是换届之年——六年一次，所谓"京察"。

赵南星主持的换届工作，干部调整、安排前，进行庄严的组织考察。一考察，结果出来了——先撤职、开除公职四个人。

处理了哪四个？亓诗教，赵兴邦，官应震，吴嗣亮。亓诗教，齐党领袖；官应震，吴嗣亮，楚党领袖；赵兴邦，浙党中坚。处理了四个人，消灭了两个党的"一把手"，一个党的中常委。赵领袖这一出手也太不凡了，人家小党党内开个会，连主持人都有问题了。

赵部长的形象很丰富，不仅严肃，也挺活泼，曾著《笑赞》，且与冯梦龙《笑府》、石成金《笑得好》和游戏主人《笑林广记》并称中国古代"笑林四书"。但实际工作中的赵部长，一点也不幽默，他这一刀下去，三个党几乎全都没了声音。

十、谈不上成功

东林党在大肆清除异己，魏忠贤的安宁只能是暂时的。

首先挑起祸事的是文震孟。文震孟是天启二年的新科状元，上班没几个月，他就递上了《勤政讲学疏》："皇上昧爽临朝，寒暑靡辍，于政非不勤矣，而勤政之实未见也。鸿胪引奏，跪拜起立，第如傀儡之登场，了无生意。"

文状元的这一段，说明他还是一个十足的官场新手。皇帝按时上下班，从不迟到早退，出勤不出力，这个问题官场老手都清楚。皇帝不问事，也不一定是坏事，天启帝的爷爷万历皇帝长期不上班，他那种高超的操控手段，还不是人人手中无权，天天日子不好过？

文状元接下来的这一段，便充分证明他确实是个状元水平："且陛下既与群臣不洽，朝夕侍御不越中涓之辈，岂知帝王宏远规模？"

这段话讲出了文官集团的真实想法，大意是说作为皇帝，应该跟我们打成一片，不应该跟阉人混在一起，否则皇帝的能力与水平统统都是问号。

《勤政讲学疏》通篇并不曾提到魏忠贤，说明文震孟对天启朝问题的认识，是在对皇帝授权对象上有不满，并不是魏忠贤个人太出格。

魏忠贤接到奏疏，再也不是"魏傻子"了。文震孟"傀儡登场"这几个字，魏忠贤不满，天启帝也不满，于是圣旨下来，文震孟需要廷杖八十。文震孟虽是新科状元，但也是五十好几的人了，真打到四十板，说不定就与世长辞了。作为文震孟，完全是初生牛犊不怕虎，说出了文官们的心里话，所以圣谕一出，大家纷纷施以援手，次辅韩爌更是豁出去了。最后，文状元被免了廷杖，仅被贬秩调外。

文震孟带了头，后面沉不住气的就多了。从天启三年到天启四年，反对的浪潮一浪高过一浪，策略也渐渐地由皇帝、太监一起批，改为集中火力猛攻魏忠贤。这是一个高招，如果这次"斩首行动"成功，权力自然就回到了文官集团，其中大头要归东林党所有。

魏忠贤确实没见过这种阵式，特别不明白自己赤胆忠心替皇帝办事，反而越来越不招大臣的喜欢。天启帝对文官们本不信任，也无好感，众人追着魏忠贤喊打，他便不断地给魏老头发奖金加奖状。天启皇帝的态度一明确，东林党人一时也没有更好的办法了。

在斗争中成长，从来就是一条颠扑不破的真理。天启帝上台的三年里，魏忠贤的地位是脆弱的，在朝中并没有政治基础。东林党的群起而攻之，让魏忠贤有了"建党"的行动。而皇帝对魏忠贤的贴身保护，也让寄希望于东林党的人有了新的选择。

真正的阉党，是在东林党首次进攻遭挫后形成的。在魏忠贤这里，第一批入党的有顾秉谦、魏广微等。顾老先生是礼部尚书，家宴中他对魏忠贤叩道："本欲拜依膝下，恐不喜此白须儿，故令稚子认孙。"七十多岁了，不顾风烛残年，带领儿子一起入党，仍有着强烈为党工作的愿望，实在难能可贵。川贵总督张我续，不好意思学顾秉谦，他家有个女仆恰好是魏忠贤本家，于是"加于嫡妻之上，进京八抬，称'魏太太'"，张总督从此成了魏家姑爷。

之所以还要说魏广微，因为从他的身上可以认识到入党的好处。在魏忠贤的培养下，两年时间里，他从副部级（礼部侍郎）升到了正部（礼部尚书），又升到了副国级（东阁大学士）。先进的党当然没有自身的利益，落后的党浑身都是自己的利益，正所谓入党不发财，请他都不来！

至于顾秉谦，可能是另一种代表。说他想升官发财，是理想信念，或是纯粹就是为了无耻，未免自己都感到无耻。一齐追寻到魏忠贤这里的，主要是被压迫的其他党的党员，无党派无主子人士，还有犯过错误自新无门的干部。能找个老大，让日子好过点，哪怕交点保护费，也是一种不错的选择。

其他的一些东林党党员，也有干脆加入这个与时俱进又与日俱增不断伟大起来的魏党。总之，过来的人，实在也太多了。中间的就省了，魏党里面有名号的党员，即有"五百义孙"。千儿八百的一大群，一个个细说，太费事了。原因也不复杂：谁来，给谁好处！

正所谓泰山不让土壤故能成其大，河海不择细流故能就其深。不知道东林党内部，哪位在具体负责党建工作，如果汲他人之所长，注意学习魏党先进的组织建设经验，至少不至于有什么太大的坏处。

作为东林党的主要负责人，赵南星并非很无能。他领导下的东林党，成功地击败了执政的三党，同时也注意到了魏党的做大做强，但他没有学习的意思。不学习的原因，是他的志向太远大。他的目标，是一党专政。措施呢？老办法——新对手，打过去。

魏忠贤对自己是有清醒认识的。自己的文化水平太有限，名声也不是很光彩。所以很知趣，坚持和谐，坚持维稳，你在你的地盘，我在我的地盘，你吃你的饭，我吃我的饭，坚决不跟饭碗过不去。为了这个目标，魏领袖甚至决定会见赵领袖。

对这次会见，魏忠贤应该有很好的预期——人家浙江的、山东的、湖北的，同乡会与党组织都是一个机构两块牌子，咱们河北（北直隶）的老乡就算不学习他们，搞个东魏合作或统一战线，总是可以的。但是，会见气氛很不友好，会见也没有取得建设性成果。以赵南星为核心的东林党，坚决要"正义"战胜"邪恶"。

"正义"战胜"邪恶"，这话一点错误都没有。但历史事实是，要想成为"正义"，前提是你要能战胜"邪恶"。那种谦虚到底，说自己是"邪恶"战胜了"正义"的，到目前为止，历史上还没有惊现过。

这种指导思想，你死我活的决战，也就不可避免了。

这是天启四年六月，在南昌人打响反对东林党中坚派第一枪后，以杨涟同志为代表的东林党，居然毫不犹豫地开辟新战场，打响了消灭魏忠贤反动派的第一枪！

看准了——不是要把魏忠贤赶下台，而是要消灭。因为杨先生的挑战书中，列的是魏老板的二十四大罪。杨先生好像沉湎电游，魏忠贤似乎是"超级玛丽"，有二十四条命，摔死一只，还有二十三只会继续往前蹦。

魏忠贤呢？继续建设和谐官场——退让。东林党不是这么看。赶尽杀绝，一党独大，实行专政，谁有螳螂的独臂，都要车轮碾掉。所以，当杨涟打响第一枪时，广大党员全面冲锋，喊杀声一片。

党员冲锋在前，学潮也被全面发动了——国子监千余师生，一起声援上疏。魏忠贤惨了，上班都要数百披甲宦官当保镖，提心吊胆，过了近半年。半年过后——天启四年十月，魏忠贤不战而胜，东林党力战而败。

——这不是戏剧场景，史实本来如此。天启皇帝的圣旨出来了，是怒斥赵南星结党营私。接着又来了最新指示，骂的也是高攀龙、杨涟、左光斗。东林党再伟大，也经不起二货的折腾。跟着赵南星一根筋喊杀、冲锋的东林党员，瞬间全都霜打了一样——

最高领导人点名的赵南星、杨涟、左光斗，辞职回家；

叶向高没有被追究领导责任，很没面子，公章交给了顾秉谦；

韩爌同志反省了两天，也走吧！

不可一世的东林党，不可思议地烟消云散……

十一、生死决斗

再看一下魏忠贤，根本就没有反冲锋。他有一件更重要的事在做：进一步加强党的建设。

如果你看到广大东林党员纷纷离京，千万不要悲伤——因为他们自己都不会悲伤。尤其是受党教育多年的老党员，什么时候都有必胜的信心，并且也是屡试不爽——辞职，不是丢官。历史的经验告诉他们，每次这般玩上一把，人气必定会升一个等级，资历也会添一个星级。清誉，东林党的的秘诀呀！

回到家里，他们会客的会客，吹牛的吹牛，写日记的写日记，作诗的作诗。大约，又过了半年。

半年，太长了吧？不，太短了。一个人如果知道自己只能再活个半年，精神病人都不会大喊太长。半年之后，魏党决定开仗，因为党建任务已经完成，兵力布置全部到位。

战场选在哪？"反腐败"主阵地。

"腐败"，是意味深长的一句汉语。通俗地理解，"腐"可能指贪腐，"败"可能指败亡。一看到别人收钱就想到腐败，肯定是自家学识短浅的表现。朱元璋是在苦海中长大的，他给干部们的工资可能是历朝最低。这一点，一直受到民间的褒奖，但很少有人破解出统治者的政治智慧。公正地讲，明朝的"低薪制"是双面的：一方面是统治者精心设计的手段，以行政手段拍卖道德的统治风格；另一方面，"低薪制"下必然的贪污、搜刮与巧取豪夺，又置于统治者与民间的双重监督，官场的生存更依附于最高权力，官场必然表现出对皇权的绝对忠诚。封建官场中的官员能清廉到哪，群众看得出，领导更清楚，什么时候拎谁，绝对是那小子犯贱或长了反骨。作为最高统治者，始终是反腐谬论的收益方与获利者。他们捉一个，腾出一个位置，所谓的反腐都在给另一个更腐的人和自己创造机会，群众跟着白高兴。让一个腐败的制度去杀贪官，只能说老百姓太有才了。

——腐败，很早就与忠诚相联系。后唐名将、谋臣郭崇韬灭掉后梁后，就曾公开地贪腐，但他的目的是为了做好后梁降臣的思想政治工作，同时也是为打消主子对自己政治追求的疑虑。当然，郭崇韬是个正面人物，他贪腐的成果，最后这钱是全都用在了新国家的建设大业上。只有不兼顾国家利益的贪腐，国家才会有意见。因贪腐而败亡的，当然就是正宗的腐败。如果那人很贪腐，但就是不败亡，你也称其为腐败，那你也太迂腐了！

——至少明朝的语言学，包含这样的诠释。

明朝的反腐败工作，一直是一把利器。从朱元璋那时起，大小官员在官场跌倒，甚至丢了身家性命，往往就是一锭银子。由于朱元璋对反腐败工作高度重视，十几两银子，也就足以拿下一颗人头，官命比农民工的都便宜。看起来朱大爷出手太重，但依法治国，并无多少从严从宽的人为选择。

第一代领导人开创的反腐败工作，如果坚持不渝地实行到朱由校这里，应该能够再铸辉煌。而这时该砍下人头或剥了人皮的，第一人选当是非魏忠贤魏老公公莫属。

事实上，这案子办理的方向正好相反——魏忠贤并没有成为腐败分子，而且在领衔办理别人的贪污腐败，这就是十足的坏人管好人！

——看到这里，你对"腐败"的本义应该多少有所了解了。

与东林党的舆论先行迥然不同，魏忠贤坚持低调行事，战书一概省略，只有几个人悄悄地进行，东林党那边几乎无人知晓。

要说东林党员都不知晓，那也不是事实。有一个老党员，他不能不知道。这就是汪文言，东林党的智囊团组员。

汪先生住在牢里已经不是一两天了，因为魏忠贤主抓的腐败工作也不是一两天了。当初，他试水反击东林党的时候，突破口选得很准，即是汪文言。

汪先生是东林党的骨干力量，并且与其他党员同志相比，相当的与众不同。东林党的同志是以知识分子为主体的，他们有两点天生的优势：第一，这官最初都是考来的，不是买来的，既省钱，也亮堂；第二，正因为如此，容易怀疑别人有贪腐，有较强的反腐败自觉。

汪文言则是全党的一个例外，不能不补充作个简介：汪文言（？－1625），本名汪守泰，南直隶徽州府歙县人，狱吏出身，智巧侠气、饶具谋略，因监守自盗被判遣戍，当过"门子"。门子是衙署中侍茶捧衣之贱役，没有前途，所以汪文言一直隐瞒自己的历史。为了生计，汪文言又来到东林党官员、刑部郎中于玉立门下当了书吏。于玉立被贬官后隐居家乡，不知京中情况，就派汪文言进京广结朋友，了解动向，还为他捐了个"监生"的身份，便于其开展工作。

汪文言就这样来到京师，投奔王安门下，和杨涟、左光斗、魏大中过从甚密。汪文言用计离间齐、楚、浙三党，从此东林党独大。由于对党的贡献，在东林党内阁首辅叶向高的扶持下，官至中书舍人，《东林点将录》中称之为"鼓上蚤"……汪文言属于官场奇葩，本来只是个临时工，变成正式工，再提干，中间还要补齐了相应的文凭，不用钱那是不可能的。从一个普通群众，一步一花钱，成长为党的核心层领导，这钱该花的地方也实在太多。如果没有钱，汪先生早就趴窝了。只花钱，不进钱，又清正又廉洁，鬼才相信他家里有那么多钱。真的腰缠万贯，鬼才相信他还出来当"临时工"！

魏忠贤怀疑上汪文言，那是绝对有道理的。选中汪文言作为突破口，说魏忠贤独具慧眼,那是吹捧。恰如其分的,叫知己知彼。因为他被魏忠贤盯上,纯粹是自找。

汪文言有次收了别人的好处费,结果自己又没那个能耐,把受请托的事情摆平。最后,汪先生大胆决策,再转手让魏忠贤代办,自己赚个差价。办成事不出事,汪先生本来是能做到的,因为魏公公并不爱好讲原则。为什么又出事了呢?因为汪文言一直不支付手续费。农民工的工资都不能拖欠,何况是拖欠领导干部的合同款——尽管是口头合同!魏公公较真了,一调查,请托人居然是汪文言!再不把汪先生抓起来,合同法就成儿戏了。

但这桩腐败案,看起来很好做,事实上很快就做不下去了。尽管汪先生虽是个腐败的合适人选,但在党内太重要了。既然与党的利益休戚相关,党就没有理由袖手旁观。结果连魏忠贤也不敢相信,汪先生怎么悄悄地进去,就怎么风光地出来!

魏忠贤有了这次办案教训,汪文言第二次被收网时,就应该凶多吉少了。至少,办案人员的准备工作要比以前充分,手段也要改进不少。

强调一下:魏党发动的这场反腐败斗争,如果只局限在汪文言身上,这桩反腐败案子也就太普通了。这桩反腐败工作之所以能永载史册,是因为战果很大,不仅摧毁了腐败分子,也摧毁了无坚不摧又绝不承认自己腐败的东林党。

锁定了汪文言,下一个突破的方向,便是杨涟。杨涟对东林党来说,同样很重要。东林党倘若是只虎,杨涟就该是虎牙。虎口拔牙,很是风险,真拔成了,那就太有意义了。

当然,东林党的虎牙可不是一只,而是一排。左光斗虽然没有杨涟厉害,但作为党内头号杀手,也是没有问题的。左光斗这只牙被拔了,东林党这只老虎,就算得上虎爷爷了——这只猛虎,怎么地也该进动物园,供游客照相用了。魏忠贤掀起的大明官场上最强烈的反腐风暴,很快席卷了一批:汪文言,杨涟,左光斗,魏大中,等等。

对汪先生受贿,正常人应该是相信的。对杨涟、左光斗受贿,要是相信那就不是正常人了。但你不相信的事,人家自己都承认了。即便有个翻案的机会,那法律程序也是相当复杂的,除非也来一言堂。

左光斗自己承认的受贿金额,是两万两。这个数字,可以供杀头杀几百次。行贿人,是熊廷弼。

熊廷弼（1569—1625），字飞百，号芝冈，湖广江夏人。万历三十六年（1608），熊廷弼受命巡按辽东。天启元年（1621），建州叛军攻破辽阳，再任辽东经略，因与广宁巡抚王化贞不和，终致兵败溃退，广宁失守。王化贞，东林党首叶向高的弟子，所以熊廷弼的唯一选项是替东林党人背黑锅。天启五年（1625），熊廷弼被冤杀，并传首九边。

熊廷弼案本是东林弄成的，结果一块石头又砸在东林党自己头上，被魏忠贤做成了大"窝案"，很有弄权反被权弄的味道。这些案子，后来被确定为冤案，熊大人与左大人等享受了平反昭雪。

平反昭雪，似乎是个褒义词。享受这等褒奖的对象，无疑叫好人，只是以死人居多。公权名义下的反腐败，结果是好人在奈何桥上来回跑，受用的就是一碗"平反昭雪"的孟婆汤！

魏忠贤反腐败顺利成功，因为他办出来的都是"铁案"。冤案能办成铁案，很大程度上要归功于许显纯。

十二、制胜的法宝

许显纯又是何方神圣？这就得说说另一个组织——锦衣卫。

将魏忠贤反腐败顺利成功归功于许显纯，其实这个说法有点肤浅。个人的力量，什么时候都是有限的。

东林党与魏党进入实质性交火的时候，双方使出的都是各自的优势。政治斗争，东林党那可是强项。强项有，弱项也有。东林党擅文，开打之前技术战，谁接招，谁中招，往往不战而屈人之兵；魏党擅武，什么前戏都没有，你磨墨，他抡刀，你只好嘴喊"秀才遇见兵"心理找自信。两党的这轮较量，毫无历史战例，实况就是"党"与"枪"的较量。

魏党的这杆枪，绝不是一般的武器——它叫锦衣卫。锦衣卫，全称"锦衣亲军都指挥使司"，前身为太祖朱元璋时所设御用拱卫司，洪武二年（1369）改设大内亲军都督府，十五年正式更名锦衣卫，作为皇帝侍卫的军事机构。

千万不要以为锦衣卫只是皇上的警卫部队——这是个实质性的特权部门，你听说过的、没听说过的特权，它都有。锦衣卫掌管刑狱，有巡察缉捕之权，下设镇抚司，从事侦察、逮捕、审问活动，可以逮捕任何人，包括皇亲国戚。它干什么，最大的特点是不公开，怎么捉人，捉进去之后怎么收拾，司法部门也管不着。如果不小心弄出人命，告诉亲属一声过来料理后事也就结了。

——这杆枪的威力，就在这里。说白了，就是游离于法律之外，皇上发个话，可以随便捉个人。至于后面接着怎么审，再怎么判，全是人家的事。你要是找人说情，除非找皇上。

锦衣卫这个组织，要找一个合适的现代对应机构，似乎找不着。现在是法治社会，讲究依法办事。专制社会，只有无法无天的部门，才能对付无法无天的人物，包括坏人。

锦衣卫，是根据需要办事，需要办成怎样就办它怎样。当年，朱元璋是个何等聪明的人，他知道跟他一起打天下的人，多少都有点能耐。既然能将别的皇帝打跑，若再把自己打下台，也不是一件多难的事。所以，朱元璋为了千秋伟业，把辅佐自己打天下的文武功臣基本扫净，也就多少在情理之中。胡惟庸、蓝玉两案，株连四万人，这类案子，查无实据，如果交给朝官们按法办理，最后不知弄出什么结果。这些案子交给锦衣卫来办，自然就是心想事成。

蓝玉案之后，朱元璋认为大局已定，便下"诏内外狱无得上锦衣卫，大小咸经法司。"但时事多变，朱棣起兵夺了建文帝的宝座，杀人又不能依法进行了，锦衣卫便重新派上用场。锦衣卫的事业，也重新灿烂辉煌了。

明朝的宦官，裆中没杆枪，手上则有几支枪。永乐十八年（1420），设立东缉事厂，即"东厂"，权力在锦衣卫之上，同样只对皇帝负责，可不经司法机关批准，随意监督缉拿臣民，由宦官提督担任。西厂，官署名。明宪宗时为加强特务统治，成化十三年（1477），设立西缉事厂，即"西厂"，由宦官汪直提督厂事，其权势超过东厂，引起朝野反对，后被迫撤销。武宗时又恢复西厂，刘瑾倒台后又被撤销。明武宗时还设大内办事厂，即大内行厂，简称内厂，刘瑾以谋反罪被杀，西厂、内行厂彻底撤销了。

无论风云变幻，东厂则始终红火。到魏忠贤这时候，东厂不仅是"专案组"，更是一杆枪，并且还是杆非常好用的枪，谁撞上，那真叫撞到枪口上。

政敌与竞争对手是不一样的，政敌是以消灭对手为目标，所谓不是东风压倒西风，就是西风压倒东风，谈不上双赢，是你死、我活。

魏忠贤的狗腿子们，拷掠杨涟、左光斗等正直官僚时，械、镣、棍、拶、夹棍，五毒俱用，血肉溃烂，即是一例，使整个明代成为中国历史上罕见的专制黑暗皇朝。

明朝的这类特务组织，也不尽是私人打手的角色。就算是，这个私人也是皇上，否则也犯不上花大笔银子，让一帮邪人过瘾。只是在皇上相当软蛋的时候，这杆枪才失去了控制，成为官场上的杀人利器。

到了崇祯朝，这些组织几乎被废了，很多读书的人为此情不自禁地为朱由检的英明决策发出欢呼。其实大家该想到，用熟了的东西将它丢掉，等于让自己玩空手道。别鼓动人家乱改革，东厂这样很管用的东西都扔了，崇祯这小子肯定是玩不久了。

先别说崇祯，还是救东林党要紧。但是，没得救了，因为魏忠贤的身手太利索。

从天启五年四月到七月，东林党的优秀党员汪文言、杨涟、左光斗、周朝瑞、袁化中，陆续招认了自己受贿，进入贪官系列，外面的同志想捞也下不了手，决心下手时，那里面的人已也先后死在了魏忠贤的"枪"下。只有顾大章一个人没有承认，但也没有活着出来，在魏忠贤开枪之前，上吊在狱中。

一群官场上的风云人物，也是世人称慕的英雄好汉，为什么一"进去"就扛不住呢？有一种解释，并且出自史学家笔下，就是这些东林君子，太了解东厂的性质，"招认"只是策略，目的是快点离开这里，进入正常的司法程序，那里有公正，也有自己人。

这只能是一种分析，与猜谜并无二致。因为所有的当事人从站着进去躺着出来，没有一个活口，外人充其量只看到首尾这么两个镜头，中间的故事情节，人物的心理活动，只有小说家才能够完善。

唯一能推测其中事实真相的，当是"六君子"中的五具尸体：血肉模糊，筋骨分离，在这等惨景面前，任何人都无法保持淡定。但你无需咒骂打手的残暴，东厂作为一个合法的非法组织，完全可以合法地干任何非法勾当，而天底下最恐怖的事，就是撞上这种恐怖组织。有这样的组织，就没有弄不出的事情。当然，它们弄出的那些事，哪件是真的，哪件是假的，外人不清楚，它们自己也不一定清楚。所谓"东林六君子"，骨头很硬，但硬度不会超过斧头。在一个秩序混乱的社会，所谓正义与邪恶，都不是笔写出来的，而是"枪"敲出来的。

十三、镜花水月一瞬间

完败东林，魏忠贤也走到了人生的顶点。魏忠贤会施展什么样的抱负呢？没有。硬要说有，他的理想与抱负，无非就是好处与面子。

自朱由校登基当月，"忠贤寻自惜薪司迁司礼秉笔太监兼提督宝和三店"，到天启"三年十二月魏忠贤总督东厂"，升官已是到此为止。他的好处，是皇帝发给的一笔又一笔赏金，暗地里官员送来的黑钱。有了这个"白加黑"，魏忠贤过上了好日子。

魏忠贤最大的面子，是在打败东林党后得到了皇帝的表扬。天启五年九月，天启帝"赐魏忠贤印，文曰'顾命元臣'"。十一月，又"岁加魏忠贤禄米一千二百石"。

赐印，是天启帝对魏忠贤所作所为的肯定。提高他的年薪，是论功行赏。不仅如此，天启帝还给了魏忠贤空前绝后的政治荣誉——帝国模范！

据《明史纪事本末》记载：天启六年，"巡抚浙江佥都御史潘汝桢请建魏忠贤生祠，许之"；天启七年，"监生陆万龄请建魏忠贤生祠于太学旁，祀礼如孔子，许之。"

建生祠，就是把英雄模范人物的画像或雕像放在专用建筑物里，供广大群众学习。这是一种民间行为，谁建谁掏钱，潘汝桢请建的魏忠贤生祠，就是杭州纺织协会（机户）筹资兴建的。"许之"，则是一种官方行为，并且出自国家最高领导人。声势浩大的全国英模事迹展示，魏忠贤在干部群众中的威望也达到了顶点。群众的感情历来单纯，干部的内心就复杂些。有一次，一个心腹说漏了嘴——"外官诇哄老爷！"魏忠贤悲从中来，"垂首冷笑，长吁短叹"，病倒了好几天，夜里还作噩梦。时常觉得自己真的像别人所说的那样无所不能，又时常觉得自己其实一无是处，日夜纠结，总是一身冷汗惊醒。幸亏有皇帝护着，否则保住"魏傻子"的日子都难。

怕什么还就来什么。魏忠贤有滋有味又提心吊胆地当了两年多"九千岁"，"万岁爷"天启皇帝就出现问题了。

天启七年五月，年仅二十三岁的皇帝感到腰疼，然后发烧，又浑身浮肿。野史认为，天启帝纵欲过度，不是很正面。其实，天启帝对女色不仅不强烈，反而有点冷，文人道听途说，多有一点感情色彩。以现代医学常识判断，天启很可能患的是急性肾炎。天启帝从此一病不起，呈现出大限将至的迹象。

何去何从，魏忠贤头脑一片空白。阉党集团中有的是高人，懂得集团的今日一切，支撑的基石只有一块：皇帝！皇帝换了，大厦势必瞬间倾覆。个别胆子大，干脆劝魏忠贤代君自立，反正老朱家也找不出像样的子孙。

这种悄悄话，魏忠贤吓得不轻，他严厉警告谋士：不要说这样的话，连这样的念头都是罪孽！"一腔忠诚"，"赤心为国"，他魏忠贤怎么能大逆不道，背主忘恩，干出欺天灭祖的悖逆之事？！

天启帝游走在生死线上，魏忠贤也陷入了绝地悲伤。六十多岁了，他住到皇帝寝宫旁边的懋勤殿，夜以继日侍候皇上。皇帝的病一天比一天重，他比御医都着急。太医没有办法，他在想办法。他在宫中发放金寿字大红贴裹，以期喜庆之色驱赶病魔，甚至想到了"贿赂"神仙，烧香拜佛，连巫师都派上用场——现在看起来的荒诞，那时其实也是诚心。

皇帝生病三个月，魏忠贤以泪洗面三个月。无力回天的事实，天启皇帝"召见阁部、科道诸臣于乾清宫，谕以魏忠贤、王体乾忠贞可计大事"。临终前，天启帝让魏忠贤宣召朱由检入宫，"谕以当为尧舜之君，再以善事中宫为托，及委用忠贤语。"据《明史·宦官传》记载，天启皇帝朱由校临终嘱托朱由检的是：魏忠贤"恪谨忠贞，可计大事"。

"恪谨忠贞，可计大事"——朱由校盖棺之前，似乎要为魏忠贤"盖棺定论"！

天启皇帝走了，新皇帝第一件事是赶走客印月。《明季北略·客氏出宫》载："熹庙既崩，上命归私第。"《明通鉴》载："客氏将出外宅，于五更赴梓宫前，出一小函，用黄色龙袱包裹，皆先帝胎发、痘痂及累年落齿、剃发，痛哭焚化而去。及是，诏赴浣衣局掠死，籍其家。良卿、国兴、光先皆弃市，家属无少长皆斩，婴孩赴市有盹睡未醒者。人以为惨毒之报，莫不快之。"

客氏的真情，得到的是人们"快之"。官家的刻薄寡情，很少为后人关注。

魏忠贤继续小心侍奉着崇祯皇帝，从此也不再替皇帝做主。

魏忠贤与崇祯帝的关系，应该不算坏。魏忠贤过得称心如意时，别人送来的好东西，新玩意，他总要挑几件名贵的，送给尚为信王的朱由检。但是，客氏的命运，很快降临到了魏忠贤头上。两个月后，崇祯皇帝让他走人。魏忠贤这个前朝老仆，卷起铺盖前往凤阳祖陵守陵。还没几天，崇祯帝又下令将魏忠贤缉捕回京。天启七年十一月初六日，得知京城信息，魏忠贤与老友李朝钦痛饮至醉，然后投环自尽。

魏忠贤为什么必须一死了之？当初，杨涟认为魏忠贤有二十四大罪。后来，钱嘉徵去掉了杨涟捕风捉影的十四项，认为魏忠贤有十大罪。再到朱由检时，又减去钱嘉徵不靠谱的十项，最终剩下四项：不报国酬遇，专逞私植党，盗弄国柄，擅作威福！

这个结论，是在魏忠贤死后的第三年（崇祯二年）作出的。结论的依据，是魏忠贤的奉旨都变成了"矫旨"，并且还不关朱由校任何事。魏忠贤，朱由校认为他忠贞，朱由检认为他奸佞。孰是孰非？一个被自己阉割的人，最后重新被人阉割……

张献忠：轮回中的死路与活路

崇祯二年（1629），桐城黄文鼎等杀富济贫，活路上没走几天即被地方富绅与官军联手送上了死路。六年后，大队农民军兵临桐城，百姓箪食壶浆，以迎"义师"——挣扎于死路的平民，以为这回看到了活路。一个老农拦住几名兵士，向他们倾诉自己的苦难，民军一个小头目说："哎呀——既然那么苦，何必活在世间？"顺手一刀，把老农杀了。

置民于活路，又置民于死路，张献忠拉起的就是这样一支队伍……

一、活着不容易

张献忠（1606—1647），字秉忠，号敬轩，陕西延安府肤施人。

严格地讲，张献忠的籍属并不确切。据计六奇《明季北略》记载，张献忠家里比较有钱，小时上学读书，同学之间起纷争，张献忠怒起一拳，将同学给扑杀了。过失杀人，张献忠刑事责任免了，但民事责任就大了。张家为这个事，赔光了家财千金，张献忠也因此被父亲赶出了家门。

漂泊异乡，张献忠被人收养。好斗的性格是隐性的，显性的特征是：张献忠长相奇异，能断文识字，还有一把好力气。养父喜欢上了张献忠，也将他送进学门。一上学，张献忠就坏了，又与同学打架。这次，张献忠打死的不是一个，而是同时打死了两个。祸事闯得不是一般的大，混社会成了张献忠的唯一选择。

计六奇的记叙过于离奇，张献忠家根本没有那么富裕过，当然也不是太穷。如果处于太平盛世，张献忠日后当个地主或是富商，过上小康生活当是可能的，因为他的父亲不仅种地，还做些贩运小生意。但是，自万历末年开始，陕北灾荒不断，张献忠本来就不是块读书的料，在学校打架斗殴又是常事，便被教书的林秀才赶出了校门。生活越来越艰难，父亲便带他远走四川，靠贩枣过活。

如果要探寻张献忠最早的杀人之心，应该就是源自这趟四川之行。在内江，父子俩来到了一个富户家，将毛驴拴好，准备谈笔小生意。结果，毛驴一通屎拉到了这家门前的石柱上。富户眼里的这两个外乡人，其实还不如一头驴，他拿起鞭子狠抽张献忠的父亲，并喝令他将毛驴的粪便用手擦干、捧走。临去时，张献忠狠狠地盯着这个为富不仁的人家，发下誓言："我复来时，尽杀尔等方泄我恨！"

对一个少年来说，说杀人也只是说说而已。社会秩序只要不是濒临崩溃，杀人都不可能成为职业。成年的张献忠，在家乡谋了个差役。延安府与肤施县府县同治，公差的需求量比较大，张献忠谋到了肤施县捕快。县衙的捕快与现代的警察还是有区别的，报酬很低，也没什么威风。干了一阵子，张献忠招呼也不跟领导打一声，就跑去当兵了。

这种"跳槽"，显然是为了让自己活得更好。但是，边兵的生活同样很艰苦，与当捕快最大的区别，就是不再是一两个人干那么一件事，而是一大群人干相同的事。张献忠是个好动而无法安静的人，在"战友圈"中，这个年轻人找到了归属感，马斯洛需求层次理论虽然很现代，但就人性而言，古今的区别几乎没有。处在这等需求层次的张献忠没有维持太久，很快又被打回到安全需求上，甚至连生理需求都不保——在部队张献忠犯下"淫掠"，就是调戏妇女、偷盗、抢劫，并且是不少于十八个人的团伙行动。

犯下军规，处理的方法很简单：杀头！张献忠小时打死过三个人不一定是真的，这回自己去死绝对假不了。这十八个人被押赴刑场，剥光了衣服，一刀一个，十七颗人头就掉到地上了。

还有一颗没有掉下来的，是张献忠。张献忠肌肉男的魔力身材，引起了在场总兵陈洪范的极大兴趣。也许是健身表演看得少，总兵觉得杀了这个超级男模太可惜，一念之下将张献忠的死刑改为杖刑。也可能是总兵大人想验证一下，张男模满身的肌肉是真是假。

张献忠要接受的是一百军棍，这要是换了个普通人，还不如申请杀头来得痛快。

事实证明，陈总兵没有走眼，张献忠的体质天生货真价实——这一百军棍下来，张献忠不仅命还在，连"伤残军人"的证书都没拿到。当然，他也不再是大明军人了，开除那是必须的。

从衙门混到军队，再被部队开除，张献忠又重新回到家乡。不过，就算普通农民他也当不成——他被人诬告，肤施知县将其铐进了衙门，当初逃跑的事官方也还记着账呢！"跳槽"都不打招呼，蔑视政府，这社会岂不乱套了？

"逼迫若此，是驱虎入山耳！"张献忠想当老虎吃人？问题不大，他确实遇到了一个乱套的社会……

二、活路的寻找

张献忠日后的道路，与天下大乱有关。而最早乱套的，恰恰在张献忠的家乡。据说朱元璋开国时曾找半仙咨询过，半仙卖力地运算半天，最终给出明朝的国运："始于东南，终于西北。"

半仙的科研成果，其实搁在当时就该打二折半——朱元璋起家的地盘，就连半傻都知道，哪用得着半仙？剩下的五折，还要打五折——除了西北，还有东北。一个是内乱，一个是外扰，几乎同时在捣乱。

西北最早出现内乱的时候，当时世界上还没有张献忠。不过，那时闹的动静不太大，最多也就几十个人抢抢有钱的人家。因为是集体行动，所以干完一票后，大摇大摆地回家就太愚蠢了，一般选择上山为匪。这种地方治安性质的动乱，最大的因公牺牲者无非是知县，还不涉及社会稳定问题。到崇祯元年，事态猛然变得不可收拾，陕西、甘肃一带民变四起，运气差的巡抚都会因公殉职。更可怕的是，这帮人干完杀人越货的事，再也不进山避避风声，而是干完一地换一地，经常找没被抢过的地方抢——这跟不在一只羊身上薅羊毛是一个道理，因为属于流动作案，所以史书上称之为"流贼"或"流寇"。

流贼都有谁？一丈青、飞天虎、飞山虎、混天王、王和尚、黑杀神、大红狼、小红狼、上天龙、过天星……这是崇祯元年陕西巡抚上交给皇帝的黑名单。这些名字似曾相识，有些像古典小说上的，有些像当代网络上的，人都是真的，名字肯定是假的。干坏事还留真名，似乎有点傻。

这种网名，其实还是群名。每个人后面，往往有几十个不知名的。政府对他们为什么不管呢？政府军当然不是吃素的，别看昨天露面的团队是五十人，今天露面还是五十个人，事实上有二十个是新注册进来的，另二十个已被永久"销号"了。流贼像韭菜一样割不尽，关键是老天在帮忙：崇祯元年，陕西旱灾；崇祯二年，陕西旱灾；崇祯三年，陕西旱灾；崇祯四年，陕西旱灾……有个举人陈其猷，将进京会试沿途见闻上呈皇帝：道旁刮人肉者如屠猪狗，既不忌讳行人，行人也习以为常。有个妇人边哭边煮一死婴，陈举人问她，"既欲食之，何必哭？"妇人回答：这是我的儿子，丢弃别人会吃掉，自己充饥又……

说着说着，老女人就再也说不下去了。

明朝弄成这样，与腐败还真没有多大关系。今天的《中国近五百年旱涝分布图》及相关论著，一再从科学的高度，以灾害性的气象危机，证实王朝的可怜——明朝中叶（1500年）后，气温骤降，"小冰河期"来临。1600—1644年，气温骤然下降到了千年来的最低点，万年来的次低点，百万年来也是第六七个极度寒冷的时期之一。寒冷的骤然加剧，粮食产量骤然下降，这对于一个人口庞大的帝国来说，是致命的打击。北方的酷寒使降雨区域普遍南移，导致明朝全国各地几乎连年遭灾——先秦晋，后河洛，继之齐、鲁、吴越、荆楚、三辅，并出现全国性的大旱灾。这样长时间和高密度的灾害，极度削弱了明朝的国力，国家财政开始枯竭。气候给明朝带来了复杂的社会问题，一位路经延安的官员马懋才，向崇祯的书面报告才是实事求是："现在之民，止有抱恨而逃，飘流异地，栖泊无依。恒产既无，怀资易尽，梦断乡关之路，魂销沟壑之填，又安得不相率为盗乎？"

张献忠赶上的就是这么一个时代，所以选择了杀人谋生。他最早选择的老板是老回回。"老回回"同样类似"网名"，只有回民信息是真实的。陕、甘地区回民较多，这一带的回民有个谋生传统，就是麦熟时节便携带妻小辗转流徙，靠拾麦穗等维持生活。现在灾荒连年，麦秸都难得一见，拾麦穗就属于天方夜谭了。老回回的脑子比大家好使点，果断转行，带大家造反，实际上也只是混口饭吃，不过是要杀掉别人自己才会有吃的。

三、明白人的尴尬

张献忠跟上老回回，从就业的角度上讲算不上明智。大凡人群扎堆的地方，收益往往都小，风险通常都大。西北地区流寇成群，朝廷想不管都难了。出来处理流寇问题的，是三边总督杨鹤。

杨鹤，湖广武陵人，万历三十二年进士，时任都察院左副都御史。

崇祯元年，民变四起，懂军事的、不懂军事的官员，都在议论对付流寇的问题，至于方法大家都不约而同地想到了"打"。至于怎么"打"，那就是另外一回事了。杨鹤与人聊天，自然也要聊这个话题。不过，杨鹤确实是"鹤"立鸡群，他竟然认为不用打！

杨鹤的独到见解，其实是一种中医理论——"补元气"。杨鹤认为，现在造反的人，并不是跟国家过不去，而是没法活下去。今辽事甚急，把老百姓给杀了，谁来保卫国家呀？国家千疮百孔，需要培养"元气"。崇祯帝听到了杨鹤与众不同的高见，真的就叫杨鹤鹤立鸡群去了。

不杀人都能解决选择问题，杨大人真够书生气到家的。但是，一年以后，杨鹤向崇祯皇帝递上了自己的理论成果：神一魁、王左桂、王嘉胤、红狼、小红狼、点灯子、过天星、独头虎……西北闹事有点知名度的，几乎全都归降了。

张献忠这时还不在杨鹤的名单上，因为他实在不够格。张献忠只是一个小伍长，需要在王嘉胤的营门口站岗放哨。

不战而屈人之兵，杨鹤的"中医理论"第一次压倒了"孙子兵法"。文官杨鹤，是个有良心的人，也是个明白人。他最初上疏分析"盗贼"起因就很准确，认为这是

"因饥荒之极，民不聊生"。走上一线后，积极采取"招抚为主、追剿为辅"的战略，陕西的各部民军几乎全都接受了招安。

但杨鹤很快尴尬起来，理论成果只经受了半年的实践检验。为什么只管了半年，因为杨鹤带来的钱只够花半年，带来的粮食也只够吃半年。老百姓不至于饿死，造反就没多大意思。招安后还要饿死，受招安就毫无意义。杨鹤带来的十万帑金和藩王捐助的五万白银，二万石粮食，对整个西北地区的老百姓无疑是杯水车薪，"所救不及十一"。

不过，对朝廷来说就不是这么一笔账：钱花掉了，事情没解决，杨鹤做的则是一桩血本无归的生意。这在朝廷的眼里，杨鹤无疑是个白痴，生意这么失败必须跳楼。西北这么穷，想跳楼高楼也不好找。杨鹤再也没有好办法了，崇祯四年（1631）九月，杨鹤被捕，发配袁州。

接下杨鹤难题的是洪承畴。洪承畴，字彦演，号亨九，福建南安人，万历四十三年（1615）进士。崇祯四年（1631）十月，洪承畴正式接任三边总督。

与杨鹤一样，洪承畴也是一个书生，并且书生气更浓。他跟着杨鹤来陕西打仗时，车上带的尽是书。对流寇问题的认识，洪承畴与杨鹤的观点是一致的，但技术措施完全不同。杨鹤认为老百姓造反是因为没有粮食，有粮食老百姓就不会造反，应该解决"粮食问题"。洪承畴也认为老百姓造反是因为没有粮食，但他觉得这是一个"人口问题"，如果减少了老百姓，粮食的刚性需求就会直线下降，剩下来的老百姓同样不会造反。

等杨鹤狼狈下台，自己说了算的时候，洪承畴将自己的理论付诸实践——杀人！不投降的杀掉，投降的也杀掉。

民军有几十万，洪承畴只有几万，能办到吗？不难，通常情况下，民军的队伍一出征都是几万、几十万，队伍长达数十里。其实，能跟正规军作战的并不多，兵器也以农具为主。队伍里最多的，是"业余军人"的正式家属：爷爷、奶奶、老婆、孩子。大家一起出来玩命，考虑的是能抢到粮食也不容易，就地分了也省点运输费。

作为一个军事天才，洪承畴完全做到了知己知彼：面对十倍于己的民军，洪承畴总是集中优势兵力猛攻民军的前锋。前面一垮，后面只剩下官兵杀人的力气活了。只用了一年多时间，王左桂、王嘉胤、神一魁等崇祯元年的三大民军，几乎被消灭殆尽。

四、死里逃生

陕、甘本来就穷，洪承畴打得又狠，正所谓"此处不养爷，自有养爷处"，张献忠跟着大部队来到了新地方山西。

来山西的尽管都是些残剩的民军，人数却并不少，将近二十万，分属三十六部，史称"三十六营"。造反多年，大伙也算是有经验。在王嘉胤部将王自用的召集下，大伙开了一个会。会议达成的共识，就是要并肩作战，实际上就是"打群架"。至于政治诉求，目前还没想到那档子事。

不是说洪承畴基本把民军搞掂了么？那只是在陕、甘，山西本身也有想活命的人，所以造反的"兵源"始终没有问题。山西巡抚是个缺少实战经验的人，民军兵分几路，搅得山西天翻地覆。崇祯皇帝很恼火，换上了曹文诏。

曹文诏本是辽东游击，不仅是个职业军人，而且是个出色的军事家。崇祯六年(1633)，曹文诏升任总兵，到山西围剿民军。不出半年，"贼几消尽"。

打不过就跑，这是民军最擅长的。他们一路往直隶（河北）跑，一路往河南跑。往直隶跑的智商有问题，那里是大明朝的心脏，不会有好果子吃。往河南跑的，也后悔了——他们遇上了左良玉。

左良玉(1599—1645)，字昆山，山东临清人。他幼时父母双亡，由叔抚养，虽未曾上学，但聪颖过人。从军后更显出多智多谋，时任兵部侍郎侯恂守昌平，发现左良玉是个人才，便将其由卒伍提拔为裨将。侯恂一点都没看错，论军事才能，左良玉并不在曹文诏之下。

民军原以为河南是块肥肉，没想到左良玉又是个杀猪的。几个月里，民军被左良玉追得到处跑，人也死了上万。崇祯六年(1633)九月，民军觉得再跑就太没意思了。琢磨的结果，就是与左良玉一决生死。这是一个愚蠢的决定，但愚蠢也是有目的的——老是跑路，哪有吃饭的时候呢？

但是，左良玉选择的是对峙。真正的军事家，不会草率决战，左良玉在等待万无一失，要将民军彻底解决在河南。在左良玉的等待中，山西总兵曹文诏、京营总兵王朴、总兵汤九州等大军于九月底抵达，迅速完成对民军的合围。官军的包围圈里，张献忠与民军最著名的人物高迎祥、罗汝才、李自成等，一个都没有少。

本来，民军对左良玉军还有人手的优势。现在，唯一的一点优势也没了。更可怕的是，这次官军联合作战，最高指挥官非曹文诏莫属。一提起这个人，民军的头都大了！

可是，曹文诏刚刚领兵赶到，又被调走了。崇祯六年九月，曹文诏调任大同总兵。朝廷怎么出昏招呢？一种说法是与官场腐败有关：御史刘令誉与曹文诏曾经是邻居，曹总兵老是立功受奖，所以对刘御史从不正眼相瞧。刘御史巡视河南时，还被曹总兵骂了一通。旧恨新仇，刘御史回去后便趁机打了曹总兵一黑枪，崇祯帝便上当干出了"自毁长城"的事。实际上，崇祯皇帝完全是没有办法，因为皇太极正率军进攻大同，没有曹文诏，边防要出大问题。崇祯调出曹文诏不是愚蠢，而是英明，两害相权取其轻，只能这么着了。

曹文诏一走，包围圈就受到了影响。

只能说是影响，应该不会出大问题。民军突围了两个月，一点效果也没有。冬天到了，十几万民军如果不饿死，也得要冻死。打不过，跑不掉，只有投降。

投降，民军最专业的就是这个，打从陕北的时候就练过，但没有一次是真的。八大王张献忠，更是投降"专业户"。论投降，民军比官军的业务水平强多了。民军研究的结果，是向王朴投降。为什么不向左良玉投降？左良玉的厉害他们早领教过，王朴是京城来的，实践经验应该不多。即使王总兵也是个狠角色，那也只是一种可能。明知左总兵的底细还选择他，百分之百就是死路。

投降之前，民军凑足了银两。虽然缺衣少食，民军最不缺的就是钱，这一路大家都是干抢劫业务，况且在包围圈里钱根本就派不上用场。

收了黑钱，又即将立功，王总兵做梦都没想到有这么好的事情。崇祯六年（1634）十一月十八日，民军头领们派了代表找王朴请求投降，王朴愉快地接受了请求，命令民军十日内缴械投降。民军答应，不用十天，四天就行——又冷又饿，十天谁受得了啊！

二十四日，王朴等着民军前来投降，士兵也准备观看受降仪式。十余万民军走出山沟，向王朴的大军走来。结果，全跑了。

论跑路，大家都长着两条腿，民军与官军分不出上下。冲出了包围圈，都是安全地带。河南境内的军队，都用来扎包围圈了。

最急的是左良玉，河南是他的防区，河南要是成了陕西、山西，那他就有"好日子"过了。左良玉率兵就追，追了二十天，张献忠与民军跑得没影了。

五、买回脑袋

张献忠这一跑，将近一年，四川、湖广，最后又到了河南。那些地方不能待，主要是"官军太盛"，加上灾情不重，群众基础自然差了许多，尽管能抢的东西很丰富。至于到河南，那完全是逼的。老家陕西有洪承畴在等着，山西曾是曹文诏的地盘，往人家枪口撞的事不能干。几个省瞎转悠，虽然没被官军给砍了，给官方添的麻烦那是肯定的。

对付民军的跑，朝廷想到了围。崇祯七年，崇祯帝设立五省总督，就是山西、陕西、河南、湖广、四川五省成立大防区，你就算跑五个省，还在一个地盘。任五省总督的，是陈奇瑜。

陈奇瑜，万历四十四年进士，后外放陕西任职，洪承畴是左参政时，他是右参政，对付民军早有了经验。陈奇瑜上任四个月，打了二十三仗，没有一次失手。陈奇瑜的观点与洪承畴非常接近，就是光打胜仗不行，关键要把人口基数降下来。人越少，矛盾与问题就越少。必须想办法把民军赶到一块，最后一网打尽。

最适合作大型屠宰场的是车厢峡。车厢峡位于陕西南部，四面山石陡峭，中间长达四十里，易进难出。民军误入其中，官军在山口垒起了石寨，切断了他们的通路，只要山上扔块石头，下面都要死伤个把人。老天又下了二十天大雨，弓箭都丢失了，马也没有草吃，没等官军动手，民已经死去过半。民军困在这里，挨宰只是个时间问题，时间主要看官军的工作效率。

陈奇瑜最大的成果，还不是围进车厢峡的人多，而是这里面有张献忠、李自成这样的民军"领头羊"。中国的农民"起义"，很多都不是一种有计划、有意识、有组织的行动，更多的是无路可走时出现了一人领头，群起响应。领头的一死，差不多都散了，自生自灭。有了张献忠、李自成这样的"领头羊"，民军集体在车厢峡等死也是不可能的。

不愿等死，又没有活路，没关系，还有第三条路：投降。

民军想到这第三条路并不难，当年杨鹤就教过他们。但是，陈奇瑜不是杨鹤，他的思路是要把人给解决掉。

一个要投降，一个不让投降，民军的韧劲上来了：坚决投降！

但这不是打口水仗的问题。好在张献忠、李自成都在体制内混过，知道其中的潜规则——花钱买投降。可惜，陈奇瑜素质太好，根本不收钱。

总有素质不好的，这就是领导身边的人。民军顺利买通了陈奇瑜的左右，买卖成交。这场投降是怎么回事，张献忠、李自成知道，陈奇瑜心里没底。三万六千多民军，好歹算是投降了。但民军诈降的可能性，陈奇瑜肯定想到了，他选择了一个自认为万无一失的方法：遣送民军回乡时，平均每一百人派一个安抚官护送，发布檄文要求所经过的州县拿出粮草供应他们，递接遣送他们还乡，各地将领不得拦截，以免惹怒了这些人，逼他们重新造反。

这个方法似乎很幼稚，其实很合情理。民军基本上全是老百姓，一个官兵看一百个老百姓，甚至看一千个老百姓，都是足够的。问题是现在的这些老百姓有点特殊，况且没有遭受大的损伤。走过栈道，脱离了险境，那就叫鱼游大海，飞鸟入林，张献忠就反了，五十多个安抚官被杀了个净。

张献忠脑袋，再一次回到了自己的脖子上。陈奇瑜的脑袋，就差点掉了。好在陈奇瑜脑子好使，罪名全推到别人身上。民军一路攻打，沿途的州县全都背了黑锅，陈奇瑜根本不提自己工作失误，反而责怪宝鸡知县李嘉彦及凤翔乡官孙鹏等，破坏了招安大局，造成民军复叛，这五十多人当了替死鬼。陈奇瑜的下场也不好，被贬到边疆充军去了。

六、死人活人一起死

文人出身的陈奇瑜，显然是个"三高"症患者：高估了自己的能力，高估了民军的素质——张献忠的队伍很边缘化，"叛卒、逃卒、驿卒、饥民、响马、难民"很多，普通农民的厚道都没有，又何来诚信？

更严重的是，高估了国内的形势，灾荒面过大，流民数过多，辽事对朝廷的牵制其社会控制能力已经很弱。几万民军跑了，犹如一大盆火种倒了出去，河南、陕西、宁夏、甘肃、山西大地全都着火了。到崇祯八年（1635），中原与西北基本失控。

外患急救外患，内忧急救内忧，崇祯皇帝顾不得许多，打出了洪承畴这张王牌。

洪承畴担任五省总督，目标还是杀人。在洪承畴的眼里，基本没有生命的概念，他是个"人口控制论"者，只要没有人，政治经济问题自然全都没了。洪承畴几个月的凶狠剿杀，民军羊一样地被赶进了河南，其他几个地方自然消停下来。

但是，民军的数目不仅没有减少，反而还增加了，约有三十万——中国是个人口大国，崇祯朝不缺的就是灾民。

洪承畴显得很兴奋，他杀人从来只嫌人少，不计较人多。但洪承畴很谨慎，因为他的包围圈里有上百支民军，还有张献忠、李自成、高迎祥、罗汝才这样的凶悍而狡猾的头领。为了万无一失，左良玉与曹文诏等也加入进来，这二位一直是民军的克星。

到崇祯八年（1635），洪承畴将民军挤压到洛阳附近。陷入重围的民军，在河南荥阳开了一个会。

——"荥阳大会"非常著名，其实是一次"最后的晚餐"，所谓的"十三家"、"七十二营"，很可能在这次聚餐之后就要"上路"了。官军的重兵强将，民军明显不是对手，所以会议几乎是在哀乐声中进行的。

但是，两个人的报告改变了会议气氛。

张献忠的报告只有四个字："怯懦诸辈！"

李自成的报告稍微长一些："一夫犹奋，况十万众乎！官兵无能为也！"

话虽这么说，但总得有个办法，光喊口号解决不了问题。民军头领商量来商量去，找到了一个令人叫绝的办法——打不过活人，可以打死人！

打死人，就是去挖皇帝家的祖坟。明朝有三个都城：首都北京，留都南京，中都凤阳。凤阳是朱元璋的老家，虽然很穷但地位很高。大家一致认为，朱元璋能当皇帝，与老家的祖坟有直接关系。挖掉他的祖坟，他的江山应该就没了，至少可以提高民军的知名度。

打死人的可能性应该很大，但打死人的路上自己当死人，可能性应该也很大，毕竟洪承畴在等着，你一开拔他的大刀说不定就砍过来了，所以不能都去打死人，还得有人去打活人。明知是死，也得有人拿性命把洪承畴挡住。

让一班人去死，让一班人去活，并且也能名利双收，这种工作分工实在残忍。这等超级难题，民军解决起来倒很简单：好在大家的认识都很朴实，砍掉脑袋也不过碗大的疤，死生由命属于天理——谁死谁活，抓阄决定。

张献忠的运气最好，抓阄的结果是打凤阳。另两帮民军一路去山西，一路去湖广，什么结果听天由命。

张献忠的民军直扑凤阳，这天正好是元宵节，老百姓要忙着放花灯，官方几乎都放假出来看热闹，加上大雾弥漫，民军进城之后守军才知道出大事了。杀这几千守军，张献忠只花了半天时间。至少挖祖坟这类土方工程，本是民军的强项。比较难的是拆迁，凤阳的宫殿太雄伟，体量大。明皇陵的地表附属物更多，参天巨松即有三十万株。这个张献忠讲效率，放了一手火——用火，也烧了数日，"光烛百里"，"焚公私庐舍二万二千六百五十余间"。朱元璋早年的就业单位皇觉寺，张献忠也给烧了。

皇帝的老祖宗又死了一回，凤阳的活人也死了。从凤阳知府颜容暄，到凤阳富户，一个不留。这些原本来自底层的民军，对同属底层的平民同样残忍。在凤阳，"士民被杀者数万，剖孕妇，注婴儿于槊。"不分男女，也不分老幼，暴力屠杀是一种娱乐，一种心理学上畸形快感。

张献忠的民军很快学会了分类杀人。凤阳成为一片焦土，该抢的也抢了，张献忠与手下共同大吃大喝了三天，竖了个"古元真龙皇帝"大旗，然后开拔——坐等后面的追兵，张献忠没有那么傻，况且还要赶下一个场子。

下一站，六合。六合与凤阳不同，凤阳因为风水上的考虑没有城墙，六合不仅有城墙而且很坚固，民军的攻城技术和设施基本没有，张献忠临时发明了一项技术：抓来几千名妇女，脱光衣服，集体对城叫骂。民间妇女都很保守，凡是不肯脱尽衣服，或心理素质不好脱尽衣服发不出声音的，立即剁成肉酱。

这个办法很新，但效果很差，张献忠又将技术进行了改进：砍掉妇女的头，倒埋在土里，阴部朝着城墙。据说，这样可以压制明军的火炮和冷箭。

六合围了数天，守军固守不出，张献忠无计可施，手下很是苦闷，于是"聚小儿百十，环木焚之，听其哀号为笑乐"。

而在霍山，民军的暴行更为惨烈：士兵当着父亲、丈夫的面，强奸其女儿、妻子；大庭广众之下，强迫父亲奸淫女儿；猜测孕妇胎儿性别，然后剖腹验证；将婴儿扔进油锅，观其挣扎取乐……"暴酷亘古未有"。

七、老大的滋味

如此天理不容，张献忠这是自取灭亡吗？事实恰恰相反。作为世界历史上独一无二的现象，中国农民起义就是这样驱动历史的轮回。没有尊严与生命保障的底层民众，一旦社会陷入无序，同样无视他人的尊严与生命，良民成为魔鬼，暴力成为狂欢。

更多的底层民众加入到张献忠的队伍，张献忠也一路从北打到南，再由南打到北，崇祯九年（1636）初再进河南。

祖坟被挖，凶手还越发猖狂，崇祯皇帝几乎疯了。狠的怕硬的，硬的怕不要命的，崇祯皇帝也只能拼命了。在几乎倾巢出动的官军合力围剿下，张献忠惨败。

张献忠从来就不害怕失败，毕竟都"死"过好几回了。他也很有方法，老一套：逃跑，向南。地方大概在今安徽、湖北，准确地点很难说清，因为这人身体好，太能跑了。

逃窜中的张献忠，甚至心里有点高兴，因为失败总是相对的，有人比他败得更惨：民军的"老大"高迎祥命都没了，接盘高迎祥做闯王的李自成，惨得简直有点不好意思——最潦倒的时候，总共只有十八个人，还包括他自己。而令张献忠觉得可笑的是，李闯王居然连老婆都跟人跑了。李自成最终进京做了皇帝，张献忠特别不服气，道理就在这个地方。

张献忠感到不对劲的，是杨嗣昌来了。尽管知识面不足，张献忠对杨嗣昌还是了解的，毕竟跟他爹杨鹤打了多年交道。

杨嗣昌，字文弱，湖广武陵人，万历三十八年进士。

由于父亲的原因，杨嗣昌对"流贼"非常痛恨，矢志将父亲的未竟之业进行到底。在别人害怕接这茬活的时候，杨嗣昌主动要求为国分忧，所以崇祯很感动，决定重用杨嗣昌。

杨嗣昌的计划很宏伟，简单地说就是八个字："四正六隅，十面张网"。四正，包括湖广、河南、陕西、凤阳；六隅，是指山东、山西、应天、江西、四川、延绥。这是史上最大的"十面埋伏"，全国范围内设置十个战区，四个主要的，六个次要的，天罗地网，要将民军一网打尽。

盘子大，预算当然也大，杨嗣昌要价增兵十二万，饷银二百八十万两以上。人的问题好解决，没饭吃的人多得是。钱的问题才叫问题，当然也只能找老百姓要，方法就是加租。这个决策在论证的时候争议很大，因为道理过于简单：老百姓正因为没法活才造反，为了解决问题又让更多的老百姓没法活，这跟帮助张献忠、李自成征兵没什么区别。但是，除了这个办法又没有别的办法，崇祯只好同意。

最后，杨嗣昌说，要实现这个计划，我必须用一个人。崇祯说，十个都行。杨嗣昌要的人，是熊文灿。

熊文灿，贵州永宁卫人，万历三十五年进士。崇祯元年，熊文灿巡抚福建，成功地招抚了著名的历史人物郑成功他爹——海盗郑芝龙。熊文灿又利用郑芝龙，消灭了海贼李魁奇、刘香，彻底平定了东南沿海的海盗，为大明朝立下了汗马功劳。最值得称道的是，利用"汉奸"打"鬼子"，花的还是别人的钱，熊文灿在经济学上应该很有建树。

崇祯十年（1637）十月，总督熊文灿正式来到湖广上任，明显是冲着张献忠来的。张献忠准备接招，等了很多天，什么招都没见着，居然等到了一纸"广告"。

熊文灿是玩招安起家的，杨嗣昌让他来剿贼，他决定招抚。与流贼真刀真枪地玩，这个专业他很陌生。在熊文灿的辖区内，民军主要是张献忠、刘国能两支，熊文灿也不知道如何联系，所以就派了几百个人到处贴告示。

张献忠派人拿着"广告"找熊文灿兑现承诺，熊文灿说这个没问题。轮到张献忠方面表态，张献忠的人说我方人马太多，需要时间准备，反正投降那是一定的。

张献忠的意思是先套住熊总督，让对方开出更优惠的价码。投降一阵子，也是没办法的是，各路民军不争气，自己成为"老大"，压力也挺大，杨嗣昌"十面埋伏"已经实施，跑到哪日子都不好混。

张献忠要价的工夫，刘国能却真投降了。张献忠很生气，觉得这后辈真不会做生意，人家出什么价你就答应什么价?！但也没有好办法，张献忠决定比照刘国能的价码，办理投降手续。

张献忠立即派人去找熊文灿，熊总督的答复让张献忠心更凉了——熊文灿说：研究研究再说吧！

这意思，是"广告"上的词儿只能参考，生意也不一定再做了。

熊文灿这态度，倒不是诚信问题，也不是谋略问题，而是压力有点大。熊文灿主抚，朝廷的主战派很有意见。特别是张献忠这种诚信记录有严重问题的"客户"，熊总督的手下左良玉压根就不相信，跟领导之间总是磕磕碰碰。

但张献忠不愧在体制内混过的，办法立马有了：送礼。

捞钱之余又有政绩，熊总督觉得顶住压力很划算，也不研究了，直接同意接受投降。同时，照顾一下张献忠，民军的安置地依旧放在谷城（今湖北）。

按理，张献忠就算真心投降，也应该将他异地安置，更不能集中安置，这样便于监管，万一不听话也好下手。

置身其境的熊文灿没想到的事，千里之外的杨嗣昌想到了，并且更绝、更黑：让张献忠去打李自成。

宋江招安后，第一桩事就是打方腊，《水浒传》如果都没读过那就不是杨嗣昌。但崇祯皇帝没同意，究竟是他多疑担心两家联手，还是真心厚道不忍看同伙互捅，这就不清楚了。就这样，张献忠在谷城归顺了十个月，刷新了自己的投降纪录。

熊文灿没有给张献忠压力，李自成却给了张献忠压力。张献忠本来已成为民军的老大，可李自成太会来事，很快将其反超。不进则退，假投降影响真发展。

但张献忠的嫉妒，很快又变成了担心。因为李自成变成了"老大"，同时享受了优先挨打。"十面埋伏"是针对所有民军的，谁当"老大"谁优先享受。熊文灿嘴功厉害，洪承畴、孙传庭拳头厉害，这二位打得李自成陕西、四川、甘肃、河南来回躲，最后在河南南原被打出了民军排行榜——李自成只剩下了十八个人。十八个人，哪个村长叫一声都不止这个数。

西北民变歇菜了，剩下最大的一股民军就数张献忠。当上反对派的老大，张献忠想到李自成的境遇，预感到这绝对不是好事。这种老大，从来都是众矢之的，李自成的命运迟早要落到自己的头上。李自成好歹还下落不明，自己这颗脑袋说不准还要挂在哪座城头上。

八、忽悠掉的大脑袋

但是，张献忠脑袋依旧长在自己的脖子上。

李自成陷入绝境，张献忠日子依然滋润，原因很简单：解决掉李自成，朝廷准备使第二枪，枪又有急用——崇祯十一年（1638），多尔衮、岳托率领的两路清军越过长城，兵锋指向了大明朝的心脏。

主要人马拉去急救，本应享受"特级护理"的张献忠不得不被晾在了一边。不作死就不会死，张献忠的人马确实需要休整，主动挑战说不定就是死路。不投降，不造反，只能玩忽悠。

但是，张献忠的问题一日不实质性地解决，熊文灿也一日睡不着觉。熊文灿并不糊涂，对外宣传张献忠是真降了，那也只是说说而已。所以，隔三岔五熊总督都给张副总兵出点题目。有几次缺兵，熊文灿想一箭双雕，找张献忠"借"。张献忠没有缴械，因为张献忠有"忠心"，需要留着队伍为朝廷"效力"。这个说法，也算说得过去，熊文灿也曾顺水推舟表扬过他。你留我借，天长日久地借下去，被借成穷光蛋是迟早的事，张献忠不会干的。

熊文灿要借，张献忠也不能不借，撕破脸皮对谁都不好，所以也只能忽悠，先答应下来，然后给熊文灿回话：事情的落实要点时间，迟几天，再迟几天。几天之后，下文当然是没有，因为新理由肯定会出来。

熊文灿知道张献忠在忽悠，不愿较真，是因为自己也在玩忽悠。并且，这种想法比张献忠还早。

两年前，熊文灿接到调令，即在庐山咨询过空隐和尚。所谓旁观者清，体制内那是听不到真话的。熊文灿的咨询事项还没提交，空隐和尚就给了他三个字的答案：公误矣！

熊文灿条件反射般的回了个"为什么"。空隐说，那你掂量掂量，你有能搞定流贼的士兵吗？

这个没有。接着空隐来了段文言文："有可属大事当一面不烦指挥而定者乎？"

熊文灿的文化水平没有问题，他回答空隐：指挥大局，独当一面的将才，这个真没有！

空隐甩出的包袱，一点都不幽默：皇上对你万般器重，事实上你又无兵无将，结局大概就是杀头。

熊文灿沉默半晌，试探道：招抚行不？

这是熊文灿成功的起点，也是自己强项。空隐的结论是：流贼，不是海贼。

时过境迁，发达地区的经验拿到贫困地区来，熊文灿成功的起点就这么成为他成功的终点。

熊文灿对张献忠始终不采取强硬措施，完全是可以理解的。没有金刚钻，不揽瓷器活，熊文灿的忽悠，很有一点明智的色彩。

张献忠对熊文灿的事忽悠，对自己的则十分实诚。他住在谷城，除了天天练兵，还认真补习文化。没有文化的军队是愚蠢的军队，张献忠找了个秀才，给自己当军师。

军师潘独鳌，又作潘独鹜，湖北应城人，秀才出身。别瞧不起秀才，洪秀全学历其实还不如他，造反的活干得照样惊天动地。张献忠到来之前，潘独鳌就拉过一支三十人的队伍，不过那时是准备打张献忠的。关键时刻，潘独鳌审时度势，归顺了张献忠，可见在他的眼里民军是一支潜力股，比起资不抵债的国企是值得投资的。张献忠对潘独鳌很器重，后来还让他的儿子当自己的礼部尚书。潘独鳌干活很卖力，经常加班给张献忠部的军官补习文化，张献忠和他的大小头目也由此知道了"孙子兵法"。从这个时候起，张献忠的民军就不再是乌合之众了，战略战术也与官军缩小了距离。

除了练兵，学习文化，张献忠开始学习行政管理。谷城这一带，张献忠安排人收税收费，抓贼断案，跟老百姓的关系搞得也比较好，随便杀个老百姓开开心的事几乎没有。没事的时候，张献忠还到处视察，俨然自己是谷城县长。

假县长太敬业，真县长就不干了。谷城县令阮之钿，桐城诸生。阮县令如今知道他的人很少，但与他有关的两个人很有名：阮大铖，刘若宰。前者是他本家，后者是他亲戚。阮之钿的县令帽子，便是状元刘若宰帮忙争取来的。

但是，阮县令政治素质好，工作认真负责，自打张献忠的部队被安置在县境，阮县令的日子实在没法过。该阮县令收的税，被张献忠收了，总不能让老百姓交两次税，完成自己税收任务。更麻烦的是张献忠不仅收税，部下还又四处抢掠，造成社会治安问题。阮之钿找张献忠交涉，张献忠说：你是朝廷的地方干部，我是朝廷的部队干部，部队供给不足，你应该负责，我们自己想办法，没去找你就算不错了！

阮县令这个窝囊实在没法说，眼睛始终盯住张献忠的一举一动，巴不得早点解决。崇祯十二年（1639）年初，阮县令的关注有了重大成果：张献忠密见了一个人。经过秘密侦察，阮县令大吃一惊，这个人竟是朝廷"一号通缉令"上的主角：李自成！

成天忽悠，以改邪归正自居，张献忠还能蒙过一些人。但李自成改行当官兵，可是他自己都没说过的。打得只剩下十八个人还不肯求饶，李自成与张献忠是风格完全不同的两路人。在混得最潦倒的困难时刻，李自成又跋山涉水只身来到张献忠大营，不是求张献忠给两个钱花，而是要把造反大业进行到底。

阮之钿对张献忠的图谋，已经一清二楚，恰好同乡方孔炤巡抚湖广，方孔炤是个主战派，本来就不相信张献忠是真投降，于是八次上书要求把张献忠给解决掉。但是，所有的报告都没有下文。

熊文灿不是相信张献忠有诚心，而是对自己没信心。撕破脸皮打起来，怕不是张献忠的对手。更重要的一点，张献忠送了他不少的钱，还有不少古董。张献忠虽说文化水平不高，但搞到的古董却没有一件是赝品。阮县令对朝廷倒是实诚，但这么长时间，也没给过自己什么好处啊！

张献忠就不一样，几乎每个星期都要给熊文灿送份礼，分量还不轻。除了熊文灿，远在京城的高官，他也不嫌麻烦，经常派人专程送礼，顺便打听点信息。

阮县令不够客气，那是因为他官太小。张献忠如今是个副将，按照体制内的规矩，也没有哪个上级对下级点头哈腰的。对上级和关键人物，张献忠还是很讲礼节的，拜见时都是行下跪礼，还且很规范，尽管讲礼貌、讲规矩他打小就不习惯，为了工作需要，这些年算是磨炼出来了。

官场正规礼节，张献忠懂。细节问题，他也无师自通，熊文灿等高官的住处，他还时常去串串门，联络联络感情，加深加深印象。所以，怀疑张献忠贼心不死，熊文灿多少有点于心不忍。左良玉、方孔炤、阮之钿等三番五次地提醒要防范张献忠，甚至要解决张献忠，熊大人觉得可能与张献忠没有送礼有关，或送礼太少有关。也可能是这帮人站着说话不腰痛，万一军事行动出了差错，领导责任谁来承担？类似的报告太多，熊大人统一口径回复：不会的！

大人有大量，左良玉、方孔炤提了多次没有结果，最终说说也就算了。阮之钿做事太较真，熊文灿不肯干的事他要去干。当然，刺杀张献忠，阮县令是做不到的，他能做的是思想政治工作，让张献忠安心在政府部门工作。于是，独自一人来到张献忠大营，承诺只要张献忠不造反，可用自己全家人的性命担保张将军身体健康，万事如意！张献忠真想上前一个嘴巴把他抽死，但是忍住了，改送阮县令一顿臭骂。张献忠嗓门大，话又脏，并且还是书上找不到的新词。阮县令一时想不开，回家之后在墙上写下了张献忠早晚必反这样一段话，拿起"农药"便喝了下去。幸亏是古代"农药"的科技含量低，阮县令想死没死成，但是留下了后遗症，经常生病。

或许是李自成的反动宣传起了作用，或许是内部情报搞得太准：满清大军大举入侵，张献忠心里发怵的孙传庭、洪承畴全都去了辽东，朝廷很难顾得上湖广的事。崇祯十二年（1639）五月，张献忠依旧戴着熊文灿给的副将帽子，毫不客气地打起了官军。

张献忠重新起事后的第一站，是拿下谷城县城，这对张献忠来说太容易。轻而易举地拿下谷城，民军打开监狱放出囚徒，发动群众跟着造反，还把阮县令上班的地方放火烧了。县城里的官员全都跑了，阮之钿很有士大夫的气节，在家里第二次喝"农药"，药还没找到，张献忠派人来了，让他投降，他不降；让他交官印，他不交。张献忠能搞定熊文灿，就是搞不定阮之钿。盛怒之下，张献忠砍了阮之钿，再挫骨扬灰。这一天，是大明崇祯十二年（1639）五月六日。

顺手拿下谷城县，张献忠也不像过去急着去抢第二家。按照事先的秘密约定，赶去与曹操会师。

曹操，跟曹丞相没有关系，真名叫罗汝才，出生地及后来的简历与张献忠如出一辙，投降后的安置地是郧县。两股民军合兵一处，然后大军开溜！

不开溜，等于待在官军的包围圈等死。

重举大旗，张献忠发布了史上最奇葩的檄文，通篇不讲自己的正义之举以及豪迈决心，而是一份大字号的送礼清单：受贿人姓名，受贿金额，详略得当，一清二楚，没有一句废话。

经济问题被举报，熊文灿也顾不得许多，就算坐牢也比掉脑袋好。更好在手下有个左良玉。左总兵提建议熊大人不听，熊大人下命令左总兵还是雷厉风行地执行，因为他过去经常打，每次都打赢，自己的身份地位，等于是张献忠这个陪练送的。

追到襄阳附近的罗山，左良玉与张献忠两军遭遇。准确地讲，不是左良玉追上了张献忠，而是张献忠等到了左良玉。潘军师传授的"孙子兵法"普及本，张献忠运用得出神入化：民军布下的大口袋，网住了河南总兵张任学，也网住了左良玉的几万官兵。左良玉的能耐确实比张任学大，最终带着几百残兵逃了出来。

左良玉回来后停职反省了，因为他不光打了败仗，还把总兵官印给弄丢了。丢在哪，根本想不起来。

最惨的是熊文灿，辛辛苦苦忽悠了几年，最后把自己的脑袋给忽悠没了。

九、一颗更大的脑袋

崇祯皇帝杀掉熊文灿，不是解气这么简单，是熊文灿忽悠的结果太严重：李自成、老回回、革里眼、左金王这些差不多人间蒸发的全都重回人间，归顺官军的诸多民军也都出来效法张献忠。当然，闹得最凶的是张献忠。

出来收拾张献忠的是杨嗣昌。如今的杨嗣昌是东阁大学士，为他送行的是皇帝朱由检。殊荣备至，杨嗣昌感动落泪。擦干泪水，杨嗣昌向皇帝要了两样东西：一把尚方宝剑，一颗平贼将军印。

崇祯十二年（1639）十月，杨嗣昌抵达襄阳。见到杨嗣昌，第一哭了的是左良玉。按照常理，左良玉兵败可以杀头，但杨大人不仅不要他的脑袋，还补发了一颗新将军印。杨嗣昌临出门要的平贼将军印，送给了左良玉。杨嗣昌官当大了，境界如何不说，视野算是开阔的：能拿刀砍人的，左良玉算一个，只要能找到理由留着，就不能给砍了，公平执法是要看什么时候的。当然，尚方宝剑是自己留着用的。

知恩图报，左良玉想不打张献忠都难了。张献忠知道杨嗣昌来者不善，马不停蹄地往远方跑。压力从来就不如动力，在四川，左良玉追上了张献忠。

论实力，张献忠是不如左良玉的。短短一天，张献忠被打得一塌糊涂。张献忠是一个不懂得伤心的人，这一次伤心狠嚎：老婆被杀了一个、抓了两个，八岁的儿子拔刀自刎，军师潘独鳌、徐以显被活捉，自己的大刀也弄丢了。更伤心气恼的是，自己还"死"于乱军，只是官军连找三天，没找到自己的尸体，弄得自己没法做人。

接到捷报，杨嗣昌兴奋至极，当即命令左良玉乘胜前进。左良玉前进了十几天，也没找到真的张献忠。但没多久，杨嗣昌头都大了，因为他遇上了两个难题：张献忠失踪，左良玉请假。

张献忠失踪好理解，左良玉请假干什么？左良玉的请假报告上说，进入四川水土不服，病得不轻对不起组织。而据《明史》记载，在左良玉即将追上张献忠的时候，张献忠眉头皱都不皱，淡定地派出心腹马元利，掉头去找左良玉，对左良玉说：左公你别一根筋，灭了老张你有什么好？你有今天，正因为老张给你陪练，没有老张你就该回家抱孙子了。

说完，马元利在左良玉面前放下重重的一袋钱。

"献忠在，故公见重"，拥兵自重，养寇自保，左良玉与张献忠文化水平差不多，社会经验也差不多。虽说是敌手，共同语言还是有的。

张献忠有没有派人说这话，有一半可以肯定是真的。左良玉是个很有争议的人，被言官弹劾已经数不清多少次了，没有倒是因为需要他这样肯卖命、会卖命的人。到了国泰民安的那一天，受贿问题不说，刑事犯罪肯定要追究——纵兵抢劫，左良玉比张献忠经验丰富。张献忠勒索不到钱，砍人质解恨。左良玉勒索不到钱，会把人质用门板夹着烤，直到家属提钱领人为止，有时钱款两清，退还对方的还是尸体。公正地讲，左良玉的军纪介于李自成与张献忠之间。再过一段时间，还会被张献忠反超。放张献忠一马，也是放自己一马。

张献忠休养得差不多，人马也补充得差不多了，终于在四川"活"过来了。左良玉不方便，杨嗣昌自己率领各路人马入川。四川地形复杂，张献忠打小就在四川做过买卖，所以来去自如。杨嗣昌与他的部下就不一样了，路不熟，地图又没有，找了大半年，只找到张献忠的一首诗："前有邵巡抚，常来团转舞。后有廖参军，不战随我行。好个杨阁部，离我三尺路。"

邵巡抚、廖参军，是指四川巡抚邵捷春与监军廖大亨。杨阁部，当然是指杨嗣昌。张献忠的"老干体"，杨嗣昌压根不敢评点，他怕知道的人多了，影响自己的声誉。

杨嗣昌接着找，居然把张献忠给找没了。

找不到张献忠时杨嗣昌急，找到张献忠时杨嗣昌魂都没了！张献忠，竟然在赴襄阳的路上。

张献忠不在四川与杨嗣昌死磕，是因为他已经完成了由劫匪到军事家的升级。搞硬拼，打败杨嗣昌的可能性小；搞埋伏，左良玉已经上过一次当了。杨嗣昌重兵入川，留在大本营兵力少。避重就轻，是明摆的一笔账。

况且，襄阳有一个极重要的人——不是关在那的自己老婆孩子，两个军师，而是一个足以杀杨嗣昌而不见血的人。

兵贵神速，张献忠直扑襄阳。首先进襄阳城的，是十二个人，也没有打，他们自我介绍，说是杨嗣昌的传令兵。查验证件，都是真的，接受守城官兵的注目礼，十二个人大摇大摆地进去。

十二个人要是杀人成效不会很大，专门放火那就既轻松又有效率。深更半夜，襄阳城火光冲天，一片混乱。这时候，张献忠的大队人马到了。没费多大周折，张献忠拿下了襄阳，也找到了至关重要的那个人——这就是朱翊铭。

襄王朱翊铭，崇祯皇帝的爷爷万历皇帝见了都得叫他兄弟。不过，这位七十多岁须发皆白的老王爷，很丢祖宗的脸，见了张献忠跪倒在地，大叫"爷爷"。张献忠要是真有这么个孙子，哪用得着提着脑袋成天打打杀杀啊！

明知不是孙子，张献忠倒也客气，亲自把襄王从地上扶起来，还拿把椅子让他坐着说话。

张献忠客气，襄王更客气：千岁爷爷，要什么财宝，随便搬好了！

张献忠笑着说：你是千岁，倒叫我千岁。我不要别的，只借你的头用。

襄王大呼饶命，张献忠让人给他端来一杯酒，算是临终关怀："你不给我头，那杨嗣昌不得死。"然后，砍下襄王的头，投尸火中。

杨嗣昌正在赶回襄阳，得到消息内疚自杀。并且，是带病自杀……

杨嗣昌其实可以不死。但是，襄王死了，他也死了，为的是忠诚，为的是责任。闻知噩耗，崇祯皇帝悲痛欲绝。他不是哭襄王，而是杨嗣昌！

十、死路与活路

崇祯皇帝尽管很悲愤，却并没有对张献忠采取激烈的报复。不是客气，是因为大清皇太极又发兵了，而李自成也不再玩潜伏了。

崇祯十三年（1640），李自成重新起事河南——这对专业造反的李自成来说，是在正确的时间、正确的地点做出了正确的选择。这时候的河南，遭遇了明朝历史从未有过的大旱，百年一遇，并且还要乘以二。朝廷面临内忧外患，要花钱的地方太多，只有让老百姓将裤腰带勒到脖子上。如果不愿将裤腰带勒到脖子上，只有逃离，到处找吃，至少也让朝廷找不着纳税人。世界那么大，有粮食的人总会有的。

"吃他娘，穿他娘，开了大门迎闯王，闯王来时不纳粮。"李自成的口号，既有着真理的属性，也有着实践的价值，所以找李自成当兵的，就差没有"开后门"了。

困境中的崇祯帝曾痛哭而不解，大臣们一致给出了答案："气数"。唯心主义的"气数"与唯物主义的"气候"，在崇祯朝达到了高度的统一，就连与崇祯水火不容的李自成也举手赞成——几年后，他书面通知崇祯："嗟尔明朝，气数已尽。"

李自成造反大业选址河南，唯一的缺陷是离京城太近。投资黄金地段的高收益与高风险是并存的，所以他成了崇祯关注的焦点。相对于京城，四川、湖广（湖南、湖北）、南直隶（安徽、江苏）都属于偏远地段，张献忠的"开发"近乎随心所欲。

明崇祯十四年（1641）二月，张献忠继攻克襄阳后再下樊城，然后一路狂杀滥打，至七月先后拿下随州、南阳、郧西、信阳。打得太猛，朝廷不得不重视起来。在信阳，张献忠被左良玉打得大败，人也受了伤。秋八月张献忠逃向英山，完全被王允成击败，"众道散且尽，从骑止数十"。

这时的张献忠，又到了歇业关门的境地。再玩招安，你这几十个人人家一二三就可以灭掉，花一分钱都属于冤枉。于是，张献忠决定硬着头皮去投李自成。李自成对张献忠太了解了，即便混得再潦倒，张献忠寄人篱下都是假的，所以打算悄悄把他给灭了。罗汝才与张献忠合作了很长时间，合作失败，改投了李自成。买卖不成仁义在，罗汝才觉得这样对待张献忠不够意思，劝阻了李自成，还私下送了五百人马，让张献忠赶紧走人。

这时的李自成正围攻开封，督师丁启睿和左良玉等官军主力，尽北上增援。这么好的机遇，张献忠果断南下，跑到了英、霍山区，与老回回马守应、革里眼贺一龙、左金王贺锦、争世王刘希尧、乱地王蔺养成的"革左五营"合伙了。从山穷水尽到声势复振，张献忠只花了一年时间。崇祯十五年（1642）二月，张献忠率汇合后的民军，攻陷舒城、六安、庐州，又连下无为、庐江，今天的安徽几乎被闹得底朝天，总兵官黄得功、刘良佐的官军先后被打败,"江南大震"。

民军队伍的急剧扩大,都是有原因的。西北的老百姓跟着李自成跑,那是为了有口吃的,免得被饿死。安徽的老百姓跟在张献忠后面,不完全是因为没得吃,而是免得被砍死。张献忠攻下舒城,先把房子烧尽,活人全掠到一起,然后亲自问:"有愿去家者,另立一边。"

另立一边的,全部剁了。

死路与活路,就这么简单。

但是,对底层民众而言,只有面临死路,才能明白过来。在这片广阔的地域里,民众对张献忠的态度是复杂的,有人欢迎,有人恐惧。欢迎者,自有道理。《萤芝堂集》记载的社会底层的僮仆生存状态,足以超越后人想象:"奴多腹坎无食,膝踝无裙,臀臂无完肤;妇女未配,早破其瓜;妇未耦子,先割其鲜。"当既有的社会秩序被打破,张献忠就是他们的救星。麻城有个叫汤志的僮仆,就曾自费前往潜山迎接张献忠。张献忠抵达桐城时,正值张献忠生日,地方民众搭起戏台为之祝寿。舞台两侧,挂着红底金字的两副寿联,一则是:"天上命明君,曾见黄河清此日;人间寿新主,争似嵩岳祝千秋。"张献忠与民众,都快活不已。

崇祯十六年(1643)正月,张献忠又一路攻打湖广,五月攻下汉阳,逼近武昌。

湖广是长江中游最富庶的地区,境内皇亲宗藩林立,有长沙吉王、衡州桂王、常德荣王、宝庆岷王、蕲州荆王、襄阳襄王、荆州惠王等。武昌为湖广省会,城内的楚王朱华奎也是藩王中的首富。左良玉找楚王借钱充作军饷,楚王一毛不拔。驻武昌的三个"一把手"都指挥使、布政使、按察使一齐跪在楚王面前,求他掏钱好招兵保城,楚王终于下了决心,捐出一把高档椅子,说你们把它卖了充作军饷吧!

五月二十九日,民军攻下楚王府,"尽取宫中金银各百万,辇载数百车不尽"。张献忠找来楚王,对他说:"吾来,正欲扶王为天子耳!"楚王没有等到这个好事,他被张献忠塞进竹笼,扔进了长江。

张献忠虽然处死了楚王,内心应该是感谢楚王的:他一分钱不借给左良玉,积下的钱财全给了张献忠!这下,张献忠比大明的"国防部"都有钱,一笔就拨了六百余万两银子,召集各地流民前来当兵。张献忠的队伍不断扩大,因为不管是给谁当兵,毕竟能解决吃饭问题。

有钱有兵，当然就是皇上！就在当天，张献忠宣布自己是"大西王"，武昌为京城，竖了两杆旗：一面"天与人归"；一面"招贤纳士"。

张献忠从此还真有了变化，因为"有大志，不甚残杀"。他给武昌、汉阳、六安各拨了五千两银子，用于赈济饥民，引来"蕲、黄二十一州县悉附"。

八月，张献忠决定离开"京城"南下。离开的原因，是李自成给他送了封"贺电"，电文曰："老回回已降，曹革左皆死，行及汝矣。"

当时李自成在襄阳建号称王，张献忠占据武昌，分明是与自己争夺天下，那就等死吧！张献忠不怕官军，但很是恐惧李自成。干脆，离他远点。

张献忠几十万重兵横扫今湖南，十月占领武陵县。这里是杨鹤、杨嗣昌父子的老家，这仇恨不是一般的深。张献忠把杨家的老祖宗挖出来，再"死"一回，活着的"九族尽诛"，"有捉杨姓一人者，赏银十两。捉其子孙兄弟者，赏千金"。至于杨家的田产，反正也带不走，做个人情：谁愿种，只管种。并且，免税，一个人情做到底。

不管怎么说，张献忠把一部分人送上了死路，一部分人送上了活路。

湖广、两广扫了一圈，张献忠决定进军四川，因为这些地方没什么有价值的东西了，并且官军也赶过来了，更主要的是"天无二日，民无二王"，李自成不乐意。

张献忠来到汉州，许多百姓"匍伏道左"来欢迎，张献忠一高兴，每个人赏给一块元宝。张献忠来到新都，又有许多老百姓在道边迎接他。张献忠勃然大怒："你们是想要老子的元宝吗？"于是，抡起一根棍子就打，跑得慢的，骨头都断了。

其实，这完全不相干的两帮人，都是无路可走的人，是指望换个新主子能带来活路。可惜，这样的主子，给的是死路还是活路，主子自身也不知道……

十一、天堂地狱之间

崇祯十七年（1644）正月，张献忠率部向四川进发，这是他第五次入川。七月，围困四川首府成都。

此时的成都守兵，已到了"食绝"的地步，守将刘佳允、巡按御史刘之渤等前往蜀王府，请求解决粮饷。成都蜀王朱至澍同样是个铁公鸡，他对守将们说：钱没有，只有这座大殿，你们可以卖了充作军饷。刘之渤悲愤难当，厉声道：殿下，这座大殿无人买得起，只有李自成是受主！

军心溃散，八月初九日民军攻克成都。蜀王朱至澍、太平王朱至㳢自杀，四川巡抚龙文光、巡按御史刘之渤、按察副使张继孟等主要官员被杀。

崇祯十七年（1644）十一月十六，张献忠迎来了他的好日子——他称帝成都，国号"大西"，改元"大顺"，以成都为西京。王朝轮回的影子似乎显出，张献忠设置左右丞相，六部尚书等文武官员，开科取士，颁行《通天历》，设钱局铸造"大顺通宝"。

当了皇帝，大兴土木是必需的。成都蜀王府经过大规模装修改建，成了新朝的王宫。雕龙绘凤，整饬一新。张献忠新衣新帽，端坐殿中，文武百官，叩拜如仪。张献忠捋髯大笑："起来吧，龟孙们，弄得还挺像个样哩！"

皇帝有了，皇妃也要有。张献忠从抢来的女子中挑了三百个，作为妃子，养在后宫。又阉了一批人，充作太监。皇帝的威严一齐再现，张献忠命人"恭避御讳"，凡使用"献"、"忠"二字者一律杀头。全四川的石碑都被翻了个遍，碑文上的"献"字"忠"字一律铲除，甚至连完整的石碑都见不到了。

张献忠终于当上了天子，进入了梦想的天堂。但是，张献忠的天堂旁边，其实就是地狱。

皇帝当上了，再像"流寇"一样动不动就杀人，总是不太好的。张献忠找到了比杀人更好的办法：剁手。数万被俘明军集中排队，走到民军面前，伸出右手，放到木案上。民军士兵手起刀落，留在木案上的手指微微抖动，痛不欲生的官兵被一脚踹开。

右手没了，回家当顺民也会饿死。机灵点兵士趁着人多以左手冒充右手。结果更坏，左手剁了，再抓回来补剁右手。

张"皇帝"这个伟大的剁手，其实是空前绝后的智慧发明：不杀是恩典，剁手是恐怖，有恐怖就能震慑社会，培养教化出天下顺民。

社会层面的控制，张献忠也不比资深皇帝差。他派出大量士兵装成老百姓，游窜大街小巷，侦听民众的思想动态。发现有"讪讽新朝"的，立刻绑走治罪。有对夫妻夜间唠叨邻里琐事，老婆说："净说些张家长李家短的，有什么用！"特务听到一个"张"字，破门拿人。张献忠听说了，捋髯大笑："他这是说我张家长，李自成家短。良民，放了！"

张献忠对文人似乎好点，毕竟也读过一阵子书，知道文人有用。他一年搞了两次科举考试，录取进士一大堆，对状元张大受更是情有独钟。此人仪表堂堂，张献忠"一见大悦"，又是赐赏，又是赐宴，欢聚了一天，"复赐美女十人，甲第一区，家丁二十人"。第二天，张大受入朝谢恩，张献忠闻听后忽然皱起眉头："这驴养的，老子爱得他紧，但一见他，心上就爱得过不得。老子有些怕看见他，你们快些与我收拾了，不可叫他再来见老子。"就在宫门口，把张大受给杀了。

张献忠对待自己最亲近的人，同样令人匪夷所思。有次他患了疟疾，对天许愿病好了以"朝天蜡烛两盘"贡奉上天。病好后，张献忠命令士兵将砍来的女子纤足，堆成两堆。张献忠看了以后，觉得需要两只漂亮的三寸金莲，作为莲峰。回头瞧见自己的小妾，这脚很合适，于是砍了下来。然后放火，这就叫点"朝天烛"……

十二、死路究竟有几条

张献忠生于天崩地坼之时，不甘人下，心理叛逆，又屡受挫折，形成强烈的反社会型人格。如果生逢太平世界，他一生或许会在监狱中终结。但他生逢乱世，恰是生逢其时，囚徒成为一时的领袖，从而将无数无辜送上死路。最终他也异于常人，有了种种死亡之路。

死路，对张献忠来说只是迟早。即位成都，既是他的人生巅峰，也是末路的开始。在四川，他受到曾英、李占春、于大海、王祥、杨展、曹勋等各路明军及地方武装的联合剿杀，同时也为同类李自成部所攻击。李自成为清兵所败，张献忠又成为清军的重点打击目标。

张献忠什么时候死的？清顺治三年（1646）。具体死亡时间，《平寇志》说是五月初二，《世祖章皇帝实录》称是十二月二十七日。在这半年多的时间里，他都得不停地"死"！

怎么死的？更复杂。《明史纪事本末》记载，张献忠是病死。《明季北略》记载，是张献忠义子孙可望将其毒死。《滟滪囊》记载，张献忠与清军交战，被乱箭射死。《世祖章皇帝实录》记载，张献忠是被清军护军统领鳌拜所杀战死。《清史稿》"豪格传"记载，张献忠为豪格射杀。而费密《荒书》的说法，是十二月十一日清晨，张献忠被清军的蒙古射手雅布兰射死。

一个人，不可能死一次还死二次，也不可能在不同的时间、不同的地点被不同的人杀死。作为一个复杂的历史人物，张献忠不同的死路，寄托了后人更为复杂的情感，甚至隐含着复杂的目的。

比较可信的史实是，张献忠在明朝残余军队与四川地主武装的进攻中失利，不得不放弃成都，北上转移，在西充凤凰山与清军遭遇。

清顺治三年（1646）十一月二十一日清晨，漫天浓雾。豪格派护军统领鳌拜等将领，分率八旗护军轻装疾进，对民军发起突袭。侦察部队连续三次向张献忠报告敌情，张献忠都"殊不为意"。自己只剩几十个人时都没怕过，何况现在有几十万人。张献忠说："我老爷统天兵在此，谁敢来捋虎须耶？"

清兵突入到张献忠驻地附近，张献忠正在吃早饭。得到报告，张献忠披上飞龙蟒袍，嘴里含着饭就上马了，带着卫队迎击清兵。来到凤凰山的太阳溪边，被对岸的刘进忠发现。

刘进忠对张献忠太熟悉了，他本是张献忠的手下，刚刚叛投清军。刘进忠指着张献忠，对身边的清军射手蒙古人雅布兰说："衣蟒者，八大王张献忠也。"

雅布兰虽是无名之辈，却是优秀的职业"狙击手"。这一箭，正中张献忠左胸。张献忠顿时血流如注，倒地身亡。张献忠的遗体被部众"以锦褥裹尸，埋于僻处"，清军"求得发而斩之，枭其首于成都"。

张献忠最终也"死"了两回。这种死法，张献忠最为熟悉。或许，这也叫"轮回"……

阮大铖：末世标本

努尔哈赤关外起兵,告天灭明,尔后他出生;努尔哈赤子孙定都北京,大明覆灭,尔后他死去……六十年间,天崩地坼,恰逢其时的阮大铖,成为这个末世的标本。

一、初入官场

"阮大铖(约1587—约1646),明末怀宁(今属安徽)人,字集之,号圆海。万历进士,天启时依附魏忠贤,崇祯时废斥,匿居南京;力求起用,受阻于东林党和复社。弘光时马士英执政,得任兵部尚书,对东林、复社诸人立意报复。后降清,从攻仙霞岭而死;一说为清军所杀。所作传奇今知有九种,现存《燕子笺》、《春灯谜》、《牟尼合》、《双金榜》四种。"

这是《辞海》中的"阮大铖"词条。

一部严谨的工具书,如此模棱两可、似是而非兼及错乱频出,实在让人匪夷所思。

历史上的阮大铖,面目相当模糊,甚至是哪里人正史都没搞清。其实,他是桐城人,"竹林七贤"中阮咸的后裔。阮氏迁居桐城后为地方豪族,田产广布桐城、怀宁县境内,阮大铖也一度住进安庆府城。明代的安庆府与怀宁县府、县同治,阮大铖自称"阮怀宁",潜台词实际上是两个:他是一个城里人,也是一个有钱人。

文化渊源、物质基础的支撑,使这个家族名噪一时:万历二十六年(1598年),阮大铖叔祖阮自华高中进士;万历四十四年(1616),也就是清太祖(后金)天命元年,阮大铖再中进士。这一科,共录取了进士三百四十四人,有爱国时一筹莫展、叛国后运筹帷幄的洪承畴,剿贼如神、终被贼咬的陈奇瑜,阮大铖的著名官场老对手魏大中,帮忙不足、添乱有余的杨维垣等等。

阮大铖进入官场，直接做了京官——"行人"。"行人"，太像进城务工人员了，往好处猜也无非是机关打开水的。实际上，明代的"行人"属于"行人司"。部门职能，国内事务方面他要颁行诏敕，奖励官员，还有奉旨招抚，册封土官，参与军务，奖励边疆功臣等。国际事务方面，行人的外交职责主要是册封国王，奉旨诏谕、赏赐，护送使节回国等。行人出去做这些事，全是代表国家最高领导人，所以这个岗位的干部任用，首先要严格笔试，考不到进士的不要。接着政审，家庭出身有问题，平时表现不突出，尤其是群众不能公认的（所任行人多孝廉人才），同样不行。这中间，还包括了面试，不过不是单独进行，而是结合前面工作和平时印象。阮大铖出生书香门第，长得也帅，家里也很有钱，根本不需要狗刨胰脸换点灰色收入，让群众背地说三道四。高学历、高颜值、高收入，阮大铖是典型的"三高"人才！

行人多有升职空间，著名首辅夏言，当初做的也就是行人这等小官。选拔到这个重要岗位的干部，一般都是心情舒畅：工作很体面，大家也少不了要尊敬你——皇帝派他来给你送奖状，你难道还不对人双脸堆笑，双手作揖？明朝的行人升转的周期不断缩短，升迁速度不断加快，多升迁为御史，六科给事中等科道官，全是条条单位，或实行垂直管理的部门。初入官场，阮大铖面临的是大好前程。

二、入党升官

阮大铖顺利迈出了官场第一步，官运像是很好，其实相当不好。

从万历四十四年到天启四年，九年间阮大铖都在原地踏步。尔后几年，他一会儿升官，一会儿罢官；一会儿上班，一会儿回家。如果不是家庭经济很强大，仗着啃老，那点工资管路费都不够。

阮大铖官场上的这通折腾，也不能尽归于自己运气不好，主要还是国家的运气也不好。如果硬要从自己身上找原因，可以归纳作"经验不足"。

天启四年，是阮大铖连春节都没过好的一年。这个时候的阮大铖，正在老家生闷气。父亲死了,阮大铖按例回家丁忧守孝。守完孝,就是没有人通知报到上班——很明显,组织部门的领导不厚道,自己被组织"挂"起来了。

官场被"挂",是官场中人的一个大忌。大好青春,就这么晾着,换上现代人,肯定很机灵,怎么地也要拎上烟酒,揣上红包,不惜以培育别人的腐败,迎来自己的光荣上岗。

阮大铖没有这么干——不是说这有什么确凿的证据,而是一个道理。作为被政敌与后人推敲了几百年的人,如果有点这方面的蛛丝马迹,那肯定早就通报全国了。很多人习惯将明朝的官场描写得一片黑暗,单就这个片段,明朝的官场还真的不是腐败透顶,阮大铖还真的不是嗜官如命,不择手段。

但运气来了,山都挡不住。闲住在家的阮大铖,收到了一封信。信中不光是告诉他去上班,而且还告诉他是一个重要职位——吏科都给事中,科道官中的第一重要岗位!

吏科都给事中,这官名特不好念,但特别好使。按照明朝的政治制度,吏、户、礼、兵、刑、工六部之外,设有对应的六科。六科,不是六个科长,也不是六部的二级机构,他们的顶头上司是皇上。六科给事中的职责是"掌侍从、规谏、补阙、拾遗、稽察六部百司之事",以皇帝名义发出的制敕,给事中要对之进行复核,有不妥之处给事中可以封还。吏部与吏科,主要是管干部的,所以更是狠角色。吏部尚书这个组织、人事部长,如果拿出了干部人事调整的初步方案(选任文官),须要与吏科都给事中一同报告皇帝请旨。这政治待遇,一般的副部级干部都享受不到。

给阮大铖写这封信的人,是左光斗。左光斗(1575—1625),字共之,又字遗直,号浮丘,桐城人,阮大铖的老乡。左、阮不仅是同乡,而且交情深厚。但是,如果认为左光斗是因为老乡关系才写阮大铖写信,那就错了。明朝的京城,有很多桐城老乡,何如宠、方孔炤等,但给阮大铖帮忙谋官的,只有这个左光斗。

左光斗为什么要给阮大铖帮忙?因为他们是同志——东林党。

阮大铖加入东林党,还是在其"上学"期间。阮大铖十七岁中举,在中进士前的这十三年里,游学江南成了高攀龙的弟子。高老先生是东林党的领袖,也是阮大铖的入党介绍人。所以,当阮大铖踏进官场的时候,已是快有十年党龄的老党员了。

东林党被后世誉为清流，左光斗史称忠臣、忠烈。但是，东林党与左光斗的另一面，却远不是一个抽象的概念。这是左光斗的官场行进图：万历三十五年（1607），左光斗考中三甲第九十一名进士，任内阁中书舍人，官从七品；万历四十一年（1613），擢御史台候命；万历四十七年（1619），授浙江左道监察御史，官正七品，直到天启三年（1623）。

官场摔打十六年，其中还有七年是下岗。官，只升了一级！

接下来，见证奇迹的时刻到了：天启三年（1623），左光斗升授大理寺左寺，又晋大理寺少卿，官阶已是从五品；天启四年（1624），升都察院左佥都御史，官正四品。一年多的时间里，左光斗连升六级！

左光斗创造的升官奇迹，窍门只在一个字——斗！斗则进，不斗则休！敢打敢拼，咬定目标横冲直撞，左光斗成为连环中奖的投注者，又是绝对胜出的投机者。明光宗死后，为李选侍出不出乾清宫之事，左光斗放胆介入"移宫案"，为东林党在天启朝赢得政治优势立下汗马功劳，从而平步青云。

正常情况下，左光斗的升官模板，会很快复制在阮大铖身上。

三、组织意图

左光斗为阮大铖所谋的吏科都给事中位子，确是费尽心机。因为这个位子，本来非周士朴莫属。天启四年二月，吏科都给事中程注资满当迁。按照成例，六科的迁转必须以年资为序。程注提拔了，原来的位子空出来了。排在程注以下的，便是周士朴。但这个人有个突出的优点兼缺点："性刚果"。性格的原因，他钻营欠火候，投机也不行，更要命的是，他既不是东林党，又不是阉党，所以转迁的路子首先被魏忠贤给封死了。

东林党人的脑子比阉党好使，将计就计将周士朴晾到了一边。但接着又出现了新的难题：排在周士朴后面的是时任刑科给事中的刘弘化。刘弘化也是东林党人，但在东林党的核心层里没有"铁哥们",所以他很有自知之明,果断放弃。刘弘化忍痛割舍,还有一个重要原因,自己的父亲在家乡病重,一旦病故,自己即将按规定"丁忧",辞官回乡。东林党组织太大,组织待人不公的事不是一天两天了,纠结中的刘弘化想发泄一下对组织的不满,在左光斗给阮大铖写信的同时,他也给阮大铖写了封信,告诉他吏科都给事中出缺,自己不准备干,怂恿阮大铖速速来京递补,顺便透露了猫腻,让阮大铖心中有数。

这一圈下来,吏科都给事中似乎非阮大铖莫属。但是,当阮大铖兴冲冲地找到左光斗时,一切居然变了!

——左光斗推荐阮大铖,只是他个人的意见,而个人必须服从组织。东林魁首顾宪成及骁将赵南星、高攀龙、杨涟等人,考虑新一场"察典"将近,与齐、浙、楚三党及魏忠贤之间的大战在所难免,而天启三年的"癸亥京察"中东林损失惨重,为了避免新的败局,吏科都给事中的人选,就成了一颗关键的棋子,于是将左光斗的提议给否决了。

东林要员决定弃用阮大铖,并非阮大铖品格和能力有问题,而是阮大铖性格外显,办事容易失密。相对于阮大铖,此时的魏大中更近东林核心,当然要优先。但台面上有规则,魏大中的任用序列,又恰在阮大铖之后。好在党根本就不缺办法:只要将阮大铖补去工科,魏大中自然就补进吏科。

人事问题,当然是"一把手"说了算,弄得左光斗也很尴尬。在阮大铖面前,左光斗只好按照组织的意图做思想工作:领导已有干部安排的思路,我就不好再说什么了。现在组织部门(吏科)不好安排你,建设部门(工科)也还不错,你先到那里去工作一阵子,等有机会再作岗位调整,反正干部的安排使用,都是动态的,何况排在你前面的还有一个刘弘化!

党员们私下的事,组织上并不掌握。赵南星、左光斗等人的失算,就是并不清楚阮大铖事先得到了刘弘化的亲笔信,知道刘弘化那边实情。赵南星等党内同志阻止他升迁的原因,不过是为了魏大中。所以,无论左光斗讲得怎样动听,阮大铖都意识到这都是庄严、神圣地走过场,自己的赞成票与反对票,都属无效票,所以也就表态同意了。而最令阮大铖不可理解和容忍的是,来执行这个欺骗、耍弄自己使命的,竟是自己的朋友与老乡!

　　阮大铖的机灵，就是熟知官场门径。打发完左光斗的组织谈话，阮大铖便去找他的朋友傅继教，再通过刑科的傅櫆，进而与魏忠贤的外甥傅应星搭上关系。这一番后台运行，魏忠贤这道程序终于启动了。但东林党仍旧蒙在鼓里，按部就班地具疏题补阮大铖为工科，那肯定是迟迟批不下来的。东林党的头头们正在奇怪，这时吏科出缺日久不补已经传遍部院，议论纷纷。东林党领袖看明白了，只好尴尬地重新题补阮大铖为吏科。果然，当天晚上就获得了批准。

　　东林党领袖没有感到意外，他们对官场的内幕太熟悉了——这个人事安排，另外一个党的意见起作用了。这个能与东林党叫上板的党，自然也是一个大党——阉党。而阮大铖，肯定与他们攀上了关系。

　　事实也确实如此。阮大铖是个明白人，一条道路走到黑的事他不干。东林党不同意自己去吏科，左光斗也代表组织谈话了，再这么纠缠下去明显没有实际意义，要想有出路，必须换思路。

　　思路与出路，在魏忠贤那里。魏党与东林党的思路，那是不一样的。东林党的思路，是党员能为组织干事业，党的事业做大了，也就不愁党的利益，到时大家都有好处。阉党的思路，比较直奔主题，通常前戏都省略，只看是党员能为组织做多大"贡献"，银子到手了，还有什么样的事业不能有！阮大铖在魏忠贤那里，使了些银子。

　　彼此心知肚明，阮大铖与东林党的关系复杂起来。

四、风吹草动

　　天启四年二月中旬，阮大铖如愿争得了吏科都给事中。上了几天班，阮大铖突然不干了，辞官回到老家安庆。

　　好不容易弄到一顶官帽说扔就扔，原因很简单：不当官比当官好！阮大铖得出这个结论，与他的两个朋友有关：傅櫆，章允儒。

阮大铖重回官场时，大大小小的党气候已成，有的已经膘肥体壮，比方说东林党，阉党，齐、浙、楚、昆、宣党等。蜂拥结党，无非一个"利"字。而近乎利益垄断的东林党，势必将成为众矢之的。都说是魏忠贤打败了东林党，有点概念化——在当代，在南昌打响了反对国民党反动派的第一枪。在明代，南昌人打响了反对东林党中坚派的第一枪！

天启四年二月十九日，刑科给事中傅櫆借汪文言案，弹劾左光斗、魏大中"招权纳贿"。傅櫆不仅投靠了阉党，还与魏忠贤的外甥傅应星是同志加兄弟。傅櫆这个举动的性质，很多人认为是阉党与东林党的决斗，其实并不准确。因为这其中最重要的原因，因为他是江西人。而他需要打击的，也不是整个的东林党，而是要精准地打击左光斗与魏大中。

左光斗与魏大中为什么成为江西人的靶子？当然是他们得罪了江西人。当初与左光斗争夺左佥都御史的，便是熊明遇、徐良彦。熊明遇，南昌进贤人；徐良彦，南昌新建人。左光斗仰仗党的领袖赵南星这个靠山，击败了熊、徐，但他们之间的怨仇，不到断气的那一天，那是不可能了断的。而再一次亲手点燃东林党与江西朋党间导火索的，便是魏大中。

魏大中太不给江西人面子了——魏大中驳了刘一焜的恤典。恤典，是朝廷对去世官员给予的赐祭、追封、赠谥、恤赏、恤荫等方面的典例。刘一焜，南昌人，曾任浙江巡抚。其兄刘一燝，是继方从哲之后的明朝首辅，天启二年去官后崇祯初年再复原官。他们的父亲官小一点，也是陕西右布政使。所以，刘家绝对是江西党的总部。刘家失了面子，江西官员想不震怒都没有理由。

阮大铖的朋友章允儒，也是江西南昌人。但这位章允儒不仅不是魏党，而且还是个"倒魏派"。这个人比较凶狠，不太厚道，但也不算坏人，他万历四十四年进士，时任礼科都给事中，崇祯初年改任吏科都给事中。《明史》"黄尊素传"曰："是时，东林盈朝，自以乡里分朋党。江西章允儒、陈良训与大中有隙。"共同的政敌，这个时候的章允儒成了领头羊，熊明遇、徐良彦等人加入进来，一同鼓动傅櫆奏劾左光斗、魏大中与汪文言朋比为奸。

章允儒虽说是阮大铖的朋友，但说阮大铖与章允儒共同谋划了江西党的进攻，也太勉强，因为阮大铖同样没有干坏事的时间，江西党恶斗东林党时他远在老家安庆。东林党与江西党交手，章允儒策划，傅櫆领衔，对东林党来说都不可怕，可怕的是傅櫆特殊的身份——这个身份，让江西党与阉党又一拍即合，以迅雷不及掩耳之势，组织起了强大的统一战线。

左光斗的官场败亡就此开始，并且无法逆转，因为他在反击的过程中，又不断挑出战场新敌，并将矛头对准了魏忠贤，迫使魏忠贤大打出手。天启四年十一月，在魏忠贤反击下，杨涟、左光斗等去职。天启五年三月，杨、左等"六君子"入罪，六月全部到狱；天启五年七月二十六日，杨涟、左光斗为狱卒所毙。

血洗东林，魏忠贤的阉党实现了东林党想实现而没有实现的一党专政。但东林党人除了少数被杀，多一点的是被罢，更多的是主动辞官。官场地震，位子豁然腾出一批，阮大铖谁也没找，朝廷便将其召回，出任太常少卿。

太常寺掌管礼乐的最高机关，少卿官四品。这次升官，阮大铖还找了"干妈"客氏。据吴梅村《冒辟疆寿序》：明末四公子陈贞慧、侯方域、方以智、冒辟疆，除了侯方域，都跟阮大铖过不去，而以陈贞慧、冒辟疆为最。后来流寓南京的阮大铖，一度想与他们修好关系，有次便请这几位小聚。结果酒也喝了，饭也吃了，接着娱乐活动开始，看戏看到半夜，突然一位高声叫骂："若当儿媪子，乃欲以词家自赎乎？"阮大铖很是尴尬，他们则抚掌狂笑，达旦不休——那哥们高叫的此"媪"，即指客印月。

客印月是天启帝十分宠信的人，有客氏做靠山，阮大铖应该在官场春风得意。但是，在太常寺干了几个月，阮大铖又辞官回家了。

一个热衷于做官的人，如果棺材外挂一顶乌纱帽，都会从棺材里伸出一只手来，到手的帽子居然不要，阮大铖玩的是哪一出？

——吏科一职的失而复得，已让阮大铖尝到了官场斗争的反复无常。面对这种进退维谷的特殊境地，阮大铖不愿无辜地搅进哪一门派，成为斗争的牺牲品。唯恐站错队，成为政敌的打击目标，但这不是唯一的。明季官场上，还有另一曲高深玩法。著名书画大家董其昌，就是后来亲书"左光斗传"的那一位，也会这么一手：他对政治异常敏感，一有官场风波，他马上辞官归乡。一旦风平浪静，再花点银子将官买回。沽名钓誉，以退为进。这种做法，最为东林人使用——过几年紧日子，待在山林装隐逸，积累了无形资产，回马一枪，多半能找到为人民服务的机会，实现官场的功成名就。但这种做法的很有副作用，戏台上称之为"端玉带"，老百姓管这叫"端肚子"，就是在那装模作样，等人叫好，但容易弄巧成拙，弄假成真，搞出冷场。天启朝的东林人最终一败涂地，很多人很奇怪，一个重要的原因是表演太过，戏演砸了。阮大铖主动辞官，只是跟风，并不是他知道魏忠贤、客印月即将败亡……

五、祸起笔端

但是，魏忠贤、客印月真的败了。天启七年九月，天启帝朱由校早逝，崇祯帝朱由检上台，一个多月后魏忠贤上吊自杀，不可一世的宦官权力集团就此倒台。

远在千里之外，阮大铖开始盘算官场动态：东林或其他某派势力将会抬升，前朝的各政治势力对比，将会发生改变。特别是新帝登基，官员需要有一个政治态度，但这对阮大铖来说有点难：离京闲住在乡，各路信息不全；从来未进入朝政的核心圈，高层动态很难掌握，朱由检到底想怎么干，哪一派势力最终得势，他心里没有底。于是，他写了两份奏疏上奏崇祯帝，为自己复出打个基础。

阮大铖的两封奏疏，一封独攻魏忠贤罪恶；一封历数泰昌元年到天启七年间的整个党争事实，陈述东林党和魏忠贤集团的共同罪恶，魏党、东林党各打五十大板——是为《合计七年通内神奸疏》。前一份，完全是昧着良心写的。国家搞乱了，责任全推到一个党身上，鬼才相信这个党有这么大能耐。后一份即《合计七年通内神奸疏》，应该客观公正，尤其是什么时候东林党与宦官勾结弄权，什么时候魏忠贤权倾朝野，讲得一清二楚。毕竟是官场中人，党内党外的事大体清楚。这里的亮点，则是抓住了文臣与宦官私相勾结之实，这个很能挑起朱由检的神经。皇权专制政体中的党争，其实就是争皇帝，谁靠近了皇帝，谁就能稳操胜券。

阮大铖将写好的两份奏疏，派人急送到京城友人杨维垣处。稳妥起见，特叮嘱杨维垣见机行事，哪份符合形势就递哪份。因为这两封奏疏的配方是完全不同的，对症下药才是关键。

杨维垣与魏忠贤关系很近,当时正与倪元璐恶斗。倪元璐对魏忠贤则十分痛恨,认为前朝的坏事全在魏忠贤一人身上。政治观点的对立,杨、倪二人互掐起来。正闹得不可开交,阮大铖的奏疏到了,杨维垣一看顿时乐了:英雄所见略同,东林与魏忠贤集团确实都是邪党!杨维垣想都不用想,赶紧将《合计七年通内神奸疏》送了上去。

明代虽是皇权专制,对官绅阶层而言却能政务公开,即朝臣们所有的奏章和皇帝的批示、谕旨,都应公布传抄。阮大铖这份奏章一经公布,舆论大哗,官场乱了!

冷板凳上发了个热帖,阮大铖触及了大家的哪根神经?这就是官场隐秘的一面。魏忠贤势力之大,天下几人清白!与魏忠贤对着干的东林党人,几为魏氏一扫而空。新君崇祯继位后扑杀魏党,东林党人的全部希望,就是借崇祯之力东山再起。在这个关键时刻,阮大铖却指控东林和魏党都是乱国的党争派系。魏党死定了,想急也急不起来了,东林党不能不发慌,若阮大铖此疏得用,非但大批在野东林人士仕途复起之望就此断绝,就是在朝孑遗者亦处于随时获罪的境地,而东林党孜孜以求重掌大局之心就更别提了,势必全盘覆灭。

关键时刻拆台不补台,性质比打死两个人都严重。这个时候的东林党人,不是愤怒,而是清醒——最凶恶的敌人,不再是魏忠贤。魏忠贤算什么?死了,后代都没有,想报仇也找不出拎刀的。杨维垣、阮大铖就太狠了,根本就不是发黑帖给党抹黑,简直是一刀,将全党上下全阉割!

东林党和魏忠贤的斗争,公舆似有正邪之分,并不清楚其中的隐情。而东林党过去压制阮大铖出任吏科,也只是出于政治党争的需要,很大程度上仍视阮大铖为本系一脉。不料关键时刻,阮大铖却抖出他们与魏忠贤同是党争祸源,且有通内丑行,着实让东林大吃一惊又大失所望。东林党人又是一个知识分子群体,一直以清流自居——这不是好面子,而是以此立足并取得政治优势,这也早已为公舆接受。但东林人通内,同样勾结宦官,扮"好人"又黑灯瞎火地做坏事,外界又是不知情的。

知情的只有少数官场中人。外廷与内廷相勾结,在明季司空见惯,事出寻常,万历前期的张居正如此,当朝的左光斗如此,其他东林党要人更是如此,借以维系与最高统治者皇上的联系。张居正通冯保,左光斗通王安,内外廷勾结,只是他们利用的宦官不是魏忠贤罢了。

阮大铖的"合计疏",搅乱了东林人如意算盘,迫使东林诸人及时进行战略调整,同仇敌忾,力攻阮大铖。

六、乾坤挪移

众人一齐动手没关系,关键是阮大铖的这种观点,崇祯帝比较欣赏。崇祯帝擅长猜忌,谁认为坏人越多,他就认为越真实。皇帝都喜欢忠诚,不过阮大铖的真话,是别有用心的杨维垣帮倒忙的结果。倒忙帮成正忙,阮大铖走马上任成了光禄卿,官居从三品,成为负责公款吃喝工作的"副部级"高官。

东林党人对阮大铖的切齿之恨,则刚刚开始,因为这桩仇恨将持续数十年,包括阮大铖死后。东林党人的智商普遍比较高,怎么搞倒、搞臭阮大铖呢?不外乎经济问题、政治问题两大杀器。要想整出经济问题剿灭阮大铖很难,因为这人的经济问题主要是送钱,那时又没有"行贿罪"。所以,剩下的唯一办法,就是搞出阮大铖的政治问题。

崇祯帝正在开展声势浩大的清除魏忠贤余党运动,即所谓"逆案"。把阮大铖整成阉党,有点麻烦,因为魏忠贤在当年打击东林时,使用过一本东林党人的"花名册"——《点将录》,其中的"没遮拦"就是阮大铖。怎么将阮大铖的党籍,由东林党变成阉党呢?东林人忙活了一圈,却连一条阮大铖介入"逆案"的实据都没有。动脑筋也是东林党人的强项,没有阮大铖与魏忠贤联系的直接证据,他们认为这个好解释:阮大铖太狡猾,他谒见魏忠贤后,随即行贿给魏的门子,赎出名刺,所以现在就找不着这样的名刺了。

名刺,大约相当于现在的名片。那时给礼,通常有一份礼单,附有送礼者的简介,对受礼人来说也是一份"备忘录",提醒自己别忘了照顾人家。

最终,全党同志拼智商,想出了"阴行赞导"的罪名,将阮大铖塞进"逆案"。

"阴行赞导"，近义词大约是"莫须有"。

首攻阮大铖的，是御史毛羽健。毛御史本来是万县知县，崇祯元年（1628）升云南道御史。这位毛先生，信仰闹而优则仕，在明朝官当得不大，但惹的麻烦却不小。崇祯元年（1628）他从地方调到中央，毛羽健首先想到的是养了个小妾。结果，被从老家赶来的老婆逮个正着，小妾被打个半死，自己跪了一天一夜。跪得膝盖红肿的毛羽健，怎么都不明白，从湖北到北京难道有飞机？后来才明白，毛夫人这个干部家属会来事，出门探亲，知道顺便占点公家的便宜——使用驿站。毛羽健怒而上疏撤销各地驿站，说这样可以将驿卒的工资用来对付满洲人，两全其美。驿站工人李自成，下岗后闹得明朝天翻地覆。

毛羽健发难，朝野之东林同仇敌忾群起而攻之，将其纳入魏忠贤的"逆案"。"逆案"，皇上亲自抓的，最为敏感，自然最重视。主办"逆案"的韩爌，本是东林党的元老，得罪他本人的也很有几位被塞进了"逆案"。得罪了东林党广大同志的阮大铖，撞在他手上，那是死定了。

"钦定逆案"计分七等罪名，开列逆案官员二百六十余人，阮大铖入"结交近侍又次等"，即第五等论罪，"坐徒三年纳赎为民"。刚起用为光禄卿的阮大铖，闪电式地又回家了。

终崇祯一朝十七年，阮大铖均废斥在野。明明自己是东林党，怎么忽然变成了阉党呢？乾坤大挪移，在野的十七年里，阮大铖一直为自己叫屈……

七、转换角色

被赶出官场的阮大铖，开始了其一生的崭新气象。后人能知道阮大铖，多因为他是著名诗人与杰出的戏剧家。

诗坛上的阮大铖，马士英赞其为"明兴以来一人而已"；当代著名教育家胡先骕，则称之为"有明一代唯一之诗人"。按照胡先生的观点，从文学史的角度，中国的山水诗只有发展到了阮大铖这里，山水才上升为一种本体，不再是诗人遣怀寄意的一种工具。这种对自然的崇拜，是前代诗人所没有的。这种突破，是中国山水诗质的飞跃。

十七年中，阮大铖以极大的热情投入戏剧创作。庄一拂《古典戏曲存目汇考》中录其十一种，但只有《春灯谜》、《牟尼合》、《双金榜》、《燕子笺》四种存世。《燕子笺》中，霍都梁由于小人鲜于佶的陷害而获罪；《春灯谜》中，宇文彦误入官船成为"獭皮军贼"；《双金榜》中，皇甫敦亦被污为盗珠通海的要犯……作品的主人公，清一色书生，并且都遭遇人生陷害——阮大铖始终在拿故事说事，在寻求申冤，并且比别人说得精彩，张岱在《陶庵梦忆》中赞曰："本本出色，脚脚出色，出出出色，句句出色，字字出色。"

由于文采出众，阮大铖又惹上麻烦了。鉴于家乡发生民变，社会治安太成问题，阮大铖避祸到了南京。阮大铖在南京除了写诗度曲，还谈兵说剑，希望朝廷以边才起用。"边才"，即治理边疆的特殊人才。明季严峻的边境威胁，促成官场生成了一条独特的门径。阮大铖身入钦定"逆案"，"钦定"的属性，决定了他官场仕途上的绝境。如何在官场起死回生，边才起用只是逻辑上的唯一一种可能。南京作为留都，同样是东林子弟与复社文人的聚集地，阮大铖在南京又与这帮人撞上了。

南都的这群公子哥儿，个个都是意气风发的理想主义者。通常情况下，一个年轻人的"理想"，往往又从蛮不讲理与痴心妄想起步。秦淮河边走正道的小青年，其实好人没有一集电视剧多。阮大铖的作品，吴应箕读出了"恫喝"嚣张，陈贞慧读出了争风吃醋：一个戴罪的小老头，写戏作诗，弄得门庭若市，风头之健一时无双，这叫秦淮河畔晒才艺逗笑艺妓的公子们情何以堪，颜面何存？

阮大铖偏偏就有这个爱好。他在南京除了密交冯梦龙、张岱这样的明季顶级文人等，还有李澹生、顾眉生这类风月名流。

李澹生，即孔尚任《桃花扇》中李贞丽的原型。《桃花扇》中的李贞丽仗义豪爽，明显是侯李爱情的保护者，似乎又是昏君奸臣的批判者。她与复社文人多有来往，尤其是与陈贞慧格外亲密，在田仰逼嫁李香君时，情急之下的李贞丽毅然代嫁，最后被田卖给了一个退伍老兵。

历史上的李澹生，与戏剧作品的艺术形象不是一回事。根据清余怀《板桥杂记》

记述，李澹生并不是普通的"失足妇女"，也不是单纯一掷千金的KTV老总，而是一个美女艺术家，工诗，善画，声乐出众，形象昳丽。李澹生大约小阮大铖十余岁，她与阮大铖的关系很密切，也很微妙。对于色艺双绝的李澹生，阮大铖是拿她作为红颜知己的。在阮大铖的诗中，李澹生总如中空夜月，亮丽飘逸，是一个临水照花之人。李澹生弄阮珠声出，横箫夺命音，令阮大铖不能自持："月亦如期会，清辉逗此宵。香声啼玉凤，花颊印红潮。既擘阮咸阮，还吹萧史萧。怜君魂是水，云雨不堪招。"

这是阮大铖写给李澹生的一首诗，将之解读为一首雅致的淫诗，也不算为过。从这首诗中，可以窥见阮士铖与李澹生的关系非同一般，以及他们情感上的"零距离"。陈贞慧是"复社四公子"之一，李澹生与陈贞慧同样极为要好，阮、李、陈三者之间情感纠葛十分复杂。放歌秦淮河是复社公子的强项，阮大铖与陈贞慧，最终也由朋友成为政敌，单纯的政见相左是一个方面，他们与李澹生的关系冲突似乎更直接，更容易上火。这种关系，再次给阮大铖带来无妄之灾。

八、官场终结者

世上最大的难言之隐，就是在娱乐场所被人在黑灯瞎火中猛揍了一顿。寓居南京的阮大铖，最大的心愿是重返官场。自打被复社公子盯上，这个愿望彻底破灭。

灭掉阮大铖这个眼中钉，公子们只用了一张纸——《留都防乱公揭》。执笔《留都防乱公揭》的，是吴次尾先生，考虑到当时的名牌效应，落款作了技术处理，寄言于东林遗孤。

吴应箕（1594—1645），字次尾，号楼山，贵池人。吴应箕一生功名心切，用心科举。但吴先生做作业很在行，考试却很差劲，自十六岁参加首场科举考试，连考了八届，从鸡叫练到鬼叫，还是以落第告终。为什么不考第九次？因为明朝没有了，它的招生资格被清朝取消了。

考试成绩不理想的人，最大的优势就是"同学"多，明季四公子归德侯方域、宜兴陈定生、如皋冒辟疆、桐城方以智，他都结为挚友，关系挺近。礼部主事周镳犯错误后，他闻讯前往，结为朋友。大儒黄道周谪戍过南京，他过去与人家谈了半个月。他爹要是知道他要学费尽干这个，估计心脏病早都犯了。

　　吴应箕高考连败，与复社文人交往有关，并从此以写时评为乐。他在《拟进策》里撰写了《持大礼》、《别邪正》、《谨信任》、《审言术》、《重变更》等十篇文章——本来是考生，结果专心抨击高考制度。"零分作文"，吴应箕应该是最早的得主。

　　吴先生一生中，有两件事是值得一提的。第一，是明朝灭亡了，他在老家拉起了一支游击队。四个月后，清顺治二年（1645）十月十七日，被清兵割首而去。第二件大事，就是《留都防乱公揭》，批判阮大铖的大字报。

　　"揭帖"本是明代内阁直达皇帝的一种机密文件，后在社会使用渐广，凡公开的私人启事也称揭帖，不具名而有揭发性质者称为匿名揭帖，"公揭"则相当于公开张贴的"大字报"。《留都防乱公揭》全文约一千五百言，大约讲了四个意思：一是"逆案"乃皇帝钦定，涉案人员没杀头就是万幸，哪有不自我改造反而到处参与政事的？二是历数阮大铖在安庆府城、在南京种种招摇撞骗、敲诈勒索的劣迹，并由此而积赃私数十万之多的行径。三是方今流寇作乱，而以阮大铖的阴险叵测、猖狂无忌，若不早行驱除，则酿祸萧墙，将危及陪都。四是既读圣人之书，自知讨贼之义，但知为国除奸，不惜以身贾祸。

　　"留都防乱"公案，著名的南明史专家顾诚先生认为，这纯属一群风流公子哥儿之间争风吃醋。虽说是风流公子，毕竟是高知，人家即便是乱写一气，文字也是刀刀见血的那种。

　　从北京混到南京，阮大铖政治是完全失意了。吴应箕、顾杲、陈贞慧这批公子哥儿，在南京平时也就是消遣，秦淮歌妓，莺歌燕舞罢了，一直与爱国主义没什么关系。见到别人也来凑热闹，政治热情才洋溢开来。"灯下随削"的次尾先生，完全是一个宣传鼓动的高手。他"灯下"的创作，有大处着眼，小处着手，这才是文章高手。这份写于崇祯十一年（1638）的"公揭"，将行贿受贿、敲诈勒索、操纵官府、寻花问柳等一系列高帽，挂到了阮大铖头上。次年，当"公揭"呈至皇上面前时，上面已有一百四十人的签名，其中包括黄宗羲、杨廷枢等名士，而以顾杲（东林书院创始人顾宪成之侄）居首。公揭之言，尽管多是恶语相加，纯属政治口号式的口水仗。但是，皇上都知道了，这人再怎么样，谁也不好再沾惹了。

三年之后，周延儒得门生张溥之助，复起入相。周延儒当是一位智商超人的才子，二十岁时连中会元、状元，然后一路升迁荣登首辅，崇祯六年为温体仁所败。周延儒有的就是韧劲，崇祯十四年终于成功再入官场。阮大铖原与"荆溪相君"有深交，见他复出，认为是自己重入官场的大好良机，便重贿周延儒，恳求援手。《明史》记道："周延儒内召。大铖辇金钱要之维扬，求湔濯。延儒曰，'吾此行谬为东林所推。子名在逆案，可乎？'"

这是一个没有回答的回答。明确的答案没有说不可，但正确答案当然是不可，改不置可否为满口应承，周延儒也就不是吃政治饭的——早在三年之前，阮大铖成为网络红人时，他的官场生涯应该就算结束了！

九、击鼓传花

虽说命运多舛，总有时来运转。崇祯十七年（1644）李自成攻入北京，崇祯帝朱由检自尽，阮大铖在南京等来了朱由崧。

朱由崧是朱由检堂兄，封地洛阳被李自成军攻占后流落江淮。由于凤阳守备太监卢九德、凤阳总督马士英、南京守备太监韩赞周等都投了赞成票，流浪中的朱由崧成了弘光皇帝。马士英手上有军中实力派刘良佐、黄得功，韩赞周在留都南京官员中影响力很大。中都——留都——军队，作为三者之间的纽带与桥梁，阮大铖则是个极微妙的人物。

——由于铁哥们冯铨、马士英的缘故，阮大铖与南京的宦官私交密切。过去，南京没有皇上，南京的宦官上班跟不上班也没多大区别，特点是清闲。南京闲住的阮大铖，闲着也是闲着，隔三岔五，便邀上他们搞点休闲娱乐活动。招待这些特殊领导，阮大铖水平就出来了——他负责过这方面的工作,"歌舞厅(阮家班)"阮大铖自家就有。阮大铖要把这些宦官弄得精神比皮子都舒服,他经常请他们观赏自编自演的戏曲,还在戏中借角色之口,拍出他们满口的"爽"字——《牟尼合》跋有记:"初填此曲,(其情节)实以程咬金、秦叔宝二人庆尉迟敬德生辰。嗣以延诸阉玩赏,又改为牛、邢、裴三宦,数示歌颂功德之意。当时即刊有两种曲本,故此本初为白皮纸精印,所以媚宦官者至矣!"剧中角色改为太监,还送人家精装本,这路子太对了!

惊天国变,关键时刻这一切居然又派上了用场。阮大铖与南京的太监结成了密友,等朱由崧进宫了,这帮混在朱由崧身边的朋友,只要不是太黑,或是太窝囊,都能说上几句好话。事实上,这帮朋友完全能够说上管用的话:中都守备太监卢九德,成了弘光朝的司礼监秉笔太监。所以,阮大铖还未露面前,朱由崧对他应该会有较深并且不错的印象。

真实的朱由崧比较低调与平易近人,业余爱好是赏戏。大老板爱好喝酒、看戏,阮大铖与领导的共鸣点就有了。较长时间里,阮大铖都忙活着进献优伶入宫演戏。朱由崧很喜欢阮大铖的《燕子笺》,特意让王铎抄写剧本,方便自己品戏。王铎,不仅是明季的大官,更是腕级的书法大家。

面对阮大铖与朱由崧的走近,东林党人窥伺出了自家的潜在危机:弘光帝可能要掀翻"逆案",阮大铖这是想东山再起啊!

十、得意之秋的吵闹声

《桃花扇》中,孔尚任借马士英之口做出过一个精准的时相判断:"幸国家多故,正我辈得意之秋。"国家变故,让马士英从凤阳总督变成了朝廷重臣,史可法从有职无权的南京兵部尚书走上了历史的前台,而刘孔昭也由普通"勋臣"变成有话语权的历史人物。

刘孔昭,字复旸,刘伯温第十四世孙,袭诚意伯爵。崇祯十一年,领南京右府提督操江兼巡江防。李自成占领北京后，南京作为"留都"，"战时政府"的框架是基本齐全。这个时候的"留都"，除了南京兵部尚书史可法，南京勋臣集团对朝政已显出举足轻重的作用，名列榜首的是徐弘基（徐达之后），其次便是刘孔昭。

尽管是个"官十四代"，刘孔昭的脾气与"官一代"并无两样。权势日重的刘孔昭，这个时候隆重地推出了他的哥们——阮大铖。

阮大铖与刘孔昭走近，全在酒桌上。有钱、有闲、有酒量，两个人关系不铁也没道理。阮大铖复出的问题上，说马士英不讲干部政策，任人唯亲，那是有点冤枉的。马阮最后权倾朝野，那是后话，但硬说是马士英落实周延儒的政治交代，将阮大铖拉进弘光朝，明显是作风简单粗暴。因为首荐阮大铖的，并非马士英，而是刘孔昭。

刘孔昭的举荐工作，完全是官方特色：第一，提高认识；第二，真抓实干；第三，加强领导。

标准的官方套路，没几年道行，那就不一定能瞧得明白。所谓"提高认识"，就是说办什么事情，嗓门尽可能提高八度，以压倒性的声响，让对方接受自己的观点。"真抓实干"，就是什么事情指望新闻发言人打口水仗是不够的，自己要舍得动手，一爪落下去，五道血痕，千万不要做挠痒痒的假动作。如果前两招还不管用，就需要让领导出来"加强"一下了。

崇祯十七年五月初三，此时的朱由崧身份尚为监国，还未称帝，也就是刚刚铺开新摊子的时候。新公司筹建，首要之事当然是研究干部人事问题，朝议监国官员。就在这次朝议中，勋臣诚意伯刘孔昭举荐了阮大铖。

但是，刘孔昭的提议遭到了史可法等人的反对。史可法反对阮大铖入朝，并非出于个人恩怨。史可法尽管倾向东林，恩师左光斗与阮大铖的矛盾至死未解，但史可法与阮大铖并未交恶，并且二人一直互有来往。他反对启用阮大铖的重要原因，是党争局面的考虑，用错一个，影响一大片，政治风险评估是必不可少的。也因为这一点，得到了朱由崧的认可，阮大铖入朝之事，也就歇菜了。

刘孔昭却没有作罢。半个月后，史可法离京了，马士英也入阁了，解决阮大铖任用问题的条件成熟了。刘孔昭很负责，再次举荐了阮大铖。卢九德也接过刘孔昭的政治气球，趁机向朱由崧宣传阮大铖的才干。随着朱由崧的正式登基，卢九德由中都守备太监升任司礼监秉笔太监,成为实力派,再不给阮大铖帮忙,也就太不够朋友了!

结果,皇上心动了,但外面反对的声音反而比第一次更大。

阮大铖的任命还是不能通过,这次的关卡在张慎言这里。张慎言,弘光朝吏部尚书。搞组织人事工作,张先生那早就是一把好手。当年,著名的吏部尚书赵南星,就是他推荐的。

刘孔昭既然不肯罢休,瞄上张慎言那是肯定的了。而要实现既定目标,必须将工作推向新阶段。

朱由崧称帝的前两日,又有重要工作要集体研究。刘孔昭决定增强火力,拉上汤国祚、赵之龙等勋臣,集体开骂张慎言。张先生是个文官,骂阵不是强项。骂急了,勉强自言自语:清者自清,清者自清……

朱由崧呢,还是好脾气,两边劝和,主要精神是请大家工作为重,文武各官,和衷共济。

刘孔昭并不想给"一把手"面子,继续展示自己的强项——袖子里,他掏出刀子。这下,张慎言慌了,后悔当年为何不少念两年书,腾出工夫练练降龙十八掌。现在,什么都来不及了,应急方案就是老鹰捉小鸡,大殿下面无规则地跑。

严肃的办公场所,弄得相当不成样子。唱念做打一齐上,张慎言实在受不了,加上身体确实不好,他主动办理了病退手续。高弘图、姜曰广这几位老同志,也看出工作难度系数有点大,也跟着张慎言吵着要回家了。

吵闹几个回合,阮大铖复出的事还是没闹成。这个时候,只有马士英了。

马士英(1591—1646),字瑶草,贵阳人。马士英万历四十七年中得进士,其实他万历四十四年即已参加了会试。这一年,马士英与阮大铖一同在京城待了数月,会试后一同高中,成为"同学(同年)"。周延儒二度为相前,需要花大笔银子进行前期运作,阮大铖提了一袋银子前去"入股",但周延儒很不厚道,收了人家的本金,却只答应了一桩"期货",还是口头的——周延儒对阮大铖说,干部工作不是我一人说了算,你受组织处理的时间还不长,我要是勉强推荐你,万一有人举报,组织上又不批准,对你对我都不好。你不如推荐一个条件成熟的哥们,我栽培他,他再栽培你。

这才是官场的高级黑，收钱不办事，连责任都甩出去了。其实，周延儒连马士英的忙也没帮，向崇祯皇帝推荐马士英的，是礼部侍郎王锡衮。当时，首都的形势相当不稳定，保定总兵刘超叛乱，巡抚王汉率兵进剿。结果，叛贼没剿灭，自己兵败身亡。紧急关头，王锡衮想起了消防队员马士英。马士英办事干练，长于谋略，出山的第一回合，就将刘超给灭了。因为这个缘故，马士英担任了兵部右侍郎，总督庐州、凤阳等地军务。马士英与阮大铖，则做了几十年的密友。

崇祯十七年六月，马士英举荐阮大铖入朝。马士英毕竟是文人出身，说话办事不会像刘孔昭那样蛮干，不成还与人骂街、动刀子。况且，"提高认识"、"真抓实干"刘孔昭都使过，供自己使用的也只剩下"加强领导"最后一招了。

于是，马士英上书《冒罪特举知兵之臣阮大铖共济时艰疏》。老马为何要谦虚说自己"冒罪"？因为阮大铖是逆案中人，不是"干部"身份。所以，马士英措辞很得体："原任光禄寺卿阮大铖居山林而不忘君父，未任边疆而实娴韬略。其从逆一事，向无实际确据。其才可用，罪可宥也。请遣官立诏，暂假冠带，入京陛见，而问方略，如堪实用，可补兵部右侍郎。"

他推荐阮大铖，是有几分理由的，也不是随心所欲尽说瞎话：第一，阮大铖是个学习型的干部，通过这些年的自学，已经成为适用的军事人才；第二，过去对他的处理，事实并不清楚，不能老揪着历史问题不放；第三，到底能不能用，面试以后再研究决定。

马士英本是朱由崧倚重的人物，既然言之有理，自然要表示接受。

朱由崧同意了，高弘图则不同意。高弘图崇祯十六年官南京兵部侍郎，继而升户部尚书。现在，是名列第三的五大阁臣之一。

就在阮大铖准备面试的时候，高弘图提出：干部的任命，不能违反组织程序——"须九卿会议"。

马士英是个明白人，知道高大人的这招更狠。干部任命走正常程序，我还要那么多废话干嘛？要绕过程序法，唯有坚持急事急办、特事特办了。双方的口水战，比控辩双方都热闹。

高弘图见朱由崧没有表态，知道再争论也没有结果，也就不再吱声了。但高大人丝毫没有退让的意思，不说不等于不做，下班之后便使了小动作，结果又是一片反对声，搞得连起草文件的人都没有。

阮大铖复出之事一再受阻，不能统一认识，那只能"加强领导"——皇帝出场，中旨起用。

所谓"中旨"，就是不通过相关部门和正常程序，皇帝发出敕谕，直接交付有关机构执行。崇祯十七年九月八日，邸报发布了弘光帝直接下达的谕旨："阮大铖前时陛见，奏对明爽，才略可用。朕览群臣所进逆案，大铖并无赞导实迹。时事多艰，须人干济。着添注兵部右侍郎办事。群臣不得从前把持渎扰。"

费尽周折，朱由崧终于以中旨起阮大铖为兵部添注右侍郎。添注，就是目前没有领导职数，但先任命一个职务。

阮大铖复出了，赶紧上了一份《孤忠被陷之由疏》，首先表明对魏党的政治态度，自己与他们事实上的"冰炭之不相容"。接着，阮大铖强调自己与魏大中、左光斗闹翻，是自己要维护弘光的祖母和老爸的声誉，而魏、左则倡"邪议"攻击自己……后一条，通常被视为狡辩。公正地说，拿别人家的事做文章，都是手段，不会是目的。退一步讲，阮大铖在那时做些手脚，也是三余氏《南明野史》讲的，"大铖尝谓人曰：'我非不愿为君子，他人不许我为君子。'"

当上兵部侍郎后，阮大铖开始做起本职工作。他连上两疏，名曰：《联络控扼进取接应四着疏》、《长江两合三要十四隙疏》，展示一下自己的见识与才能，表明"臣白发渐生，丹心未老"的决心，以"鞠躬尽瘁，死而后已"而"矢之天日"的态度。

事实上，阮大铖想静下心来做点事，根本做不到。中旨起阮大铖后，群臣哗然，经久不息，操爹骂娘的都有了。但东林党人的反对意见，被钱谦益平息了。

钱谦益曾是在野的东林党首，崇祯皇帝死后他来了灵感，代表东林人士主张立潞王，但因为一笔生意，影响了工作的开展——钱谦益派人通知潞王"参选"，潞王还没来得及说声"感谢支持"，就被索要十五万两工作经费，这对眼前经济困难的潞王来说，确实是个天价。潞王掏不起，于是双方开始砍价。这边业务正在洽谈，那边马士英与军阀已经出手——福王上班了。钱谦益惨了，大业务没接到，只好请阮大铖帮忙，去找马士英。马士英很大方，帮他弄了个礼部尚书。

钱谦益与阮大铖的关系密切,还与柳如是有关。柳如是认识阮大铖,是在娱乐场所——阮大铖那时不是官,绝对是个款。大款认识几个风月女子,并且还是有模有样的,很平常了。得人好处,替人消灾。这一年的十月初三,钱谦益上书歌颂马士英,同时称赞阮大铖为"慷慨块垒男子",即英雄好汉。

十一、麻烦事

重新走上领导岗位,阮大铖接了一桩麻烦事。弘光朝实力小得可怜,麻烦事却多得可怕,除了严峻的军事压力,"顺案"的处理都非常棘手。

"顺案",本叫"从逆案"。李自成占领北京,官员差不多全都"归顺"了大顺政权。李自成逃出北京,这帮人有人降清了,有人又南下重归"老东家"。投降的这帮人若不处理新朝就失去了起码的规矩,但如何处理,涉及人的问题都不好办。

自崇祯十七年(1644)五月福王在南京监国时起,惩治投降李自成诸臣的工作,就提上了议事日程。第一个提出来的,不是阮大铖,而是礼部尚书高弘图。作为主管思想政治工作领导,政治敏锐性、工作中心与重点的把握,高先生很老练,主动性也是很强的。崇祯十七年七月,朱由崧命定从逆诸臣以六等罪,革从逆诸臣职。历时一年多,至弘光元年(1645)四月周锺等被处死,北都降顺诸臣一案即告了结。运动只搞了一年,主要是时间太宝贵。因为这年五月,弘光帝便弃南京出奔了。所以,说北都降顺诸臣一案几与福王政权相始终,也是没多大逻辑上的问题的。

运动开始的时候,阮大铖还是普通群众,他们想掌握运动的主动权,基本没有机会。随着运动的深入开展,运动的发展多少不以个人的意志为转移。原户部侍郎吴展中在北都陷落后来到南京,具疏待罪。当时金坛士绅传檄抨击降顺诸臣:"魏阉不过弄权,凡媚魏珰,尚从逆论;李贼敢行弑帝,岂伪官可以顺存?"——群众是真正的英雄,"逆案"与"顺案",从此挂钩。

接着,科臣马嘉植、礼部尚书顾锡畴、左都御使刘宗周、保国公朱国弼、礼部尚书钱谦益、吏部左侍郎张捷、工科都给事中李清、御史刘勷等，果断加入。这些人中，既有与阮大铖关系密切者，也有所谓"东林鹰犬"解学龙，出身与政治背景差别很大。至于运动的首倡者高弘图，算得上一个有气节的人，他提出的事并无个人恩怨。惩治"从逆"，经高先生提出，最终导致阮大铖介入。

时阁臣马士英引荐阮大铖，引发朝野公忿。大家反对的理由，牌子最响的，便是当年的"钦定逆案"。陈年旧事，毕竟不是当务之急。既然人家踢住裤裆，你就必须掐脖子。阮大铖一琢磨："彼攻逆案，吾作顺案相对耳。"于是，阮大铖与马士英进一步统一了思想认识，决定进一步加大工作力度，由马士英领衔，疏攻从逆。

任何工作，都要找到工作抓手，抓住典型，并且要稳、准、狠。好在这方面的典型，顺手就能翻出一堆。李自成在北京没风光几天，他的大顺政权就倒台了，弄得前明朝跳槽的官员工资都来不及领，人就下岗了。老家是北方的，北漂了；老家是南方的，南下了。这其中，就有一位庶吉士周锺。

周锺与周镳，系堂兄弟，金坛人。周氏一门从万历到崇祯年间，先有周应秋、周廷侍、周泰峙、周维持、周镳、周铨、周锺七个进士。但周家虽说出官，却不出厚道。周应秋的声名不佳，投靠魏忠贤，为其门下"十狗"中的"第一狗"。其弟周维持，曾为监察御史、浙江巡按，随兄归于阉党，曾上奏要求尽毁天下书院，后入"逆案"并处，在整个知识界名声很臭。周锺当年与吴中张溥订盟结交，一起创办了大名鼎鼎的复社。周镳算是复社元老，也是《留都防乱公揭》的策划者。阮大铖帮助周延儒出山时，曾经主动向复社诸君子示好，说自己愿意痛改前非。周延儒邀请周镳到虎丘商量此事，周镳毅然认为不可起用阮大铖。周延儒也不敢再提，就忽悠了阮大铖。阮大铖还曾经写信给周镳妥协求和，结果周镳连信都不看就烧掉了。

现在，正好有人讨好阮大铖："周镳之名以诟公而重，诸名士之党又以诟公者媚镳。"阮大铖由此对周镳恨之入骨，必欲杀之。正在阮大铖想杀人而找不着刀的时候，周镳主动递了一把——

周镳和周锺成名之后，两人各立门户，招收门徒，"汲引既广，败类入焉，彼讪此谤"，因此关系恶化，两家弟子途中相遇，连招呼都不打。李自成的军师牛金星，很早就认识周锺，也十分仰慕周锺的才华。攻占北京后，牛金星就把周锺举荐给了李自成，授宏文馆检讨，周锺还为李自成登基起草了诏书。李自成走了，周锺便逃回江南。那时候，信息欠发达，执法、执纪部门要找到一个"跑路"的，实在不容易。周锺从北方归来，也以为天下大乱，就算弘光朝廷要找他，也会听到风声，但他做梦也没想到周镳会举报自己。

周镳的思维是典型的东林、复社型，一来在原则问题摆明立场，树个大义灭亲的形象。二来，顺便把自己的怨气给抖掉。没想到，这事却是搬石头砸了自己的脚，让马士英、阮大铖找到了难得的突破口。

周锺被捕入狱定个死罪，那是情理之中的事。当初他荣幸执笔为李自成写登极诏，生怕同伴抢了风头，激动得扯破了对方的衣服。现在，想抵赖也难了。而周镳定罪，就有些麻烦。即便有些错误，毕竟举报有功。

但马士英还是棋高一着，他向弘光皇帝翻出了老账："镳于陛下登极，首倡异谋。是锺罪止一身，镳实罪在社稷也。"周镳当初是拥潞王的"立贤派"，自然是"立亲派"的死敌。马士英认为，周镳罪行比周锺更严重。

周镳被捕，朋友左国棅想要救他。左国棅即左光斗次子，他与周镳当年都参与了"防乱公揭"的签名。马士英逮捕周镳，左国棅想到了陈年往事，认为这是阮大铖公报私仇，于是跑到了左良玉那里。左良玉叛乱时，便将周镳被捕定性为马士英、阮大铖陷害忠良，作为自己起兵的一条理由。马士英、阮大铖大怒，反过来认为左良玉兴兵，全是周镳惹的祸，周镳不得不于狱中自尽。

十二、官场上的石头剪刀布

弘光朝的正事，当然是保家卫国。但保家卫国，光在家里咬牙切齿也不是个办法。最要紧的，是要把队伍拉出去，谁捣乱，揍扁他，国内、国外的一起揍，枪杆子里面出政权。

要打仗，空谈地盘上兵多将广，还不如纸上谈兵来得省事。最要紧又要命的，是得有银子。没有银子,谁出来送命?可一提起银子,明朝尤其是弘光朝缺的就是这玩意儿。要不是国穷民蔽,老百姓谁不愿意在家打点麻将,提着脑袋出来造反,给祖国添麻烦!国库要是有银子保障维稳,多大的乱子摆不平,还会害得"一把手"非正常死亡?

收银子的地盘小了,花银子的地方却明显大了——世上最让人想不通的,就是这种天理。有专家给弘光朝算过一笔经费账,把国内外的敌对势力全摆平,一年得有一千万两!一千万两,明朝最红火的时候,也没这么大的进账呀!

马士英与阮大铖在弘光朝当政,虽然不讨人喜欢,毕竟是个瓮中无米的媳妇。但做媳妇,总得有个过日子的办法。

办法,就是卖官。很多人对卖官有着天然的成见,总觉得组织工作万般神圣,怎会有一手交钱一手交货这等赤裸裸的事情发生,根本就不明白,干部的本质是要管用,而不是较真。白猫黑猫,捉到老鼠就是好猫;白道黑道,摆平事情就是正道。在钱最重要的时候,直接将干部指标变成银子,绝对是个不错的主意。

没有更好,那就是最好!弘光朝卖官鬻爵,为的是解决燃眉之急,出于无奈。要用钱而没有钱,生财之道,也只有变政治优势为经济优势了。马士英、阮大铖承包弘光朝的卖官生意,担心的不是社会反响问题,而是业务量能不能做上来。毕竟官场前景比较黯淡,预期收效要靠忽悠。

弘光朝的卖官鬻爵,起步较早,大约始于该公司开张的三个月后。

崇祯十七年八月,马士英决定从教育部门开始试点。具体要求是,你要上学,考试就不用了,先把赞助费交齐。

这项改革,也是充分人性化的,家长是大款的多交点,家庭比较有困难的少点,至于特困户就不必心思了,让孩子在家里干干农活自谋职业吧!

收费标准,也不是很高,毕竟都到什么时候了。童生应试,上户纳银六两,中户四两,下户三两,折合成人民币大概千把几千的,学校报名时直接收好递交上来。

弘光朝缺的是大钱,不是卖几个招生指标就可以搞定的。必须拿出上色货,才能卖出大价钱。所以,接着开始卖廪生,价格也是一路上扬,起步价是三百两,一直涨到六七百两。

到第二年正月，卖的更是货真价实的官帽了，要花的银子，肯定也不是一个小数目：

武英殿中书纳银九百两，文华殿中书一千五百两；

待诏三千两，拔贡一千两，推知衔二千两；

监纪、职方，万千不等……

马士英与阮大铖，都是主持这项工作的直接领导。这么重要的工作，换个一般干部，也没法放心。至于他们有没有趁机留点机动经费，这个不好说。现在领导干部出去钓鱼，叫手下的人去买蚯蚓，都会被他贪污两条，何况是个重点项目。困难时期，反正大家饿的是肚子，大脑思维并无多大的影响。但要说他们从中得了多少好处，不好乱怀疑，毕竟是有监督的——这些卖官的钱，军队早派人在等着领了。

阮大铖任劳任怨地去卖官，不能称之为忍辱负重或自我牺牲，反正鞋湿也不怕河边走，客观上做到公私兼顾。阮大铖的一生，一直花钱如流水，买房买车，请客送礼，还养戏班高消费娱乐，这么多钱是从哪来？干部的巨额财产从来都是透明的：一是传下来的，祖宗好；二是挣出来的，本事好。

阮大铖的巨额财产，早年吴应箕在《留都防乱公揭》中揭露了两桩：崇祯八年，流寇进逼庐江，知县吴光龙却在大款家中"纵饮"，结果城破被上级问责。阮大铖找了老同学——淮扬巡抚朱大典，吴杀头改打屁股，自己账上进了六千两。另一桩是上级考察、验收的事，明朝官制是三年一次"外计"，对外省官员进行考核，分别优劣以定赏罚。检查组到了杭州，阮大铖给建德县长打招呼：来两条烟抽吧！这位何县长估计是个官场新手，心想德能勤绩谁比我好呀！何县长的糊涂就在这里，受香火旳叫菩萨，没有的那叫鬼，你自己可以没有烟抽，不能叫领导没有烟抽，领导不抽烟，你还不准备抽风呀！果然，何县长认识没到位，接待很马虎，检查组回去了，自己的帽子便飞了。

吴应箕口中出来的事不一定是真的，道理倒一定不是假的。阮大铖利用工作便利挣点钱花，逻辑上完全是可能的。

十三、砸场子的人

弘光朝的金点子不少,经营业绩却相当惨淡。不过,这与行政不作为没太大关联。既然该用的急救措施都用了,弘光朝怎么说完就完,连一场像样的战争都没开打呢?因为除了强敌、民军,半道又蹦出个砸场子的人。

砸场子的人,是左良玉。在弘光朝,左良玉既不是马阮这方,也不是史可法那方。正因为都不是,人家才出来砸场子。

弘光朝的左良玉,人马实力排名第一,应该是没有多少问题的。弘光本来就已经风雨飘摇,左良玉在武昌干完坏事接着起兵东下,这兄弟究竟想干什么?美国学者魏斐德在《洪业——清朝开国史》中说:"左将军一直想找一个借口,从武昌挥师顺流而下,取代南明朝廷,铲灭他在那里的政敌。"

篡夺国家最高领导权,逆天了!

这个说法,尽管大逆不道,但也基本接近真相。左良玉是个武人,又是很有想法的武人,也是有些雄心壮志的。当初,北京城破后,军中一时大乱,左良玉一点都没有树倒猢狲散的意思,带上金银细软走人,反将自己所藏金银财物,全部散发给诸将,稳定军心。只投资,不收益,左良玉搞不来公益、慈善。

在弘光朝,左良玉也不能不有些想法。弘光登基的时候,左良玉坐镇武昌。武昌位处南京上流,扼据战略要地,左部实力又较强,弘光政权封其为宁南侯。尽管加官晋爵,左良玉却并不满意——朱由崧上台,主要是靠马士英会同黄得功、高杰、刘良佐、刘泽清四镇拥立,左良玉没有参与,算不上定策功臣,星级标志上明显少了一颗星。所以,当弘光皇帝朱由崧登极诏书发到武昌时,左良玉迟迟不肯承认,后经湖广巡抚何腾蛟、巡按黄澍等人劝说,才同意开读,勉强表示拥戴。

如果就此认为左良玉是因为没有捞得首功而"心常怏怏",那就是大错特错。这个时候的左良玉,不单是跋扈自雄,而是要干更大的一票——

弘光元年三月二十三日，左良玉引兵东下，直逼南京。

关键时刻，自己人打自己人，有点匪夷所思。但时局确实就是这样的：清军往西追李自成，李自成往南打左良玉，左良玉往东攻朝廷，朝廷马、阮的嫡系部队赶紧过来接招……

究竟为什么？左良玉自己的解释，是奉先帝太子密谕，前往南京"清君侧，救太子"。史家的解释，是此时李自成在满清阿济格军追击下，经陕西、河南进入了湖北襄阳地区。

与李自成交手，左良玉有过教训的：崇祯十五年，左部十余万挺进朱仙镇，为李自成大败。实践出真知，作为勇于虐民、怯于大战的军阀，避开李自成十余万南下的主力，又趁机占领东南富庶地区，左良玉脑袋开窍了。

左良玉出来砸场子不假，但开场子的都不是弱角，他有这把握吗？这个不用你操心，尽管左良玉是个抢刀起家的主，立足于长期的革命实践，难免开光成革命家、军事家了。

——左良玉决策的技术含量，已经标在了旗帜上："清君侧"！

"君"是谁？读者会想到弘光帝。"侧"是谁？马士英、阮大铖要是不出来认账，都不好意思再往下混了。

不过，朱由崧此刻干得挺顺手，怎么会让急需干活的人跑来砸场子？马士英、阮大铖都清掉了，这不等于刮掉老朱的毛么？

这就对了！左良玉惦记的"君"，什么时候说过是朱由崧？"清君侧，救太子"，左良玉盘算的是北来的"太子"——王之明。

连姓都姓错了，本来就是个假货，左大帅怎么会轻信谣言？左大帅要的，就是这假货，货越假成本越低，利润就越大，小摊贩都明白。左大帅需要的，就是这么玩下去，真玩成了，怎么会让一个假货当真皇帝，最多也就是干一阵子"汉献帝"。顺理成章，左良玉不做董卓，也会做曹公的。

左良玉"清君侧"，这个策划很有创意，也挺生动，《爝火录》载："左良玉客胡以宁献计，撰伪太子手书血诏，遣人赴镇；良玉佯受诏，筑坛而哭，洒血誓师。"

不是策划人，还真看不出虚实。推出这个策划时，左良玉确实显示了统帅的谋略：一边沿途发布檄文讨伐马士英，一边派人给马士英送礼祝贺他生日快乐。直到左军到达九江，马士英等才得到确切的消息。

但是，左良玉"清君侧"方案策划得很好，买家却并不多。左良玉邀请何腾蛟同行，遭到何的拒绝。到达九江后，希望得到袁继咸的支持，反而被痛骂。左良玉的郁闷，可想而知。事业不顺，身体又不好，左良玉百感交集中吐血而死。

左良玉死后，其子左梦庚率兵继续东下。要说这左梦庚，确实是个年轻人。也不看看这是什么时候——清兵正在南下，在江北攻城掠地。你在清兵与朝廷间插上一杠子，能有什么好？

好在原本就没有干大事的意思，左梦庚很快找到新业务了。夏完淳《续幸存录·南都大略》载："左氏复下破安庆，尽杀阮氏。大铖等遂谓与左氏之来，不若虏来，我且用虏以杀左氏，并杀王之明以绝其望。"在阮大铖家乡安庆，左良玉的兵来到这一带，杀老百姓比日本鬼子都利索：普通老百姓是顺便杀，姓阮的老百姓是找着杀。杀够了人，队伍继续往东拉。这回，马士英、阮大铖都明白了，如果老是一门心思卫国，最终连保家卫国的本钱都会没了。

两害相权，马士英、阮大铖"尽撤江北劲兵，堵据上江"，调江北的黄得功、刘良佐来阻击左军。在阮大铖的亲自指挥下，板子矶一战，左梦庚的军队被黄得功等部一举击溃。

左兵这一闹，捡到便宜的，唯有清兵。江北防线空虚，江淮防线崩坏，清军长驱直入，如入无人之境。

都说左梦庚愚蠢，其实比他爹机灵。"清君侧"不成，左梦庚赶紧换"君"——这个"君"不姓朱，也不姓王，而是满清。清军南下，左梦庚、黄澎率部直奔清营了。

左良玉到上帝那发呆去了，朱由崧的场子也算砸得差不多了。

十四、末世的爱国歪风

弘光帝的场子被砸了，爱国的难度与成本追加了不少，预期收益更加渺茫。这份上，有谁仍在坚持爱国？有，几乎净是"奸臣"：马士英，阮大铖，他们死死扛住"抗战"大旗。

马士英后来与清军战死，这个时候的阮大铖，也做到了一生事业的巅峰。朱由崧逃到黄得功军营后，办理的一项紧急公务，是下诏"（阮）大铖、（朱）大典拜左、右相"，把新的领导班子框架搭建起来。这个"左相"，阮大铖肯定是一天都没当过，甚至根本就没聆听到这个口头指示。但关键时刻领导能有这番心意，也是相当不容易的。

朱由崧显然是没有看错人。南京城破，降者蜂拥，不叛国不足以证明广大干部思想与行动上的与时俱进。"爱国"则褪去亮色，成为敏感词，沦为末世的一股歪风。

与朱由崧走失后，阮大铖开始摸着石头过河。红旗到底能打多久没关系，一定要找到自己的队伍——阮大铖，根本就不是后人所称的"降清"。

阮大铖首先想到的，是投奔浙东的鲁王。鲁王朱以海，也是一个有故事的人。他是第八代鲁王朱寿镛第五子，朱由崧的族叔。朱以海受封一月后，李自成攻陷北京，朱以海南奔，朱由崧命其驻守台州。清兵陷南京，张国维、钱肃乐等起兵浙东，拥他在绍兴监国。朱以海做生意，喜欢独家经营。监国后，他与唐王朱聿键大打出手，后与郑成功屡起冲突。不过，朱以海放眼世界的心思还是有的，他一度联系日本，寻求联合国多国部队的干预，直到病逝金门。

虽然抗战工作很重要，但哪个单位都不缺干部。只能当干部，不能当干事的阮大铖，被鲁王拒绝了。不过，在对待阮大铖的态度上，朱以海比朱聿键还要客气点。福建的这位隆武帝朱聿键，觉得阮大铖应该抓起来问罪。

爱国，也需要含悲忍泪。

游走在浙西的阮大铖，最后来到金华，投奔了"右相"朱大典。朱大典对阮大铖的到来是欢迎的，因为他刚组建了一支私人武装，缺少人手，尤其是能撑大项目的经理型人才。

朱大典（1581—1646），字延之，号未孩，金华人，明万历四十四年（1616）进士，阮大铖的老同学。

这个扯起抗战大旗的爱国者朱大典，名声曾不是一般的臭，几乎就是个贪官。崇祯十四年，他总督江北及河南湖广军务，便因"不能持廉"被革职。张岱称他"真如乳虎苍鹰"，在凤阳时，"括取财贿，四府僚属，囊橐皆尽，人拟其富且敌国。"如今，这些肮脏的银子发出了爱国主义的响声——朱大典散尽家财，招募乡兵，率军坚守婺城（金华）。这个时候朱大典的爱国动作，如果适当下调一点，将其解读作保土安民，保全家财，也能说得通顺。但事实并非如此，随着天下形势的日见明朗，朱大典的爱国本性，越发暴露无遗。这个受人唾骂的垂暮贪官，执着爱国，而且悲壮——

隆武二年（1646）三月，清兵攻克浙东，兵临浙西。这时的阮大铖已经扔掉了爱国的大旗，跟风迈进清营了。他觉得应该帮助老同学解放思想，驰书招降。朱大典怒了，裂书并杀招抚使，与部将固守金华，使清兵攻城近三个月而未得。最后，内无粮草，外无援军，城墙被炮火轰破，在清兵大举杀入城的情况下，朱大典依然顽强抵抗。直到将士大部分战死，朱大典才从容召集家人、幕僚三十二人，围坐在火药库旁，点燃了所有的炸药，集体自焚，以身殉国。

——这样一个彻头彻尾的爱国主义者，当初对阮大铖的诚挚加盟，该是怎样的热情啊！

但是，群众从来就没有领导的高瞻远瞩。朱大典手下的人，大多不赞成领导的意见。金华的士绅和义兵更激烈，不仅不答应，游行示威，张贴檄文，差一点发生肢体冲突，坚决要把阮大铖驱逐出境。

要等群众都理解了，也不知是猴年马月的事了，真的闹出群体事件，经济损失与社会影响，也太负面了。朱大典与阮大铖沟通，爱国的道路有千万条，哪里都会大有作为。这样，在朱大典的安排下，阮大铖前往另一家抗战根据地——这已是他爱国征途中，第三次吃上闭门羹了。

阮大铖奔赴的江东根据地，游击队领导人方国安。

方国安，浙江萧山人，明朝总兵，明末兵力最盛，但军纪不整，纵兵哗掠，给事中吴适劾之。由杭州退至钱塘江东岸，他和王之仁部构成抗清主力，南明时封镇东侯。后拥兵入浙，百姓受其迫害，方国安最终降清。

在方国安这里，阮大铖遇到老同志、老同学、老战友马士英。这对被后人描述为乱国的奸人，重新聚集，操心救国。

阮大铖与马士英的会谈，是在亲切不友好的气氛中进行的，双方坦诚交换了意见。

所谓"坦诚交换",就是你说你的,我说我的,把对方的缺点错误全抖搂出来,最后一个共同点都没有。就像两人合包一项工程,很失败,除了寂寞空虚冷,就剩纠结。意见相左,几近决裂,阮大铖与马士英从此各行其道。在太湖投长兴伯吴日生军中,马士英抗战失败被清军擒杀。

十五、改弦更张

相对于一己之私功利性质的降清官绅群体,阮大铖的最终选择则是迫于无路可走。朱聿键的排斥与人身威胁,是阮大铖留在了方国安军中的直接原因。在方国安军这里,阮大铖就不想在他身上使什么功夫了。不是老领导在曾经的下属面前放不下架子,也不是政治作为上陷入困顿,而是遇上了另一个有意义的人,一位平时未曾留意的安庆老乡——方端士。

方端士,安庆府怀宁人。论官职,方端士就小得不能再小了,他是方国安手下的一位文职干部——记室。

对阮大铖来说,方端士自个并不具有什么特别之处。一个部队文职干部,能以权谋私到哪里去?帮你解决一两顿餐费,也就很给力,很给面子。方端士的不平凡之处,在于他是操练爱国统一战线的一把好手,自己爱国抗战奋不顾身,同时掩护敌特分子也不遗余力。在他家里,住着另一位老乡的家属。

这位特别老乡,名叫潘映娄。在爱国运动的漫长胡同里,潘映娄机智灵活,出没自如。他的出现,最终改变了阮大铖的思路,也为野史作家提供了另一崭新话题。

说起阮大铖与潘映娄,那就不是一般的关系了——老乡,同学,更是很要好的朋友。

潘映娄,字次鲁,安徽桐城人,明崇祯十二年(1639)特准贡生,曾任浙江台州推官。潘先生官当得不大,但属于偶像派。人长得帅气,也很有本事,在群众中的口碑也不错,现在能看到的台州古城墙,就是这位潘先生修的。他与阮大铖不仅是老乡,而且一直交往甚密。潘映娄最终降清，顺治三年（1646）任杭州盐法道，翌年升福建福宁道、按察副使，虽说有点历史问题，但老百姓都认为他是个好干部。

通过潘映娄的家属，阮大铖联系上了潘映娄。经潘映娄的友情引荐，阮大铖投降了清军。

当初潘映娄外奔，主要是工作压力太大，失去了政治上的安全感。潘映娄在台州，维稳工作出了问题，干部和群众联手起来闹事。本来就是乱世，稳定压倒一切，潘先生没办法正常工作，又怕上级一票否决，只好出去活动活动，找找路子，逢凶化吉。

不过，这活动的地方太好了，是杭州，是天堂，天堂有路。潘映娄跑到杭州，本想看看能不能请到武警，帮助他去台州维稳，消除不稳定的因素。至于自己工作上责任，看看能不能找人，帮助自己免责。但这一去，就回不来了，也没必要回来了。

潘映娄到了杭州，清兵也到了杭州。昨天还是国内，今天就是国外了。这样，潘映娄留了下来，并且当上了杭州的副市长（同知）——没有问责是肯定的了，但也没有送礼，潘映娄只是简单地办理了一下有关手续，个人的政治前程就全部搞定了。

自己在"国外"，家属在"国内"，潘映娄的通讯渠道，只有私下的家信来往。潘映娄的家书，内容应该丰富多彩。初期，多是抒情类。接着，变叙事了。

阮大铖的最终决策，就这么在书信往来中定下来了。很多野史认为，阮大铖降清引路人是冯铨，其实是潘映娄。但对阮大铖来说，冯铨的实用性，永远大于潘映娄。

冯铨（1595—1672），字伯衡，又字振鹭，号鹿庵，顺天府涿州人，万历四十一年（1613）进士，官至文渊阁大学士兼户部尚书，加少保兼太子太保，曾任《三朝要典》总裁官。因附和魏忠贤，崇祯处理"逆案"时，冯铨论杖徒，赎为民。顺治元年（1644），冯铨投靠多尔衮，以大学士原衔入内院协理机务，后累官礼部尚书，加少傅兼太子太傅，弘文院大学士，加少师兼太子太师。冯铨与大学士洪承畴曾疏请恢复明朝票拟旧制，又与大学士谢升等议定郊社、宗庙乐章，干了许多国家大事，推动了满清政权的正规化建设。

为了给阮大铖在新公司谋份好职位，冯铨特意给南下的清军头领写了条子，专题推荐阮大铖。冯铨办事是认真负责的，但真到阮大铖过来正式上班时，还是遇上了一桩麻烦。尽管冯铨给清兵的头领写了条子，但条子上只有姓名没有照片。阮大铖找到潘映娄,身份终于被确认了。

十六、新朝红人

　　新单位的工作分配,多少得益于冯铨的纸条。报到的那天,带兵的清军贝勒对阮大铖面试,问着问着,便"于衣领中出纸一条,有字数行"。这纸条,就是冯铨亲笔写的那张。面试印象很好,又有这么一张条子,顺手人情干脆做了。这样,阮大铖被分配到了比较轻松又没多少风险的活,即在这支南征清军中"以军前内院从政",主要是帮忙做地方工作。

　　这样的工作安排,是用人所长的,新公司的人事安排确实风清气正,真不是老公司的歪风盛行——阮大铖毕竟已近花甲之年,你让他老人家提刀上马,完成不了工作任务事小,损失工作器材那是不划算的。分配工作,又不是跟人赌气,除了那种老字号。

　　阮大铖的主动性就在这里——人家客气,你当福气;人家照顾,你还说应该。他的先进性也是主动保持的:在做好本职工作的同时,分内分外的事争着抢着干,力争超额完成工作任务。

　　光有这些还不够典型。现在的阮大铖,本职工作是后勤服务,技术专长则是国防军事,因为他业余自学时主攻的便是军事课程,又在兵部尚书的岗位上实习了一阵子,如果技术不熟练,浪费一些人力和原材料,那也是弘光朝给埋单了,现在正是出成果的时候。工作安排明显专业不对口,阮大铖不想消极等待,这个时候他主动找领导汇报思想,"自请于贝勒,愿为前驱破金华以报国恩"。

　　金华,那正是朱大典的地盘。对朱大典,阮大铖那是熟悉不过了。那兄弟早已一根筋了,如果利用朋友间的交情,去动之以情,晓之以理,说服朱大典投降的可能性,那实在过于渺茫。你想,朱大典要是有献城的可能,怎么会倾家荡产私人投资办国有军队?正确的选择,早就收拾金银细软躲进乡下当财主了。值钱的家当全投出去了,绕一圈又回到原点，纯粹就是对自我价值的全盘否定。

破金华城，阮大铖是相当有把握的。首先，他知道金华城防的薄弱环节，知道哪里经得起打，哪里受不了一拳头。所在，清军围攻金华时，阮大铖说炮兵兄弟们，跟我上西门——西门，刚修的，工程验收都来不及做，采用的也是竹签替代钢筋之类三百年后的科学技术。清军如果使用无声大炮，估计还能接上两炮，否则炮声太大，也极大影响工程质量。

再一点，所谓"义军"，那都是用来骗后人的，让人以为他们真能铁肩担道义。"义和团"就是个例子，没敌人来时大家义愤填膺，真看见拿枪的来了，他们恨不得跑过去，把自己的刀上缴给你。这一点，阮大铖比谁都清楚。

攻下金华，阮大铖不仅立了一功。更重要的是，当初金华人张贴檄文声讨和驱逐之仇，也顺便了却了。

但硬说打下金华，是阮大铖之功，或说是阮大铖之过，都不准确。要说打仗，本来就是清兵的强项。但清兵不是没有弱项，但这个弱项正好是阮大铖的强项——攻城略地倒没什么，清军最头痛的，是吃饭问题。

吃饭为什么难？《爝火录》中有段文字写得很生动："是时，大清兵所过，野无青草，诸内院及从政官无从得食。"

迎接清兵的到来，地上的青草都找不到，打扫环境卫生，这么干净彻底，哪个汉奸卖国贼布置得也太夸张了吧！

其实不是，老是打仗，年成又不好，所以收不上庄稼。想艰苦奋斗，找只皮鞋啃啃，前面的人早啃过了。找把野草充饥，长在哪里的都是毒草，群众是真正的英雄，老百姓没几个真傻，能当土菜用的，早连根拔了。搞不清什么样的野草是绿色食品，还敢号称广大人民群众？中华民族为什么老是伟大复兴，全靠这草儿帮助出力，没有她，哪有今天！

论吃的问题，阮大铖所在的后勤部队就更差了。先头大部队一路杀掠，能吃的早吃了，能找根骨头绝对都是"二手货"。这些做地方工作的人跟随在后，到哪去找饭吃呢？没关系，有阮大铖。"阮大铖所至，必罗列肥鲜，邀诸公大畅其口腹。争讶曰：'此从何处得来？'阮应之曰：'小小运筹耳！我之用兵，不可测度，不止此矣！'"

那种艰难困苦，还能吃丰盛大餐？阮大铖不是凡人！

物质文明丰富，精神文明也不能滞后。阮大铖不仅"两手抓"，而且两手都很硬。部队行军打仗，通常是生活单一又单调。阮大铖一张罗，部队文化娱乐活动开展得有声有色，连组建文工团的冤枉钱都不必花了："诸公因闻其有《春灯谜》、《燕子笺》诸剧，问能自度曲否？即起执板顿足而唱，以侑诸公酒。诸公北人，不省吴音，乃改唱弋阳腔，（诸公）始点头称善，皆叹曰：'阮公真才子也！'"

——这不是会方言，连外语都用上了。

都说军队是座大学校，真的教人断文识字，估计就是从阮大铖这时候开始的。跟阮大铖在一起，"文盲作家"都面世了——"其中有黑内院者，满人，喜文墨，大铖教以声韵对偶，令作诗，才得押韵协律，即抚掌击节，赞赏其佳。黑大悦，情好日笃。"

阮大铖工作出色，各级领导纷纷表扬，就连顺治皇帝都准备亲自接见。但这份荣耀，被礼科给事中袁愚功所阻止。他认为应该统筹考虑，立足长远，政治需要的是政治智慧——阮大铖毕竟是个有争议的人，皇上与他一合影，社会各界会有一些不同的看法。

因为袁愚功，阮大铖入朝面驾之恩宠没有实现。人家业绩出众，不让人出席颁奖典礼，天底下不讲道理的也实在太多了。好在阮大铖一点思想包袱都没有，总觉得自己的工作离领导的要求还差得很远，必须进一步严格要求自己，朝着更高的目标继续迈进。

十七、彻底拉倒

顺治三年（1646），清兵由浙江进军福建，阮大铖要求随军入闽。之所以是要求，是因为清军计划将他留下。

早在随清兵攻占衢州时，阮大铖的面部就出现浮肿。诸内院出于关心，告诉耿献忠："阮公面肿，恐有病，不胜鞍马之劳。老汉不宜肿面，君可相谓，令暂驻衢州，俟我辈入关取建宁后，遣人相迓。"

耿献忠，陕西人。金华保卫战时，他任金华副市长（金华府同知）。金华城破，朱大典自焚了，耿副市长则当了俘虏。本来，耿副市长要被关进黑屋，吃点苦头，结果恰巧遇上了阮大铖。

当年，阮大铖被组织处理时，多半是在当涂的女儿家闲住，耿献忠正在那儿当县长。对犯错误的干部，耿县长不是很势利，没有从社区矫正的角度看问题，也不喜欢挖苦后进表明先进，或觉得人家不能给你批资金、引项目了，头上又戴顶坏分子的帽子，就不搭理人家了。耿县长的厚道与礼遇，让阮大铖感受到了冬天里的春天。

金华城偶遇耿献忠，阮大铖同样没有与他划清界限，而是主动上前打招呼，并在第一时间里，向诸内院推荐了他，说耿副市长的工作能力与水平，历来很高，完全可以大用。因此，耿献忠解除了"劳教"，安排了工作，二人的关系越来越铁。

清军的建议，耿献忠赶紧转告阮大铖。对耿献忠的话，阮大铖却感到大为震惊——阮大铖是一个政治敏锐性极强的人，他担心的倒不是自己的身体，而是有人在算计自己。山高路远，又是这一把年纪，阮大铖这么急着赶去福建，是因为已悄悄谋得福建巡抚的位子。关键时刻，福建巡抚躺在浙江吃空饷？天有不测风云，你们让人留在这里，万一被人爆料，位子遭人抢了，到时候还硬说照顾您老人家身体，是组织的关怀，岂不冤哉？

听了耿献忠的话，阮大铖十分惊讶："我何病？我虽年六十，能骑生马，挽强弓，铁铮铮汉子也。幸语诸公，我仇人多，此必有东林、复社诸奸徒潜在此间，我愿诸公勿听！"

阮大铖将话挑明到这份上，耿献忠便如实回复诸内院，内院曰："此老亦太多心，我甚知东林、复社与渠有仇，因见渠面肿，劝其在此少休息耳。既如此疑，即请同进关可耳。"

于是，阮大铖随清军开拔。来到仙霞关下，大家都骑在马上紧紧地抓住马鬃缓行上岭，阮大铖则独自下马，徒步而前。旁边有人对他说："岭路太长，你还是骑马，等到险狭的地方再下来走吧！"阮大铖左手牵着马，右手指着骑马诸人说："看你们这副胆怯的样子，你看看我，比你们这些后生强百倍！"说完，大步向前，把队伍远远地甩在后面。等众人来到五通岭，只见阮大铖将马抛路口，自己靠在一块石头上，大家叫他，也不见回应——阮大铖死去已有一会了。

顺治三年（1646）八月，阮大铖随清军征闽，猝死于浙江江山县仙霞岭上，终年六十岁。阮大铖死后，由其家僮草草收尸，葬于南京西南牛首山祖堂寺对面的吉山。苦心孤诣于官场，结怨东林、复社，阮大铖一生的是是非非，其实也是一个王朝的众叛亲离……

参考书目

《明史》，（清）张廷玉等撰，中华书局

《明史》，汤纲、南炳文著，上海人民出版社

《剑桥中国明代史》，（英）崔瑞德、（美）牟复礼编，中国社会科学出版社

《南明史》，顾诚著，光明日报出版社

《明通鉴》，（清）夏燮撰，线装书局

《明史纪事本末》，（清）谷应泰撰，中华书局

《国榷》，（明）谈迁撰，中华书局

《明会要》，（清）龙文彬撰，中华书局

《明实录》，上海书店

《明会典》，（明）申时行撰，中华书局

《明史简述》，吴晗著，中华书局

《国史大纲》，钱穆著，中华书局

《中国大历史》，黄仁宇著，三联书店

《明史考证》，黄云眉著，中华书局

《中国历代政治得失》，钱穆著，三联书店

《明代政治制度的源流与得失》，朱永嘉著，中国长安出版社

《明代内阁政治》，谭天星著，中国社会科学出版社

《明朝社会生活史》，陈宝良著，中华书局

《明代国家礼制与社会生活》，赵克生著，中华书局

《明代衣食住行》，伊永文著，中国社会科学出版社

《中国灾害通史》（明朝卷），邱云飞、孙良玉著，郑州大学出版社

《中国戏剧史长编》，周贻白著，上海世纪出版集团

《明代乡村纠纷与秩序》，（日）中岛乐章著，江苏人民出版社

《明清进士题名碑录索引》，朱保炯、谢沛霖编，上海古籍出版社

《中国历史地图集》，谭其骧主编，中国地图出版社

《明代驿站考》，杨正泰撰古，上海古籍出版社

《明末农民起义史料》，郑天挺、孙铖等编，中华书局

《明代灾异野闻录》，杨国宜编，安徽师范大学出版社

《明代的军屯》，王毓铨著，中华书局

《明代充军研究》，吴艳红著，社会科学文献出版社

《明史讲义》，孟森著，中华书局

《经学科举文化史》，（美）本杰明·艾尔曼，中华书局

《清朝开国史》，（美）魏斐德，江苏人民出版社

《清史稿》，赵尔巽等撰，中华书局

《明清史新析》，韦庆远著，中国社会科学出版社

《明清易代关键事件调查》，汪青著，西南财经大学出版社

《简明清史》，戴逸主编，人民出版社

《明清史论著集刊》，孟森著，中华书局

《明清之际党社运动考》，谢国桢著，辽宁教育出版社

《明亡清兴六十年》，阎崇年著，中华书局

《明清战争史略》，孙文良著，江苏教育出版社

《明季南略》，（清）计六奇撰，中华书局

《明季北略》，（清）计六奇撰，中华书局

《小腆纪年附考》，（清）徐鼒编

《小腆纪传》，（清）徐鼒编

《三垣笔记》，（明）李清著，中华书局

《甲申传信录》，（清）钱甹只著，上海书店

《东林事略》，（明）吴应箕撰

《启祯两朝剥复录》，（明）吴应箕撰

《忠节吴次尾先生年谱》，（清）夏燮编
《左忠毅公年谱定本》，（清）马其昶撰
《明季稗史初编》，（清）留云居士撰，上海书店
《嘉靖以来首辅传》，（明）王世贞撰
《刘三吾集》，（明）刘三吾撰，岳麓书社
《万历野获编》，（明）沈得符撰，中华书局
《于谦年谱》，钱国莲著，吉林文史出版社
《严嵩年谱》，曹国庆著，中国人事出版社
《张居正大传》，朱东润著，长江文艺出版社
《酌中志》，（明）刘若愚撰
《魏忠贤专权研究》，苗棣著，中国社会科学出版社
《张献忠大西军史》，王纲著，湖南人民出版社出版
《流寇志》，（清）彭孙贻著，浙江人民出版社
《流寇长编》，（清）戴笠、吴乔撰，书目文献出版社
《崇祯长编》，佚名，上海书店
《明冤》，杜车别著，三联书店
《阮大铖戏曲四种》，（明）阮大铖著，黄山书社
《咏怀堂诗集》，（明）阮大铖著，黄山书社
《阮大铖研究》，胡金望著，中国社会科学出版社